台語每日一句

落台語俗諺很簡單

許晉彰
盧玉雯——編著

台語俗諺MP3音檔，請掃描下載

五南圖書出版公司 印行

推荐序

領受台語俗諺的機智、趣味及聲韻之美！

　　我們常在形容做一件事，可以同時獲取額外利益時，用上『一兼二顧，摸蜊仔兼洗褲』這句台語俗諺。運用先人智慧累積、淺顯易懂且饒富趣味的台語俗諺，很快就能讓對方發出會心微笑，在愉悅的情境中充分了解對方所要表達的意思。就因為台語俗諺有這種語言的魔力，難怪現今電視媒體上的名嘴，甚至是連續劇的對白，也會一再出現諸如『娶某大姊坐金交椅』、『滿面全豆花』、『雞仔腸，鳥仔肚』、『惡馬惡人騎，胭脂馬拄著關老爺』、『做甲流汗，予人嫌甲流瀾』、『無兩步七仔，毋敢過虎尾溪』等膾炙人口的台語俗諺。

　　這十年來，雖然在教育部主導下，台語的拼音用字已逐漸整合成功，但是市面上仍十分缺乏適合台語教學的補充教材。部分介紹台語俗諺的書籍，或因取材葷素不拘，不利在校園、家庭中使用；或因註解不夠用心，讓讀者無法全然了解該俗諺的真正意義；更為人詬病

者,是這些書籍不具語音檔,讓讀者望著一些不曾學習過的怪字生嘆。就因有這些缺憾,使得一般讀者無法領受台語俗諺的機智、趣味及聲韻之美,實在令人遺憾。

　　本人非常高興這次終於有機會能看到一本精挑三百六十五句台語俗諺的好書《台語每日一句——落台語俗諺很簡單》,不只將上面所列的經典俗諺列入,更精心挑選其他做人做事,甚至是親子、夫婦、同儕相處所必須了解的俗諺。讓讀者能在輕鬆有趣、沒有壓力的情形下每日學習一句,每天都能享受台語俗諺所帶來的生活趣味。而且這本書內容翔實,除了有詞句解釋、涵義說明外,也能針對台語俗諺加以闡釋,更將對應的華語、成語列出,有助於一般讀者的理解。

　　為了共襄盛舉,本人亦野人獻曝,將每一句台語俗諺錄音,希望藉由聲音的輔助,讓讀者能從中領會先民智慧的精髓,進而提升生活智慧,讓你我生活更加美好,特別在此推薦。

鄭安住
一○○年九月二十二日

編 者 序

簡單的說,「台灣諺語」是一種句子簡短、音韻優美、涵意深遠且饒富趣味的流傳俗語。它是我們祖先幾百年來所累積的生活經驗與智慧結晶,是一個族群的風土民情與思想信仰的縮影,其內容包羅萬象,涵蓋食衣住行、人情冷暖、各行各業與自然節氣等領域,每一句話都蘊含著人生的哲理。

以前,我經常聽長者用「台灣諺語」來闡述人生的道理,在耳濡目染之下,朗朗上口不是問題。然而,聽歸聽,說歸說,總是說得出口,卻寫不出來。因為台語並沒有統一的用字,坊間作者各寫各的,每種版本的用字都不盡相同,讓人很難抉擇用哪一本好。相信很多有志於學習「台灣諺語」的朋友都曾經面臨過這樣的窘境。

有鑑於此,我與同好盧玉雯小姐花了幾年的時間,將各自收集的佳句一一去蕪存菁,將它呈現於作品中。而且為了用字能夠和教育部一致,本書的台語用字都遵

照教育部公布的字體使用,拼音亦然。相信有志於學習「台灣諺語」的讀者使用了這本書,在精進方面一定可以達到事半功倍的效果。

許晉彰
一〇〇年九月十三日

編 輯 說 明

一、收錄內容

選錄三百六十五句符合日常生活體驗、鄉土劇、政治家和政論節目名嘴等等常引用的台語俗諺，讓讀者從中學習如何講趣味又富哲理的台語俗諺。

二、編序

本書以筆畫檢字法排序，先按首字總筆畫數由小至多編排。若遇首字筆畫數相同時，再依該字部首先後順序排序；若遇首字同筆畫同部首時，則依次字筆畫順序排列。

三、標音符號

採用教育部於2006年10月14日公告的《台灣閩南語羅馬字拼音方案》，逐字標音，不使用連字符號，並以數字標記法記錄聲調，以「0」記錄輕聲字。

四、用字

　　本書所選用的台語用字，主要依據教育部國語推行委員會所公布的三批「台灣閩南語推薦用字」；其他未確定的台語用字，則參考同為五南圖書公司出版，由董忠司、城淑賢編著的《簡明台灣語字典》。

五、欄位說明

　　1.『涵義』：完整解釋俗語諺語的意義。

　　2.『說明』：對俗語諺語的用法、產生背景或蘊含的哲理提出解釋說明。

　　3.『對應華語』：與俗語諺語對照的華語諺語、華語成語或華語說法。

　　4.『字詞加油站』：針對俗語諺語中台語的單字或詞彙進行註解。

認識台羅拼音

一、聲母與韻母：

聲母	p	ph	b	m	t	th	n	l	k
	kh	g	ng	h	ts	tsh	s	j	
韻母	a	i	u	e	oo (o˙)		o	-nn (-ⁿ)	
	-m	-n	-ng	-p	-t	-k	-h		

二、聲調：

調　類	陰平	陰上	陰去	陰入	陽平	（陽上）	陽去	陽入
數字版	tong^1	tong^2	tong^3	tok^4	tong^5		tong^7	tok^8
例　字	東	黨	棟	督	同	（動）	洞	毒

目 錄

- 推荐序 …………………………………… 002
- 編者序 …………………………………… 004
- 編輯說明 ………………………………… 006
- 認識台羅拼音 🔊 mp3-00 ……………… 008
- 正 文 …………………………………… 1～365

mp3 01
- 001 一人一家代，公媽隨人拜／1
- 002 一人看出一家，新婦看出大家／2
- 003 一下候，兩下候，六月蔥變韭菜頭／3
- 004 一个某，較好三個佛祖／4
- 005 一个紅龜按一个位／5
- 006 一代儉腸凹肚，二代看錢若塗，三代當囝賣某／6
- 007 一年一歲，二年三歲，三年五歲／7
- 008 一更窮，二更富，三更起大厝，四更拆袂赴／8
- 009 一身死了了，只賰一支喙／9
- 010 一枝草，一點露／10
- 011 一指遮目，無看見大山／11
- 012 一兼二顧，摸蜊仔兼洗褲／12

013 一隻鳥仔掠在手，較好十隻鳥仔歇在樹／13
014 一條腸仔迵尻川／14
015 一領褲，三个腿／15
016 一樣米飼百樣人／16
017 一蕊好花插牛屎／17
018 一錢，二緣，三婧，四少年／18
019 七月半刣鴨仔，鬼嘛知／19
020 七月半鴨仔，毋知死活／20
021 七月初一，一雷九颱來／21
022 九月颱無人知／22
023 人心肝，牛腹肚／23
024 人生親像大舞台，苦齣笑詼攏公開／24
025 人來才掃地，人去才煎茶／25
026 人咧做，天咧看／26
027 人看人驚，鬼看倒退行／27
028 人若衰，種匏仔生菜瓜／28
029 人食一口氣，佛食一枝香／29
030 人情留一線，日後好相看／30
031 人牽毋行，鬼牽溜溜走／31
032 人無千日好，花無百日紅／32
033 人矮只是跤較短，志氣才來拚懸低／33

034　八仙過海，隨人變通／34
035　十二月甘蔗倒頭甜／35
036　三千年前的狗屎乾，也抾起來餡／36
037　三分天註定，七分靠拍拚／37
038　三月痟媽祖／38
039　三年一閏，好歹照輪／39
040　三魂七魄散了了／40
041　上轎才欲放尿／41
042　也欲好，也欲番薯生坦倒／42
043　乞食身，孝男面，早睏晏精神／43
044　乞食身，皇帝喙／44
045　乞食拜墓，卸祖公／45
046　乞食趕廟公／46
047　千好萬好，毋值咱厝好／47
048　千兩銀難買一个親生囝／48
049　千金買厝宅，萬金買厝邊／49
050　土地公無畫號，虎毋敢咬人／50
051　大目新娘無看見灶／51
052　大某拍甲死，細姨毋甘比／52
053　小卷花枝，無血無目屎／53
054　六月芥菜假有心／54

055　公親變事主／55

056　天公生咧迎媽祖／56

057　天頂天公，地下母舅公／57

058　少年袂曉想，食老毋成樣／58

059　心歹無人知，喙歹上厲害／59

060　心肝齊向，神有感納／60

061　手抱孩兒，才知爸母時／61

062　日頭赤焱焱，隨人顧性命／62

063　月光下看人影／63

064　欠錢怨債主，不孝怨爸母／64

065　歹戲拖棚／65

066　毋成雞閣放五色屎／66

067　火燒目睫毛，目空赤／67

068　火燒銀紙店，下予土地公／68

069　仙拚仙，拚死猴齊天／69

070　代誌若煞皮著掔／70

071　兄弟是兄弟，某囝隨人飼／71

072　出山了請醫生／72

073　包你入房，無包你一世人／73

074　去蘇州賣鴨卵／74

075　台南迎媽祖，無旗不有／75

076 四十過,年年差;五十過,月月差／76

077 四月痟王爺／77

078 四枝釘仔釘落去才知輸贏／78

079 尼姑生囝賴眾人／79

080 巧新婦,無米煮無飯／80

081 未娶某毋通笑人某勢走,未生囝
毋通笑人囝勢吼／81

082 甘願予勢人做奴才,毋替頇顢的做軍師／82

083 甘願得失頭前,不可得失後壁／83

084 甘願擔蔥賣菜,毋願佮人公家翁婿／84

085 生囝師仔,飼囝師父／85

086 生理無夠精,親像媒人貼聘金／86

087 生贏雞酒芳,生輸四塊枋／87

088 田無溝,水無流／88

089 田螺含水過冬／89

090 先生緣,主人福／90

091 各人的各人好,別人的生蟲母／91

092 各人造業,各人擔／92

093 合字,歹寫／93

094 囡仔人,有耳無喙／94

095 囡仔跋倒,馬馬虎虎／95

096 在生有孝一粒塗豆，較贏死了拜一个豬頭／96
097 在生無人認，死了規大陣／97
098 好喙好斗，問著啞口／98
099 好話三遍，連狗嘛嫌／99
100 好話毋出門，歹話脹破腹肚腸／100
101 扛棺柴兼揌哭／101
102 有妝有差，無妝瘦卑巴　／102
103 有時星光，有時月光／103
104 有錢補冬，無錢補鼻空／104
105 死是死道友，毋是死貧道／105
106 老罔老，閣會哺塗豆／106
107 西瓜倚大月／107
108 你有你的關門計，我有我的跳牆法／108
109 你看我陪陪，我看你霧霧／109
110 你鬼我閻羅／110
111 冷面焐人燒尻川／111
112 刣豬嘛愛予豬叫兩聲／112
113 刣頭生理有人做，了錢生理無人做／113
114 坐予正才會得人疼／114
115 求人如吞三尺劍／115
116 求平安較好添福壽／116

117 男人斷掌做相公,女人斷掌守空房／117

118 罕得幾時尼姑做滿月／118

119 肚臍深深好貯金,肚臍吐吐好娶某／119

120 豆油分伊搵,連碟仔煞提去／120

mp3 05
121 來豬窮,來狗富,來貓起大厝／121

122 呸瀾予雞食都會死／122

123 命中有子,不在早晏／123

124 拔虎鬚,拔著虎頭／124

125 拍囝拍心肝,氣囝氣無影／125

126 拍斷手骨顛倒勇／126

127 放一下屁,褪一下褲／127

128 法律千萬條毋值黃金一條／128

129 爸母疼囝長流水,囝想爸母樹尾風／129

130 狗咬呂洞賓,毋捌好人心／130

131 狗食都無夠,閣有通輪到豬／131

132 芥菜無剝毋成欉,囡仔無教毋成人／132

133 阿婆仔生囝,誠拚咧／133

134 青盲的食圓仔,心內有數／134

135 青盲貓拄著死鳥鼠／135

136 便宜,毋捌飽／136

137 便所彈吉他,臭彈／137

138 保護三藏去取經，著猴／138
139 俗俗仔卸較贏寄／139
140 剃一擺頭，三日緣投／140
141 前世踏破棺柴蓋／141
142 前廳做司公，後廳做媒人／142
143 姻緣天註定，毋是媒人跤勢行／143
144 屎礜枋袂做得神主牌／144
145 急性大家拄著蠻皮新婦／145
146 怨人大尻川，笑人無腿肉／146
147 怨人散，怨人富，怨人無端起大厝／147
148 恬恬食三碗公半／148
149 恬恬較無蠓／149
150 某是寶貝，丈姆是萬歲，老母是朽柴皮／150

151 㧒狗數想豬肝骨／151
152 㧒鬼假細膩／152
153 歪喙雞想欲食好米／153
154 洗面洗耳邊，掃地掃壁邊／154
155 相罵無好喙，相拍無揀位／155
156 看人食米粉，你咧喝燒／156
157 食人一口，還人一斗／157
158 食人頭鍾酒，講人頭句話／158

159 食甲流汗，做甲畏寒／159

160 食紅柿配燒酒，存範死／160

161 食飯扒清氣，才袂嫁貓翁／161

162 食飯食阿爹，趁錢積私奇／162

163 倩人哭，無目屎／163

164 俸豬夯灶，俸囝不孝／164

165 家己栽一欉，較贏看別人／165

166 家己睏桌跤，煩惱別人厝漏／166

167 家和萬事興，家吵萬世窮／167

168 差豬差狗，不如家己走／168

169 恩主公唊燒酒，看袂出來／169

170 挾別人的肉飼大家／170

171 時到時擔當，無米煮番薯箍湯／171

172 桌頂拈柑／172

173 桌頂食飯，桌跤講話／173

174 海水闊闊，船頭船尾也會相拄著／174

175 烏矸仔貯豆油，無地看／175

176 破心肝予人食，猶嫌臭臊／176

177 翁生某旦，暝日相看／177

178 臭耳聾翁，青盲某／178

179 草蜢仔弄雞公／179

mp3
07

180　袂生牽拖厝邊／180
181　袂曉剃頭，拄著鬍鬚／181
182　起厝無閒一冬，娶某無閒一工，
　　　娶細姨無閒一世人／182
183　起雷公性地／183
184　送嫁的較媠新娘／184
185　做一擺媒人，較好食三年清齋／185
186　做甲流汗，予人嫌甲流瀾／186
187　做官騙厝內，做生理騙熟似／187
188　做鬼搶無銀紙／188
189　做媒人無包生囝／189
190　做龜無尾，做鹿無角／190
191　娶某大姊坐金交椅／191
192　娶某前，生囝後／192
193　娶某愛看娘嬭／193
194　娶著歹某，較慘三代無烘爐，四代無茶鈷／194
195　娶著好某，較好三个天公祖／195
196　寄錢會減，寄話會加／196
197　徛厝著好厝邊，做田著好田邊／197
198　掠龜走鱉／198
199　教囝學泅，毋通教囝跖樹／199

200 欲刣也著食一頓飽／200

201 細細仔雨落久，塗也會澹／201

202 喙脣一粒珠，相罵毋認輸／202

203 喙脣皮仔相款待／203

204 媒人喙，糊瘰瘰／204

205 婿穤在肢骨，不在梳妝三四齣／205

206 富的富上天，窮的斷寸鐵／206

207 富在深山有遠親，貧在近鄰無相認／207

208 惡馬惡人騎，胭脂馬拄著關老爺／208

209 揀後注，毋通揀大富／209

210 提錢買奴才來做／210

mp3
08

211 提薑母拭目墘／211

212 敢開飯店，就毋驚大食／212

213 棺柴扛上山，無死嘛愛埋／213

214 無名無姓，問鋤頭柄／214

215 無事不登三寶殿／215

216 無兩步七仔，毋敢過虎尾溪／216

217 無彼號尻川，莫食彼號瀉藥／217

218 跋一倒，抾著一隻金雞母／218

219 項羽有千斤力，毋值劉邦四兩命／219

220 勤快，勤快，有飯閣有菜／220

221　圓人會扁，扁人會圓／221
222　圓仔在人挲／222
223　愛拚才會贏／223
224　愛婿毋驚流鼻水／224
225　惹熊惹虎，毋通惹著刺查某／225
226　新烘爐，新茶鈷，熱滾滾／226
227　暗頓減食一口，活到九十九／227
228　會顧得船，袂顧得載／228
229　溜溜瞅瞅，食兩蕊目睭／229
230　溪裡無魚，三界娘仔為王／230
231　煙火好看無偌久／231
232　當頭白日搶關帝廟／232
233　萬事不由人計較，算來攏是命安排／233
234　腹肚內擠無膏／234
235　落塗時，八字命／235
236　雷公仔點心／236
237　飽穗的稻仔，頭犁犁／237
238　攢（捾）籃仔假燒金／238
239　滿天全金條，欲捎無半條／239
240　滿面全豆花／240

mp3 09

241 漚草仔花也有滿開時／241
242 盡心唱，嫌無聲／242
243 管伊喙鬚留佗一爿／243
244 算命若有靈，世間無散人／244
245 精的食戇，戇的食天公／245
246 緊行無好步，緊走無好路／246
247 澎湖菜瓜，雜唸／247
248 熟似人行生份禮／248
249 瘦狗卸主人／249
250 磕袂著就司公媽姨／250
251 蔡伯喈，拜別人的墓／251
252 蝦仔兵，草蜢仔將／252
253 蝦仔看著倒彈，毛蟹看著浡瀾／253
254 蝨母嫌濟，錢無嫌濟／254
255 請媽祖討大租／255
256 豬母大，大佇狗／256
257 豬肉無炸，袂出油／257
258 豬肝煮湯嫌無菜，蔭豉擘爿你就知／258
259 賣鴨卵的捽倒擔，看破／259
260 學好龜跙壁，學歹水崩隙／260
261 橫柴攑入灶／261

262 橫草無拈,直草無捻／262
263 樹大著分椏,人大著分家／263
264 樹頭若在,毋驚樹尾做風颱／264
265 瞞生人目,答死人恩／265
266 膨風水雞刣無肉／266
267 褪赤跤的毋驚穿皮鞋的／267
268 褲帶結相連／268
269 褲袋仔袋針,揬屧／269
270 親生囝毋值荷包錢／270
271 輸人毋輸陣,輸陣歹看面／271 (mp3 10)
272 錢無兩銀袂霆／272
273 錢筒,查某奶,毋通摸／273
274 錢銀幾萬千,毋值囝孫出人前／274
275 錢銀纏半腰,免驚銀紙無人燒／275
276 閻羅王開酒店,毋驚死的做你來／276
277 閹雞,趁鳳飛／277
278 頭一擺做大家,跤手肉慄慄掣／278
279 頭大面四方,肚大居財王／279
280 頭洗落去矣,無剃也袂使／280
281 鴨仔過溪,無聊／281
282 鴨卵較密嘛有縫／282

283 龍一尾，較贏過杜蚓一畚箕／283

284 戲棚跤徛久就人的／284

285 濟牛踏無糞，濟某無地睏／285

286 穤瓜厚子，穤人厚言語／286

287 穤查某愛照鏡，歹命人愛相命／287

288 穤穤仔翁食袂空／288

289 聳勢，無落魄的久／289

290 講一个影，生一个囝／290

291 講十三天外／291

292 講甲予你捌，喙鬚好拍結／292

293 講白賊無抾稅金／293

294 講著全頭路，做著無半步／294

295 醜新婦總是愛見大家倌／295

296 闊喙查埔食四方，闊喙查某食嫁粧／296

297 隱疴的放屁，彎彎曲曲／297

298 擲刀仔予人相刣／298

299 甕仔喙毋縛，醃缸喙縛無路／299

300 繡球親手拋／300

mp3 11

301 臍蒂猶未落／301

302 舊年食菜頭，今年才轉嗽／302

303 蟳無跤，袂行路／303

304 蹛和尚頭揣蝨母／304
305 醫生能醫病，自病不能醫／305
306 雞仔囝綴鴨母／306
307 雞仔腸，鳥仔肚／307
308 雞母跳牆，雞仔囝看樣／308
309 雞是討食焦的，鴨是討食澹的／309
310 雞看拍咯雞，狗看吹狗螺／310
311 雞未啼，狗未吠／311
312 雞喙變鴨喙／312
313 雙手抱雙孫，無手通攏裙／313
314 雙面刀鬼／314
315 雙跤踏雙船，心頭亂紛紛／315
316 懶屍人，穿長線／316
317 瓊花無一暝／317
318 羅漢請觀音／318
319 藥會醫假病，酒袂解真愁／319
320 蹺跤撚喙鬚／320
321 關老爺面前弄關刀／321
322 關門著閂，講話著看／322
323 願做太平狗，毋做亂世民／323
324 騙人去洗浴，衫仔褲搶咧走／324

325 騙乞食過後厝／325

326 勸人做好代，較贏食早齋／326

327 嚴官府出厚賊，嚴爸母出阿里不達／327

328 懸椅坐，低椅架跤，食飯配豬跤／328

329 攑骨頭相捐／329

330 癢的毋扒，痛的控甲遛皮／330

331 蠓仔叮牛角／331

332 蠓蟲也過一世人／332

333 鹹魚生跤去予走去／333

334 麵線去絡鴨／334

335 癩瘍鬥爛癆／335

336 籐條攑上手，無分親情佮朋友／336

337 護龍較懸正身／337

338 鐵拍的也無雙條命／338

339 鐵釘仔三日無拍就會生鉎／339

340 鐵管生鉎，歹講／340

341 露螺跖到竹篙尾／341

342 顧得喙空，袂顧得頭鬃／342

343 聽甲耳空徛起來／343

344 聽某喙，大富貴／344

345 讀冊讀佇尻脊骿／345

346 讀詩千首，免做自有／346

347 鑄銃拍家己／347

348 鱉殼糊塗毋是龜／348

349 驚死閣欲看目蓮／349

350 驚某大丈夫，拍某豬狗牛／350

351 驚跋落屎礐，毋驚火燒厝／351

352 鹽甕生蟲，豈有此理／352

353 廳頭交椅輪流坐／353

354 籬傍壁，壁傍籬／354

355 觀目色，聽話意／355

356 觀音媽面前無好囡仔／356

357 觀音山較懸過大屯山／357

358 鑼未霆，拍先霆／358

359 戇人拜公媽，愈看愈無偷食／359

360 戇入無戇出／360

361 戇狗數想豬肝骨／361

362 戇的，也有一項會／362

363 戇的，教巧的／363

364 鸚哥鼻，鰱魚喙／364

365 鬱鬱在心底，笑笑陪人禮／365

tsit⁸ lang⁵ tsit⁸ ke¹ tai⁷　kong¹ ma² sui⁵ lang⁵ pai³
一人一家代，公媽隨人拜

涵義　每個人都有自己的天地，不容他人干涉。

說明　在傳統的家庭裡，每戶人家都設有廳堂，除了供佛外，也放置祖先的牌位。為了慎終追遠，家人會依先人的祀日來祭拜，這是一個家族的年度盛事，也是一個家庭的內務，旁人不得干涉。正因為如此，前人為了突顯自主性，認為日子要怎麼過與他人無關，就用這句諺語來訓示好管閒事者。

對應華語　各人自掃門前雪，莫管他人瓦上霜。

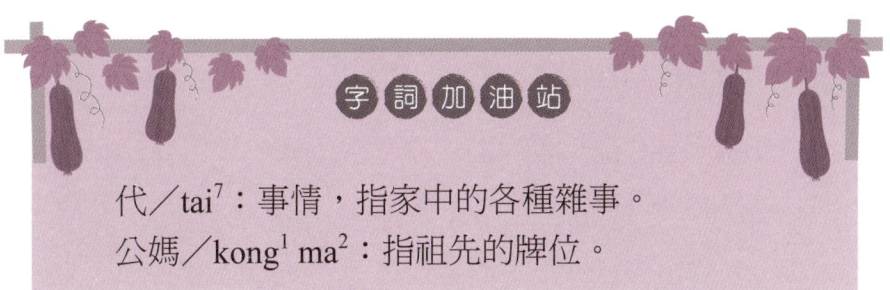

代／tai⁷：事情，指家中的各種雜事。
公媽／kong¹ ma²：指祖先的牌位。

一 人 看 出 一 家 ， 新 婦 看 出 大 家

tsit⁸ lang⁵ khuann³ tshut⁴ tsit⁸ ke¹ ， sin¹ pu⁷ khuann³ tshut⁴ ta¹ ke¹

涵義 從一個人的身上，可以看出一家的教養。

說明 每個人由於生長環境不同，表現出來的舉止、氣質也有所不同，因此一個人在外的表現，就代表整個家庭；同樣的新媳婦進了家門，就是家裡的一份子，自然得接受婆婆的教導，遵守家規，長期潛移默化的結果，從媳婦身上也就可以知道，婆婆是怎樣的人。

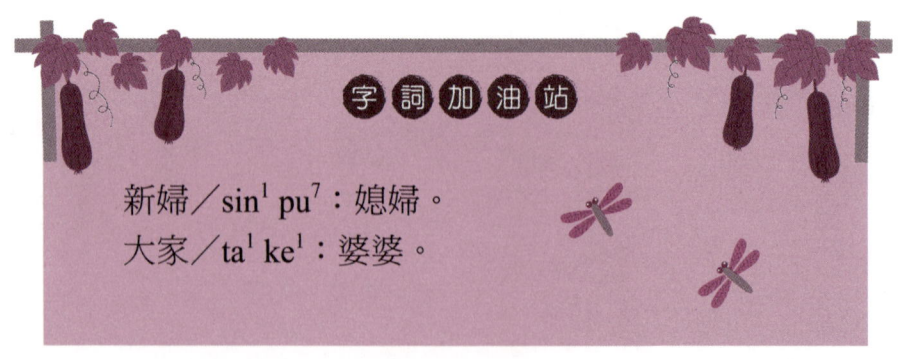

字詞加油站

新婦／sin¹ pu⁷：媳婦。
大家／ta¹ ke¹：婆婆。

tsit⁸ e⁷ hau⁷　　nng⁷ e⁷ hau⁷　　lak⁸ gueh⁸ tshang¹
一下候，兩下候，六月蔥
pinn³ ku² tshai³ thau⁵
變韭菜頭

涵義 形容人做事懶散一再拖延，以致錯失良機。

說明 韭菜的外型看起來與蔥有些相似，但比蔥細小。蔥可以食用的部分是葉身和葉鞘（葉身下面，軟白部分），葉身大約在二十到三十天之後，會慢慢開始枯萎。一般來講，青蔥的生長期大概需要三到五個月，如果到了收成期還不採收，蔥就會慢慢枯萎縮水，變成像韭菜頭那麼小。

字詞加油站

候／hau⁷：等候、延置。

004

tsit⁸　e⁵　boo²　khah⁴　ho²　sann¹　e⁵　hut⁸　tsoo²

一个某，較好三个佛祖

涵義 有一個好太太在身邊，勝過擁有任何東西。

說明 清朝收復台灣後，為了防止台灣再度成為反清的基地，限定只有領有渡台證的單身男子，才可以到台灣開墾，於是單身男子變得越來越多，但女子的數目還是一樣，在供需失衡的情況下，連平埔族的女子也變得相當的搶手，因此就有這句諺語的產生。

字詞加油站

某／boo²：妻子、老婆。
較好／khah⁴ ho²：更好，有勝過的意思。
佛祖／hut⁸ tsoo²：佛教始祖「釋迦牟尼」。

005

tsit⁸ e⁵ ang⁵ ku¹ an³ tsit⁸ e⁵ ui⁷
一个紅龜按一个位

涵義 每個東西都有預訂好的用途，不能再挪作他用。

說明 紅龜粿是一種民俗食品，由於外型吉祥，常被用來當作祭神或祝壽的供品，紅龜粿的種類有四十多種，哪一種紅龜粿該祭拜哪一個神明，都有一定的規定。

對應華語 一個蘿蔔一個坑。

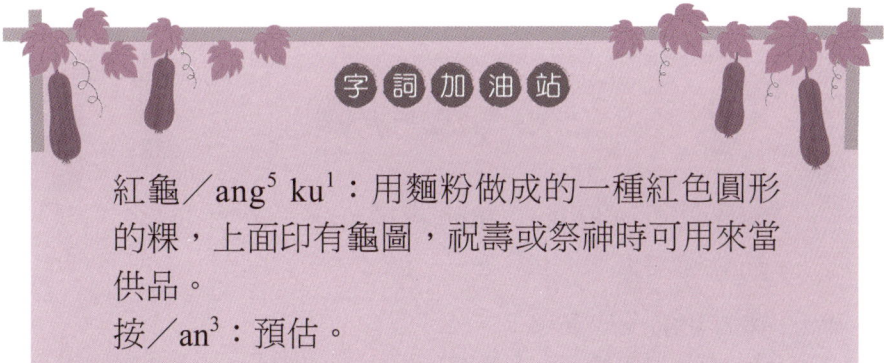

字詞加油站

紅龜／ang⁵ ku¹：用麵粉做成的一種紅色圓形的粿，上面印有龜圖，祝壽或祭神時可用來當供品。
按／an³：預估。
位／ui⁷：位置。

一代儉腸凹肚，二代看錢 it¹ tai⁷ khiam⁷ tng⁵ neh⁴ too⁷ ， ji⁷ tai⁷ khuann³ tsinn⁵
若塗，三代當囝賣某 na² thoo⁵ ， sann¹ tai⁷ tng³ kiann² be⁷ boo²

涵義 形容人從貧到富，再由富變成貧，三代的興衰變化。

說明 第一代為了創業致富，生活清苦，省吃儉用，第二代不知道創業的艱苦，揮霍無度，終於把家產敗光，到了第三代已經一貧如洗，只能賣妻當子來過生活。

字詞加油站

儉腸凹肚／khiam⁷ tng⁵ neh⁴ too⁷：飲食非常的節省。
當／tng³：典當。
某／boo²：妻子、老婆。

007 一年一歲，二年三歲，三年五歲

tsit⁸ ni⁵ tsit⁸ hue³　nng⁷ ni⁵ sann¹ hue³　sann¹ ni⁵ goo⁷ hue³

涵義 人年紀越長，可把握的機會就越少，所剩的光陰也越發的珍貴。

說明 一年一歲，二年三歲，這裡的意思並不是說人的年齡會隨著年歲倍增，而是指人年紀越長，機會就越少，這就好比女人找結婚對象一樣，年紀越大能夠結婚的對象越少，所以我們要把握現在，好好的努力，不要蹉跎光陰。

字詞加油站

歲／hue³：歲數。

台語每日一句

005

it¹ kenn¹ king⁵　　ji⁷ kenn¹ pu³　　sann¹ kenn¹ khi²
一更窮，二更富，三更起
tua⁷ tshu³　　si³ kenn¹ thiah⁴ be⁷ hu³
大厝，四更拆袂赴

涵義 ㈠形容賭徒的暴起暴落。㈡人生的興衰起落變化快速。

說明 賭博雖然是一夕致富的最快途徑，但十賭九輸，也許在尚未致富之前就已先傾家蕩產，就算運氣好，賭贏發了財，但如果不能見好就收，仍然貪心的繼續賭下去，最後也一定會傾家蕩產。

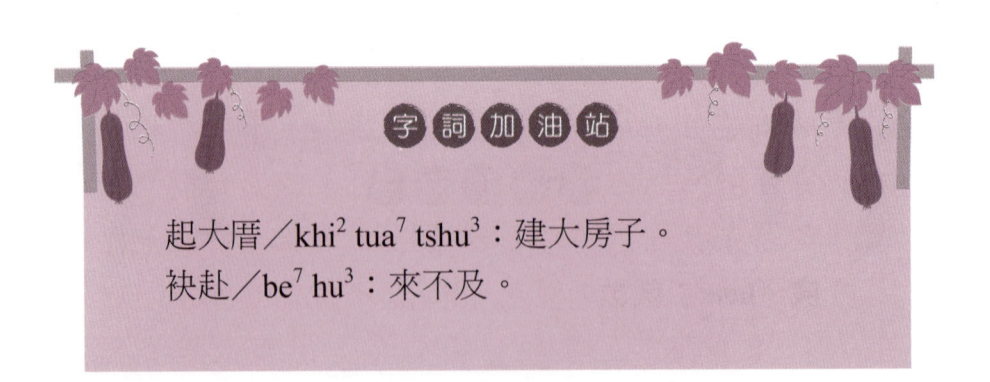

字詞加油站

起大厝／khi² tua⁷ tshu³：建大房子。
袂赴／be⁷ hu³：來不及。

009 tsit⁸ sin¹ si² liau² liau² tsi² tshun¹ tsit⁸ ki¹ tshui³
一身死了了，只賰一支喙

涵義 ㈠形容人非常愛說話，但說的都不是好話。
㈡形容人很好強，不願意認輸。

說明 人死了只剩下一張嘴巴還在動，可見這個人平常是如何用力在運動他的嘴巴；一個人話多如果有益，那還好，最怕的就是話多，但內容全都是一些挑撥離間、無中生有的事，這種損人不利己的話最令人受不了。

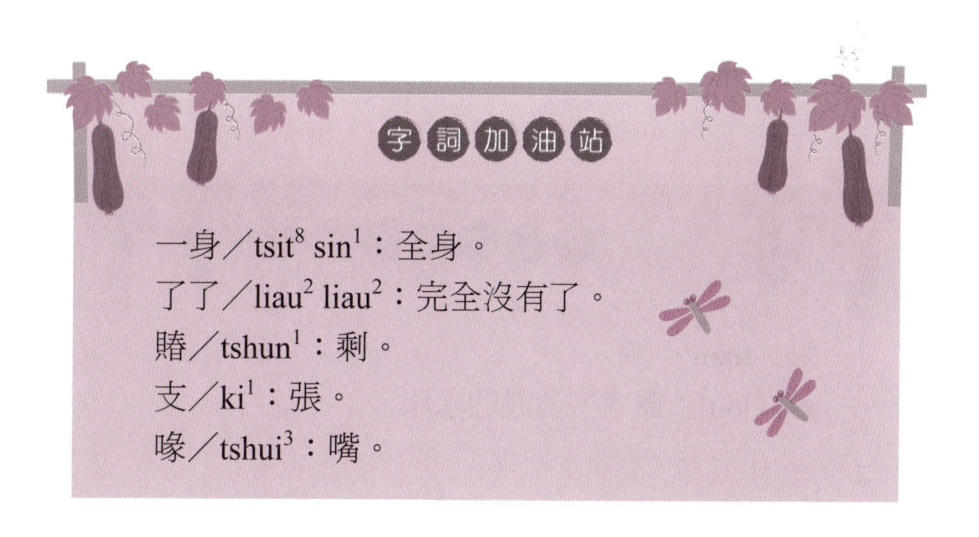

字詞加油站

一身／tsit⁸ sin¹：全身。
了了／liau² liau²：完全沒有了。
賰／tshun¹：剩。
支／ki¹：張。
喙／tshui³：嘴。

010 $tsit^8$ ki^1 $tshau^2$ $tsit^8$ $tiam^2$ loo^7

一枝草，一點露

涵義 每個人都有自己的福分，只要肯努力，天無絕人之路。

說明 上天是公平的，不會特別偏待任何人，每個人一樣都能得到上天的庇佑，而有他的生存之路，就像上天對青草的灌溉，每一株皆是雨露均沾，不偏頗哪一株，所以人只要肯努力，天無絕人之路。

對應華語 各人頭上一片天。

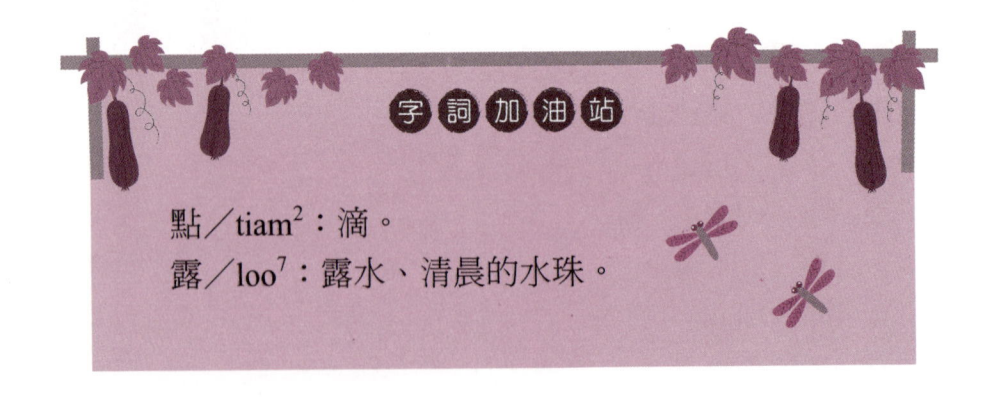

字詞加油站

點／$tiam^2$：滴。
露／loo^7：露水、清晨的水珠。

011 tsit⁸ tsainn² jia¹ bak⁸　bo⁵ khuann³ kinn³ tua⁷ suann¹
一指遮目，無看見大山

涵義 ㈠比喻因為一個小偏見，而做出錯誤的決定。㈡形容人只貪圖眼前的小利，卻忽略了長遠的利益。

說明 一隻手指頭並無法把全部的東西遮住，它只能遮住一部分，使眼睛只看到局部的東西，這隻手指就像偏見一樣，會矇蔽我們的眼睛，讓我們對事情做出錯誤的判斷，如果我們想要看到大山，就要去除自我的偏見。

字詞加油站

遮／jia¹：掩蔽
目／bak⁸：眼睛。
無／bo⁵：沒有。

012

it⁴ kiam¹ ji⁷ koo³　　bong¹ la⁵ a² kiam¹ se² khoo³
一兼二顧，摸蜊仔兼洗褲

涵義　做一件事可以同時獲取兩種效益。

說明　以前農家經常利用農閒到河裡「摸蜊仔」，然後帶回家煮食。由於蜊仔都躲在泥砂中，欲拾得牠們，得將雙手伸入濁泥中觸摸，方能使牠們現身，並且手到擒來。此外，穿著褲子下水，肯定溼透，於是生性懶惰的人就戲稱：「回家不用再洗褲子了。」因為「摸蜊仔」的同時，河水已經把褲子洗乾淨了。

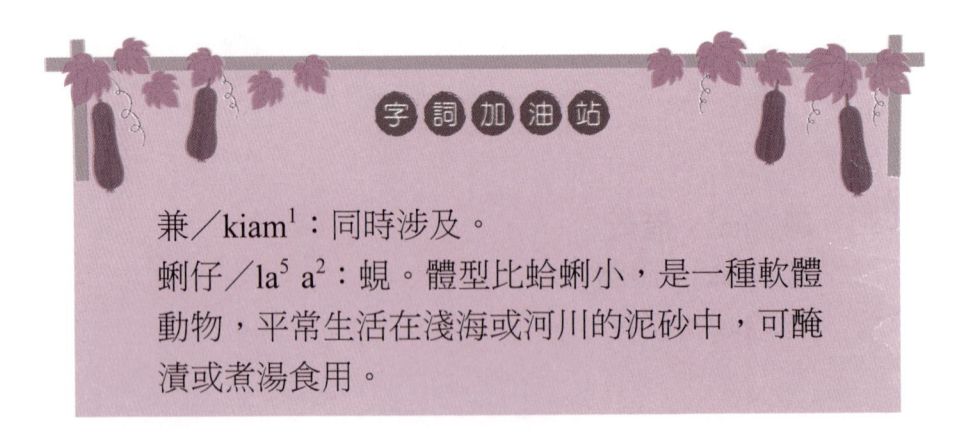

字詞加油站

兼／kiam¹：同時涉及。
蜊仔／la⁵ a²：蜆。體型比蛤蜊小，是一種軟體動物，平常生活在淺海或河川的泥砂中，可醃漬或煮湯食用。

tsit⁸ tsiah⁴ tsiau² a² liah⁸ tsai⁷ tshiu² khah⁴ ho² tsap⁸
一 隻 鳥 仔 掠 在 手 ，較 好 十
tsiah⁴ tsiau² a² hioh⁴ tsai⁷ tshiu⁷
隻 鳥 仔 歇 在 樹

涵義 具體可靠的小利益勝過不確定的大利益。

說明 停在樹林中的小鳥，即使有再多隻也沒有用，因為只能看不一定捉得到，而抓在手中的小鳥，雖然只有一隻，但卻是具體可靠的。

對應華語 一鳥在手勝過十鳥在林。

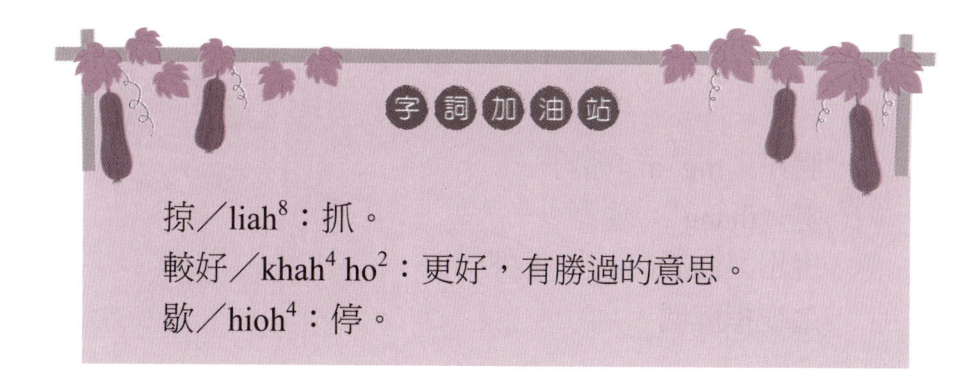

字詞加油站

掠／liah⁸：抓。
較好／khah⁴ ho²：更好，有勝過的意思。
歇／hioh⁴：停。

014 一條腸仔迵尻川

tsit⁸ tiau⁵ tng⁵ a² thang³ kha¹ tshng¹

涵義 形容人直率沒有心機，說話不會拐彎抹角。

說明 人的腸子有很多節，小腸連接著大腸，大腸連接著直腸，直腸再通肛門，所以一條腸子是不可能直接就通到肛門，這裡的意思是指這個人個性率直，說話直來直往，不會拐彎抹角。

對應華語 心直口快、一根腸子通到底。

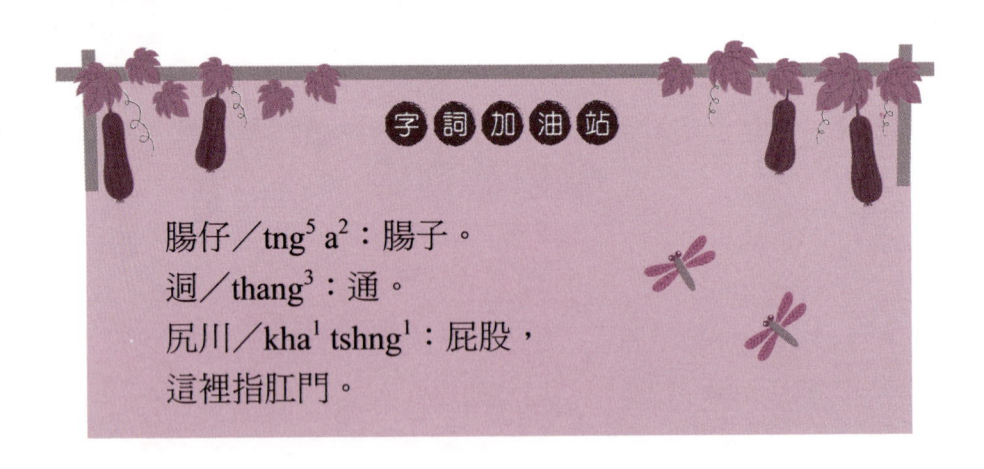

字詞加油站

腸仔／tng⁵ a²：腸子。
迵／thang³：通。
尻川／kha¹ tshng¹：屁股，這裡指肛門。

015 tsit⁸ nia² khoo³　　sann¹ e⁵ thui²
一領褲，三个腿

涵義　喻一個團體之中，發號命令的人很多。

說明　人只有兩條腿，但這件褲子卻有三個褲管，兩條腿要穿三個褲管，真叫人難以處理，這情形就好比一個團體之中，如果發號命令的人太多，會讓下面的人無所適從。

對應華語　令出多人、政出多門、一國三公、多頭政治。

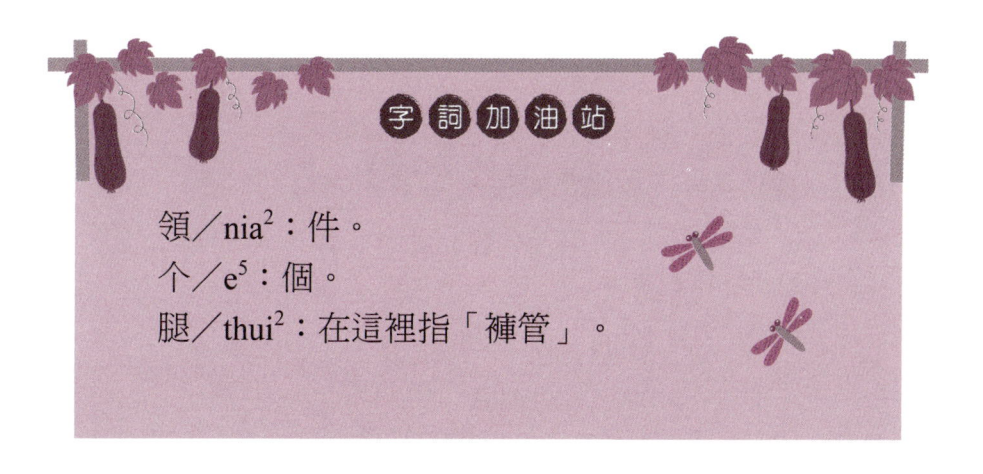

字詞加油站

領／nia²：件。
个／e⁵：個。
腿／thui²：在這裡指「褲管」。

016 一樣米飼百樣人

tsit⁸ iunn⁷ bi² tshi⁷ pah⁴ iunn⁷ lang⁵

涵義 形容這世界上的人有很多種，每個人的想法、個性各不相同。

說明 人心是複雜多變的，即使大家都是吃同樣的白米飯，也不可能有相同的個性和想法，既然人心是如此多樣，我們就要小心提防，才不會被別人陷害還不知道。

對應華語 人心不同，各如其面、人之不同，各如其面。

字詞加油站

飼／tshi⁷：養。
百樣／pah⁴ iunn⁷：很多種。

017 一蕊好花插牛屎

tsit⁸ lui² ho² hue¹ tshah⁴ gu⁵ sai²

涵義 形容漂亮的女子嫁給外貌醜惡的男人。

說明 一朵美麗芳香的花,插在一坨又臭又髒的牛糞上,其中的不協調可想而知,一般人都認為美女應該配帥哥才完美,其實這都是世俗以貌取人的看法,夫妻在一起,外貌是其次,兩人內心能互相投合才是最重要的。

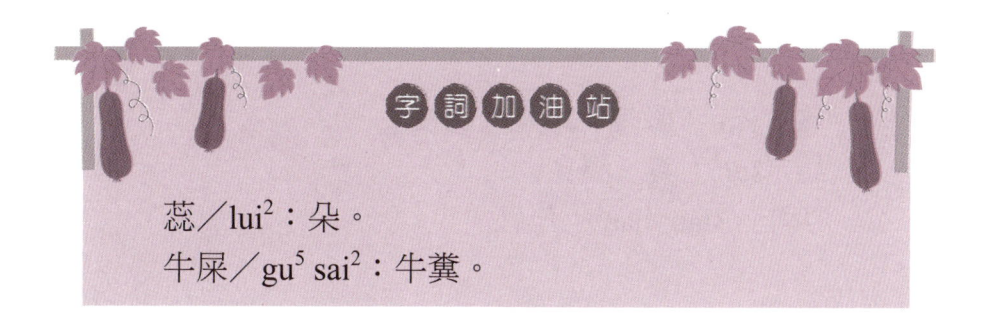

字詞加油站

蕊／lui²:朵。
牛屎／gu⁵ sai²:牛糞。

台語每日一句

016

it⁴ tshian⁵　ji⁷ ian⁵　sann¹ sui²　si³ siau³ lian⁵
一錢，二緣，三媠，四少年

涵義 說明男女談戀愛的一些條件。

說明 錢是最好用的東西，不管長得多醜，只要有錢，大家就會圍繞在你身邊，如果你沒有錢，但是長得英俊瀟灑或美若天仙，還是有人會願意與你相識，如果前面這三項都沒有，但你的年紀很輕，這就還可以，因為年紀輕，不僅身體強壯，而且青春洋溢，還是一樣受人歡迎。

字詞加油站

緣／ian⁵：緣投，即是「英俊」。
媠／sui²：美、漂亮。
少年／siau³ lian⁵：年輕。

019 tshit⁴ gueh⁸ puann³ thai⁵ ah⁴ a² kui² ma⁷ tsai¹

七月半刣鴨仔，鬼嘛知

涵義 形容一件事情大家都知道。

說明 農曆七月十五日是一年一度的中元大普渡，這一天各地都會舉行盛大的普渡法會，來普渡眾鬼，鴨子是普渡必備的祭品，所以在七月半殺鴨子，連鬼也知道要做什麼用。

字詞加油站

刣／thai⁵：殺。
嘛／ma⁷：也。

台語每日一句

020

tshit⁴ gueh⁸ puann³ ah⁴　a²　　m⁷ tsai¹ si² uah⁸
七　月　半　鴨　仔，毋　知　死　活

涵義 意謂人即將大禍臨頭，仍猶不知。

說明 農曆七月十五日是道教的中元節，每年這個時候家家戶戶都會殺豬宰羊，準備豐盛的祭品來普渡眾鬼，雖然各地的習俗不同，但鴨子還是屬於要被宰殺的家禽之一，七月半的鴨子不知自己即將被宰殺，還在那裡悠哉的游來游去。

字詞加油站

毋／m⁷：不。

021 七月初一，一雷九颱來

tshit⁴ gueh⁸ tshe¹ it⁴　tsit⁸ lui⁵ kau² thai¹ lai⁵

涵義　形容農曆七月之時，如果有雷雨出現，那麼這年可能會有很多的颱風來襲。

說明　這句是氣象諺語。農曆七月太平洋副熱帶高壓開始減弱，大陸冷高壓開始增強，這兩個高壓之間的鋒面很容易把颱風吸引過來，因為冷鋒南下遇到暖空氣會被迅速抬升而形成雷雨，所以農曆七月只要有雷雨出現，就是颱風來襲的預兆。

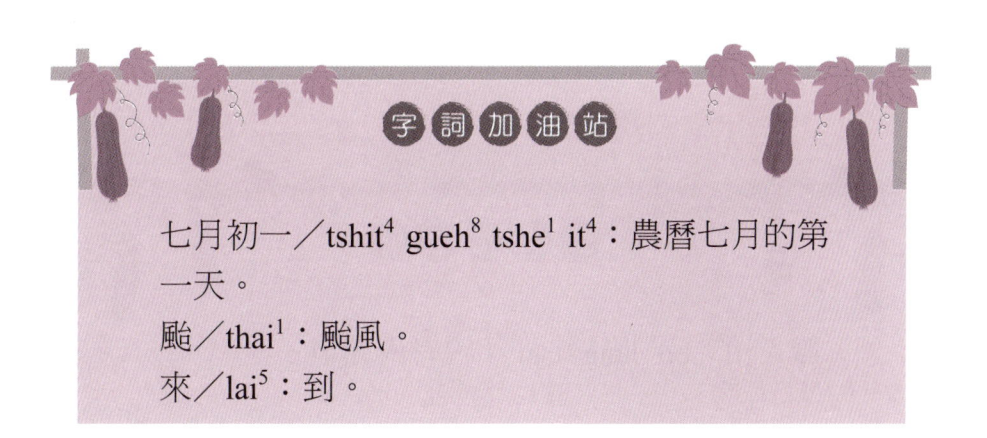

字詞加油站

七月初一／tshit⁴ gueh⁸ tshe¹ it⁴：農曆七月的第一天。
颱／thai¹：颱風。
來／lai⁵：到。

台語每日一句

022 kau² gueh⁸ thai¹ bo⁵ lang⁵ tsai¹
九月颱無人知

涵義 農曆九月的颱風何時會來，沒有人知道。

說明 侵襲台灣的颱風大多發生在夏、秋兩季，由於颱風要有大量的水氣、較高的氣溫、旺盛的對流作用、不同風向的風等因素方能成形，因此在颱風來襲之前，有很多徵兆可供判斷，但農曆九月之後，大陸高氣壓增強，雷雨也減少了，這時又颳起東北季風，在這些因素的影響之下，讓一些颱風來襲的徵兆，變得不明顯，所以便無法根據徵兆，來判斷颱風何時會來。

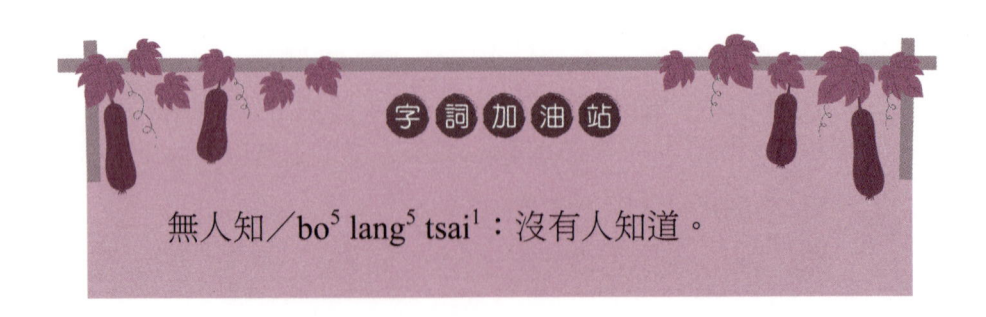

字詞加油站

無人知／bo⁵ lang⁵ tsai¹：沒有人知道。

023 人心肝，牛腹肚

lang⁵ sim¹ kuann¹　gu⁵ pak⁴ too²

> **涵義**　形容人心都是貪得無厭。

> **說明**　人心是貪婪的，所以人的慾望是永無止境的，當一項願望得到滿足之後，另一個欲求又會出現，一個接著一個，就像牛的胃一樣，即使吃很多草依然不覺得飽。

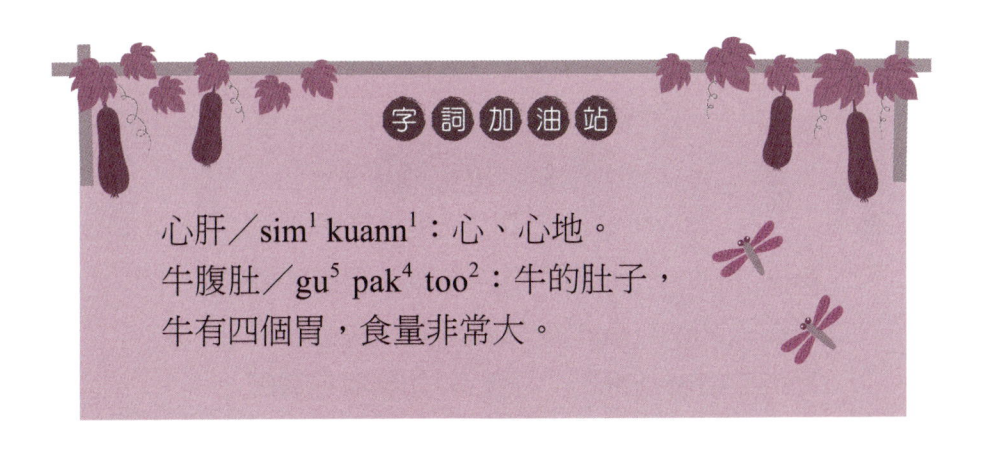

字詞加油站

心肝／sim¹ kuann¹：心、心地。
牛腹肚／gu⁵ pak⁴ too²：牛的肚子，牛有四個胃，食量非常大。

024

人生親像大舞台，苦齣笑詼攏公開

jin⁵ sing¹ tshin¹ tshiunn⁷ tua⁷ bu² tai⁵, khoo² tshut⁴ tshio³ khue¹ long² kong¹ khai¹

涵義 人生如戲，有喜也有悲。

說明 看戲時如果演員演得很好，我們會跟著入戲；如果演得不好，我們會給他們噓聲，但不論我們給什麼反應，演員還是會盡全力的把戲演好。而人生也是一樣的，我們都是那大舞台上的演員，不論戲份有多少，只要戲還沒落幕，就得盡力做好每次的演出。

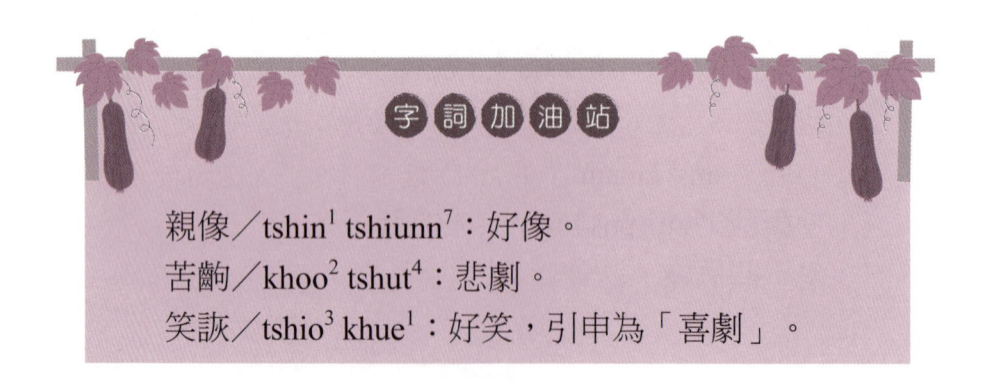

字詞加油站

親像／tshin¹ tshiunn⁷：好像。
苦齣／khoo² tshut⁴：悲劇。
笑詼／tshio³ khue¹：好笑，引申為「喜劇」。

025 人來才掃地，人去才煎茶

lang⁵ lai⁵ tsiah⁴ sau³ te³　　lang⁵ khi³ tsiah⁴ tsuann¹ te⁵

涵義
(一)形容人所做的一些行為，都是虛情假意。
(二)形容人事前沒有做好準備，以致錯失良機。

說明
通常我們都會先把家裡打掃得乾乾淨淨，再去迎接客人，這樣才不會失禮，如果等客人來了之後才掃地，好像有逐客之意；客人來了，我們會奉茶，表示歡迎之意，但如果客人來了不泡茶，等客人走了才想泡茶，這就太遲了。

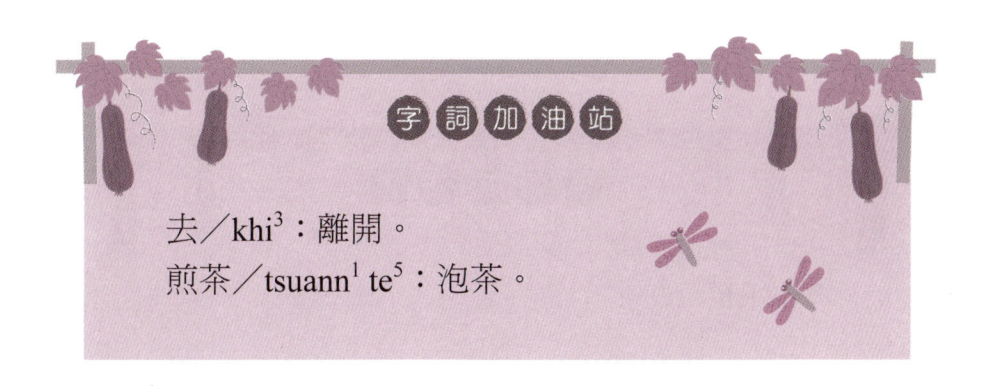

字詞加油站

去／khi³：離開。
煎茶／tsuann¹ te⁵：泡茶。

026 lang⁵ leh⁴ tso³　thinn¹ leh⁴ khuann³
人咧做，天咧看

涵義　人在做，天在看。

說明　這句諺語是勸人不可以做壞事。中國人的天命觀，認為這天地之間有一個主宰，不論為善為惡都逃不過祂的眼睛，所謂「善惡到頭終有報」，所以做人不可違背良心。

請勿倒垃

字詞加油站

咧／leh⁴：在。

027 lang⁵ khuann³ lang⁵ kiann¹　　kui² khuann³ to³　the³ kiann⁵

人看人驚，鬼看倒退行

涵義 形容情景非常的恐怖，不論人或鬼看了都會害怕。

說明 人受到驚嚇有的會瞪大眼睛張口愣住，有的會吃驚的往後退，而鬼沒有意識，應該不會受到驚嚇，但現在不僅人看了害怕，連鬼看了也會倒退走，可見這情景是多麼的恐怖。

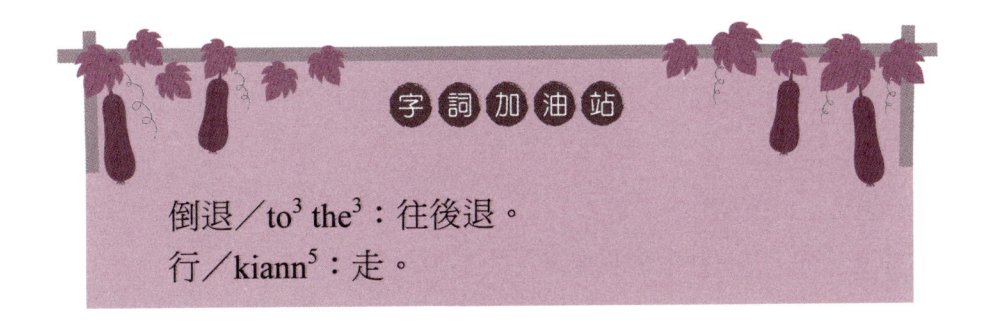

字詞加油站

倒退／to³ the³：往後退。
行／kiann⁵：走。

028 人若衰，種匏仔生菜瓜

lang⁵ na⁷ sue¹　tsing³ pu⁵ a² senn¹ tshai³ kue¹

涵義 形容人走霉運時，做任何事都不順利。

說明 吃什麼就拉什麼，種什麼就生什麼，這是不變的道理，所以種了匏瓜，不可能會長出絲瓜，這裡只是形容一個人的運氣壞到極點，倒楣到連種下的東西，都會突變長成別的東西。

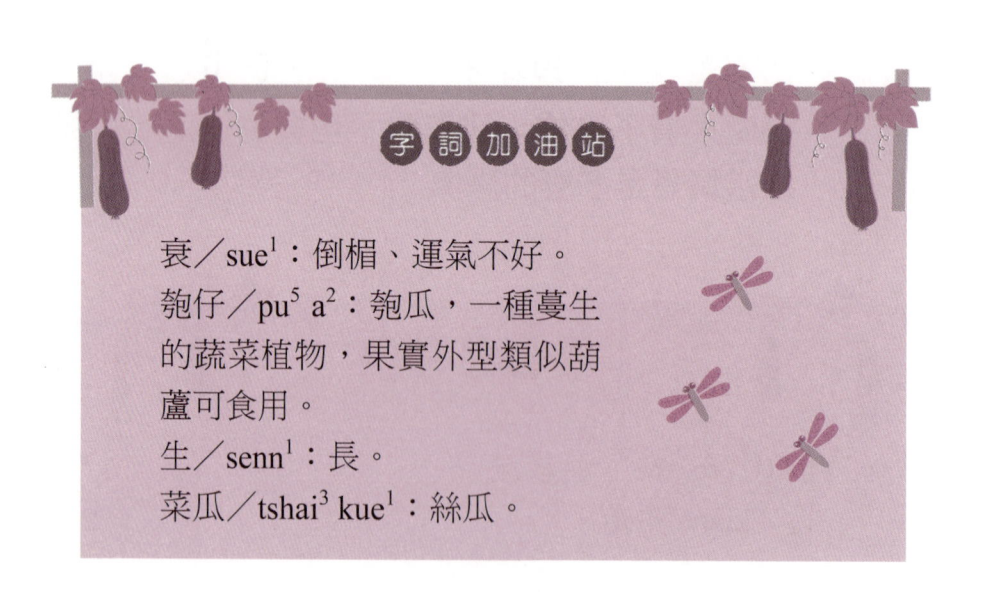

字詞加油站

衰／sue¹：倒楣、運氣不好。
匏仔／pu⁵ a²：匏瓜，一種蔓生的蔬菜植物，果實外型類似葫蘆可食用。
生／senn¹：長。
菜瓜／tshai³ kue¹：絲瓜。

029 人食一口氣，佛食一枝香

lang⁵ tsiah⁸ tsit⁸ khau² khi³　put⁸ tsiah⁸ tsit⁸ ki¹ hiunn¹

涵義 做人要有志氣。

說明 雖說「佛食一枝香」，但真正的佛是不會在意那一炷香，香只是人們敬佛的一種誠意，而人是靠一口氣存活的，如果這一口氣吸不上來，人就會死亡，所以這一口氣對人來說是很重要的，因此前人便用「人食一口氣」，勸勉我們做人要爭氣。

對應華語 人爭一口氣，佛爭一炷香。

字詞加油站

食／tsiah⁸：吃。
佛／put⁸：神佛。
一枝／tsit⁸ ki¹：一炷。

030

jin⁵ tsing⁵ lau⁵ tsit⁸ suann³　jit⁸ au⁷ ho² sio¹ khuann³

人情留一線，日後好相看

涵義 做人做事都要留些餘地。

說明 俗語說：「地球是圓的，相遇得到」，所以我們做人做事不可以做的太絕，要留一點餘地，讓別人跟自己都有迴轉的空間，免得日後見面彼此都尷尬。

字詞加油站

日後／jit⁸ au⁷：以後。
相看／sio¹ khuann³：相見。

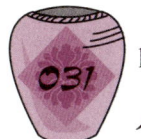

031　lang⁵ khan¹　m⁷ kiann⁵　　kui² khan¹ liu³ liu³ tsau²
人牽毋行，鬼牽溜溜走

涵義　形容人不辨善惡，好人的話不聽，反而聽信壞人的話，去做一些錯誤的事。

說明　當一個人的內心充滿著慾望和歹念時，就很難分清楚什麼是善惡，好人的話他聽不進去，壞人的話反而輕易相信，這是因為他心存貪念，才會被壞人牽著走，所以做人要心存正念，才不會讓壞人有可趁之機。

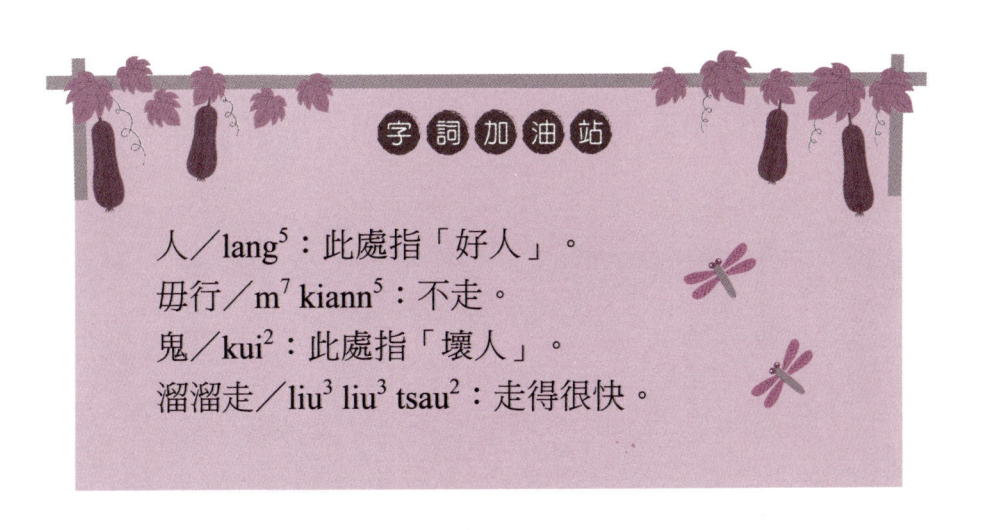

字詞加油站

人／lang⁵：此處指「好人」。
毋行／m⁷ kiann⁵：不走。
鬼／kui²：此處指「壞人」。
溜溜走／liu³ liu³ tsau²：走得很快。

台語每日一句

032 lang⁵ bo⁵ tshian¹ jit⁸ ho²　hue¹ bo⁵ pah⁴ jit⁸ ang⁵
人無千日好，花無百日紅

涵義　形容世事起伏多變，人不可能永遠都處在順境。

說明　花開花落是大自然不變的定律，不管花開得多嬌豔，總有凋謝的時候，就如同人不可能天天都是春風得意，有起就會有落，所以我們更應該好好把握時間，珍惜生命。

字詞加油站

無／bo⁵：沒有、不會。

033

lang⁵ e² tsi² si⁷ kha¹ khah⁴ te² tsi³ khi³ tsiah⁴
人矮只是跤較短，志氣才
lai⁵ piann³ kuan⁵ ke⁷
來拚懸低

涵義 外表並不重要，只有志氣才是決定成功的因素。

說明 一般人對於矮子都有輕視之意，其實矮子和一般人並沒有什麼兩樣，只不過是腳比較短，人矮些而已，所以不要輕視矮子，有時候矮子的成就反而比一般人好，因為他人雖矮，但志氣卻是很高，所以看人不要只重外表，志氣才是最重要的。

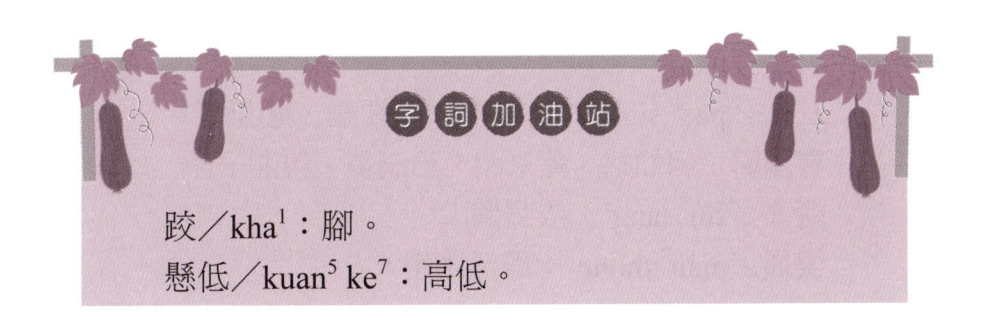

字詞加油站

跤／kha¹：腳。
懸低／kuan⁵ ke⁷：高低。

034　pat⁴ sian¹ kue³ hai²　sui⁵ lang⁵ pian³ thong¹
八仙過海，隨人變通

涵義　遇到事情，每個人都有一套自己解決問題的方式。

說明　八仙過海的故事，最早出現在元雜劇《爭玉板八仙過海》戲中，白雲仙長邀宴八仙到蓬萊仙島賞牡丹，宴罷回程途經東海，八仙一時興起，便各自使出法寶，橫渡東海，因此後人便以此故事，比喻每個人各有一套解決問題的辦法。

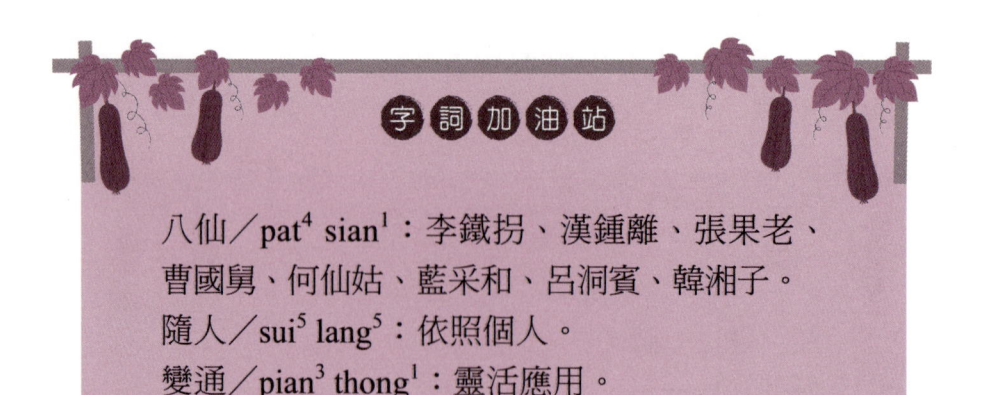

字詞加油站

八仙／pat⁴ sian¹：李鐵拐、漢鍾離、張果老、曹國舅、何仙姑、藍采和、呂洞賓、韓湘子。
隨人／sui⁵ lang⁵：依照個人。
變通／pian³ thong¹：靈活應用。

035 tsap⁸ ji⁷ gueh⁸ kam¹ tsia³ to³ thau⁵ tinn¹

十二月甘蔗倒頭甜

涵義 喻情況越來越好。

說明 一般甘蔗都是頭部比較甜，但是十二月的時候，由於雨量較少會造成甘蔗缺水，整枝甘蔗的水分會往下集中在根部，這時尾部因為水分比根部少，反而比較甜。

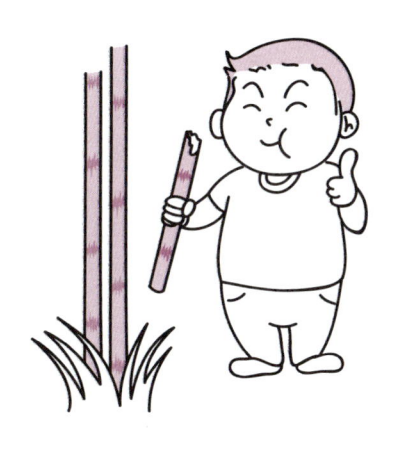

對應華語 漸入佳境、倒吃甘蔗。

字詞加油站

倒頭／to³ thau⁵：尾部。

036

sann¹ tshing¹ ni⁵ tsing⁵ e⁵ kau² sai² kuann¹ ia⁷ khioh⁴ khi² lai⁵ liu⁷

三千年前的狗屎乾，也抾起來餾

涵義 形容人重提年代久遠的舊事。

說明 三千年前的狗屎乾到現在早就消失無蹤了，哪還能撿起來蒸煮，這裡的「三千年」是形容年代久遠，狗屎乾又臭又硬，人人都討厭，用狗屎乾來形容「陳年舊事」，表示對方並不喜歡聽你談論這些事，所以最好趕快停止。

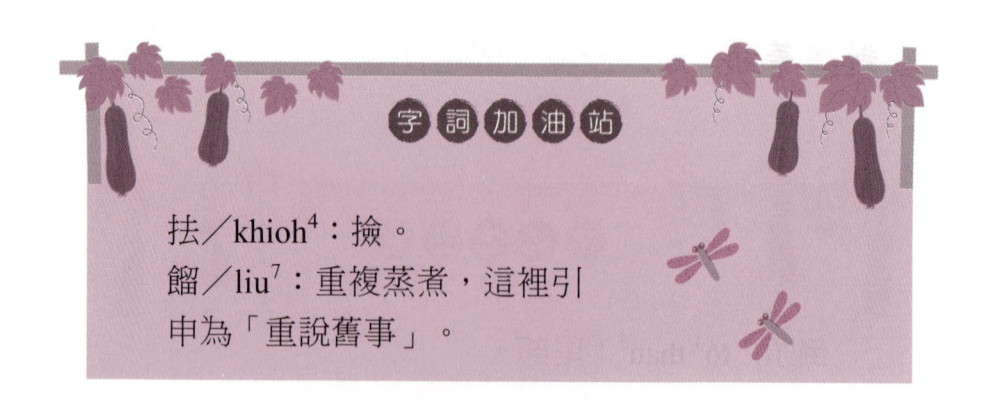

字詞加油站

抾／khioh⁴：撿。
餾／liu⁷：重複蒸煮，這裡引申為「重說舊事」。

037 sann¹ hun¹ thinn¹ tsu³ tiann⁷　tshit⁴ hun¹ kho³ phah⁴ piann³

三分天註定，七分靠拍拚

涵義 勉勵人要努力奮鬥才能成功。

說明 先天的命運雖然不可改，但後天的命運卻掌握在自己手中，就像上天註定我們出身貧苦，但只要不怕苦，肯努力，終有成功的一天。

對應華語 三分天註定，七分靠努力。

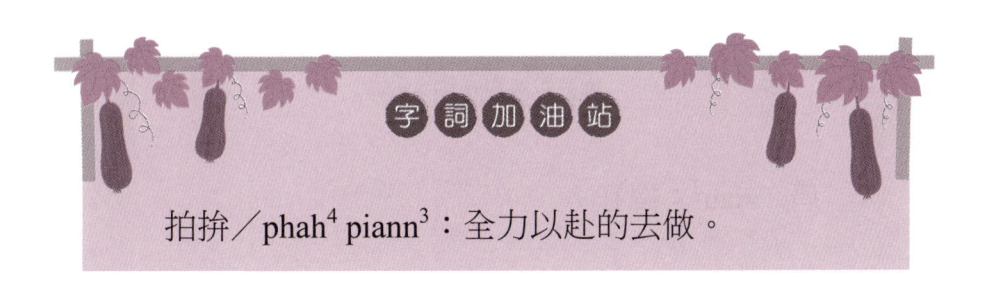

字詞加油站

拍拚／phah⁴ piann³：全力以赴的去做。

036 sann¹ gueh⁸ siau² ma² tsoo²
三月痟媽祖

涵義 描述農曆三月迎媽祖的盛況。

說明 早期漢人渡海來台，為求能平安抵達，常會奉祀一尊媽祖神像在船上隨行，抵台之後就在各地建廟祭祀，由於媽祖威靈顯赫，解救無數的海難，便成為沿海居民信仰的主要對象。農曆三月二十三日是媽祖的生日，每年這一天各地的信徒都會趕往媽祖廟進香朝拜，一些較有歷史的媽祖廟，常會舉行盛大的遶境活動，來為媽祖暖壽，近年來以大甲媽祖的遶境活動最為熱鬧。

字詞加油站

痟／siau²：瘋狂。

039 三年一閏，好歹照輪

sann¹ ni⁵ tsit⁸ jun⁷　　ho² phainn² tsiau³ lun⁵

涵義　喻人事變化，盛衰無常。

說明　不管陰陽曆都有閏月，陽曆的閏月是固定在二月，但陰曆的閏月，是由十二個月依序輪流，這就如同人的運氣一樣，是好壞相輪替的。

對應華語　十年風水輪流轉、三十年河東，三十年河西。

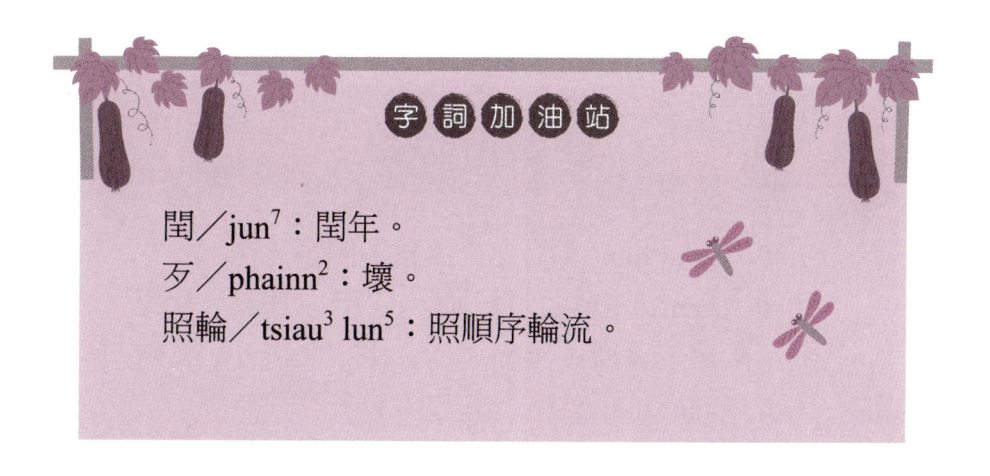

字詞加油站

閏╱jun⁷：閏年。
歹╱phainn²：壞。
照輪╱tsiau³ lun⁵：照順序輪流。

台語每日一句

040

sam¹ hun⁵ tshit⁴ phik⁴ suann³ liau² liau²
三魂七魄散了了

涵義　形容人受到極大的驚嚇，非常恐懼。

說明　依據道教說法，人有三魂七魄，三魂是人的精神之體，七魄是人身的陰濁之氣，三魂與七魄如果都存在人體內，身體就會很健康，相反地如果三魂與七魄無法聚合，時間久了，人就會死亡，所以前人便以「三魂七魄散了了」，形容人受到極大的驚嚇，魂不附體。

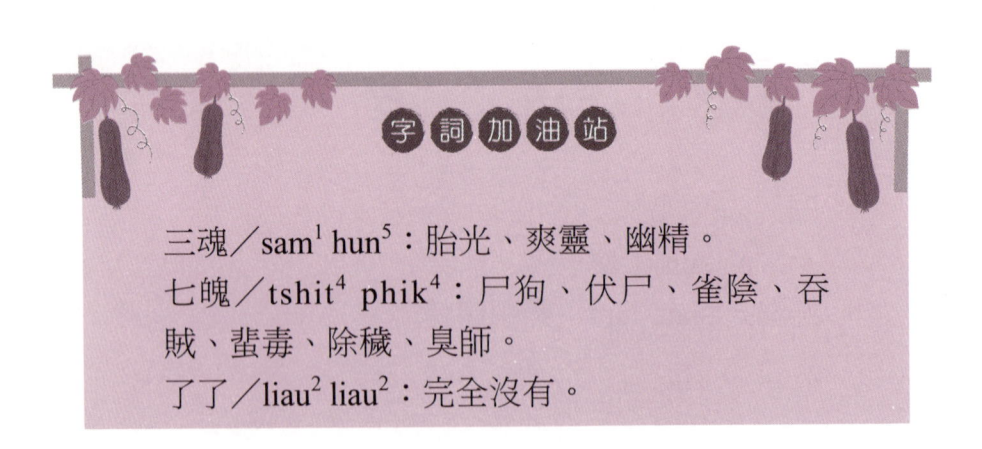

字詞加油站

三魂／sam¹ hun⁵：胎光、爽靈、幽精。
七魄／tshit⁴ phik⁴：尸狗、伏尸、雀陰、吞賊、蜚毒、除穢、臭師。
了了／liau² liau²：完全沒有。

041 tsiunn⁷ kio⁷ tsiah⁴ beh⁴ pang³ jio⁷
上轎才欲放尿

涵義 喻事到臨頭才匆忙準備。

說明 古時候沒有汽車，只能用轎子去迎親，轎子是依靠人力來扛的，行進的速度非常緩慢，如果夫家剛好住的很遠，可能要走幾個小時才會到，這段期間新娘要是尿急，也只能忍著，所以一般新娘在上轎之前都會先去方便，以免有半路尿急又不能上的窘況。

對應華語 臨渴掘井、臨陣磨槍、臨時抱佛腳。

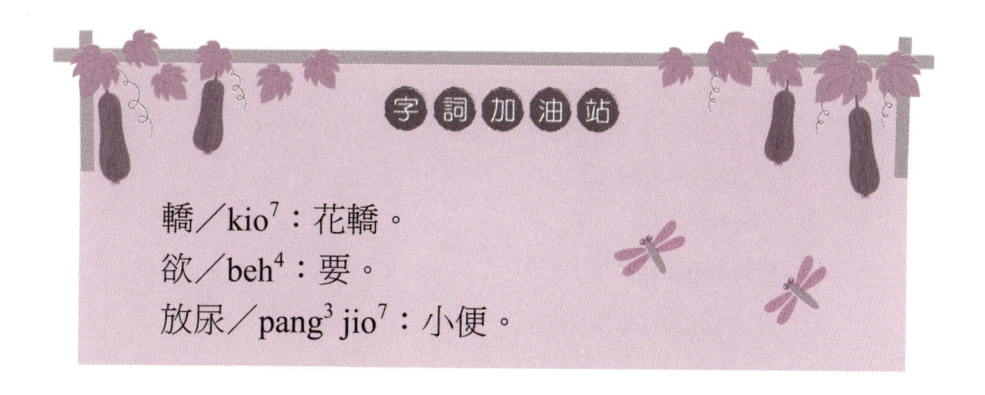

字詞加油站

轎／kio⁷：花轎。
欲／beh⁴：要。
放尿／pang³ jio⁷：小便。

台語每日一句

042

ia⁷ beh⁴ ho²　ia⁷ beh⁴ han¹ tsi⁵ senn¹ than² to²
也欲好，也欲番薯生坦倒

涵義　喻在這邊得到好處，希望在另外一邊也能有好處。

說明　番薯是一種沿著地面生長的爬藤類植物，爬在田地上的範圍越廣，代表番薯的量越多，此處的「番薯生坦倒」就是指番薯豐收。而整句話用來形容人的慾望無窮，在這獲得好處，也希望另一邊有好處可得。

對應華語　好還要更好。

字詞加油站

欲／beh⁴：要。
番薯／han¹ tsi⁵：地瓜。
坦倒／than² to²：橫倒。

043 乞食身，孝男面，早睏晏精神

khit⁴ tsiah⁸ sin¹　hau³ lam⁵ bin⁷　tsa² khun³ uann³
tsing¹ sin⁵

涵義　形容人懶惰又邋遢，一副討人厭的模樣。

說明　乞丐以乞討為生，四處流浪，居無定所，所以全身髒亂，而孝男因為居父母之喪，所以整天哭喪著臉；一個人很早去睡卻很晚起床，可見他是個懶惰鬼，因此前人便以此，形容人不修邊幅一副邋遢的模樣。

字詞加油站

乞食／khit⁴ tsiah⁸：乞丐。
睏／khun³：睡覺。
晏／uann³：晚。
精神／tsing¹ sin⁵：睡醒。

044 乞食身,皇帝喙

khit⁴ tsiah⁸ sin¹　　hong⁵ te³ tshui³

涵義
㈠形容人收入不高,卻很會享受物質生活。
㈡形容人身分卑微,說話口氣卻很大。

說明 這裡的「乞食」和「皇帝」並不是指真的乞丐和皇帝,而是形容人所說的話、做的事和他的身分不配合,就如同收入不高的人,卻喜歡戴名錶、開名車一樣。

字詞加油站

乞食／khit⁴ tsiah⁸:乞丐。
喙／tshui³:嘴。

045 khit⁴ tsiah⁸ pai³ bong⁷　sia³ tsoo² kong¹
乞食拜墓，卸祖公

涵義 形容人做出一些讓祖先蒙羞的事情。

說明 每個人都希望自己的後代能有出息，可以光宗耀祖，所以我們常會看到某人當了大官或是做了一件光耀門楣的事，一定會回鄉祭祖，讓祖先知道，而乞丐落魄潦倒，如果去祭祖只會讓祖先蒙羞。

對應華語 有辱祖先。

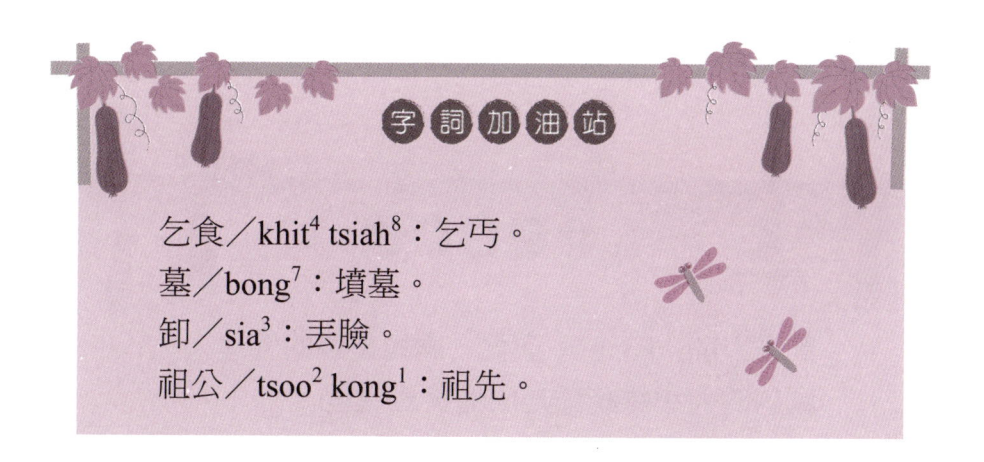

字詞加油站

乞食／khit⁴ tsiah⁸：乞丐。
墓／bong⁷：墳墓。
卸／sia³：丟臉。
祖公／tsoo² kong¹：祖先。

台語每日一句

046 khit⁴ tsiah⁸ kuann² bio⁷ kong¹
乞食趕廟公

涵義 形容後來的人反客為主佔據了先來之人的地位。

說明 乞丐長年在外面流浪，寺廟常是他們夜宿之處，寺廟是從事慈善工作的，所以廟祝對於乞丐借宿的要求，當然不會拒絕，只是這乞丐非但沒有感激廟祝，反而恩將仇報，把廟祝趕出門，將寺廟佔為己有，這根本就是反客為主的行為。

對應華語 反客為主、喧賓奪主、鳩佔鵲巢。

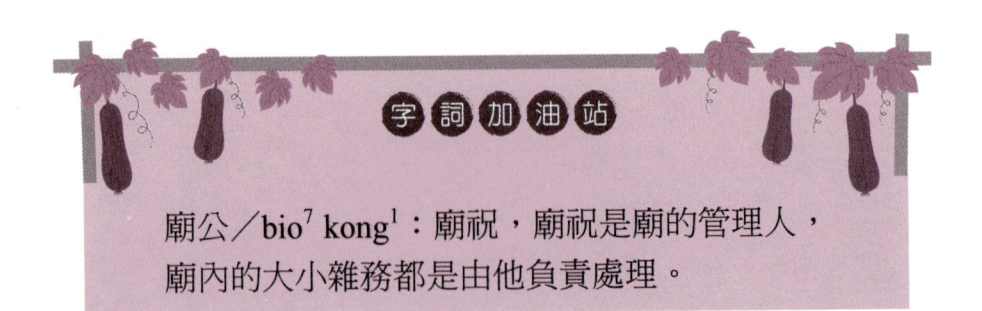

字詞加油站

廟公／bio⁷ kong¹：廟祝，廟祝是廟的管理人，廟內的大小雜務都是由他負責處理。

047 千好萬好，毋值咱厝好

tshian¹ ho² ban⁷ ho² m⁷ tat⁸ lan² tshu³ ho²

涵義　不論別人的家多麼得好，還是不如自己的家來得舒適、來得好。

說明　不管別人的家有千萬般好處，終究比不上自己的家舒適，即使這個家沒有別人家那樣富麗堂皇、金碧輝煌，但因為是自己親手佈置的，所以有著別處沒有的舒適與溫情。

對應華語　金窩銀窩，不如自己的狗窩、梁園雖好，不是久戀之家。

字詞加油站

毋值／m⁷ tat⁸：不如。
咱／lan²：我們。
厝／tshu³：房子。

048 tshing¹ niu² gin⁵ lan⁵ be² tsit⁸ e⁵ tshin¹ senn¹ kiann²

千兩銀難買一个親生囝

涵義 有錢難買親生兒。

説明 錢雖然是萬能，但有些東西卻是用錢也買不到的，例如：親生兒。生小孩不是靠錢，也不是想要就會有，這要靠機緣，而且夫妻雙方也必須要有生殖能力才行，所以許多有錢人雖然很富有，但仍是膝下無子。

字詞加油站

个／e⁵：個。
囝／kiann²：兒子。

049 tshian¹ kim¹ be² tshu³ theh⁸　ban⁷ kim¹ be² tshu³ pinn¹

千金買厝宅，萬金買厝邊

涵義 選擇好鄰居比選擇好房子重要。

說明 千金可以買到豪宅，但萬金卻不一定能買到好鄰居，因為好鄰居是可遇不可求的，從前「孟母三遷」就是為了要幫孟子找一個好的家居環境。

對應華語 擇鄰而居、居必擇鄰、里仁為美。

字詞加油站

厝邊／tshu³ pinn¹：鄰居。

台語每日一句

050

thoo² te⁷ kong¹ bo⁵ ue⁷ ho⁷　　hoo² m⁷ kann² ka⁷ lang⁵

土地公無畫號，虎毋敢咬人

涵義　惡人敢出來作壞事，背後一定有人撐腰。

說明　依據民間傳說，老虎時常在山中為惡到處咬人，被害的山民忍受不住老虎荼毒生靈的行為，便向山中的土地公求助，於是土地公便把老虎收為自己的座騎，以後老虎要咬人，一定要得到土地公的允許，所以前人便以此句諺語形容壞人敢到處為惡，背後一定有後台撐腰。

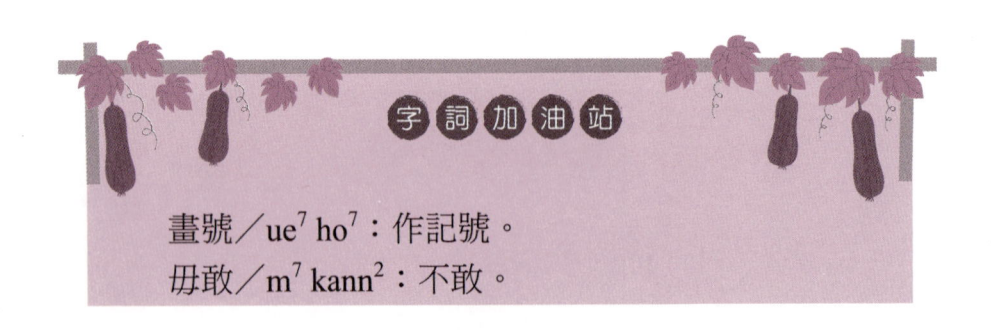

字詞加油站

畫號／ue⁷ ho⁷：作記號。
毋敢／m⁷ kann²：不敢。

051 tua⁷ bak⁸ sin¹ niu⁵ bo⁵ khuann³ kinn³ tsau³
大目新娘無看見灶

涵義 形容人心不在焉，對於眼前明顯可見的事物，竟然看不到。

說明 以前的灶都是用磚頭砌成的，體積龐大，在廚房中相當的顯眼，不可能會被忽略而看不見，除非是這個新媳婦心不在焉，所以看不到，或是因為她剛嫁入家門，對一切都還不熟悉，所以找不到廚房在何處。

對應華語 視若無睹、視而不見。

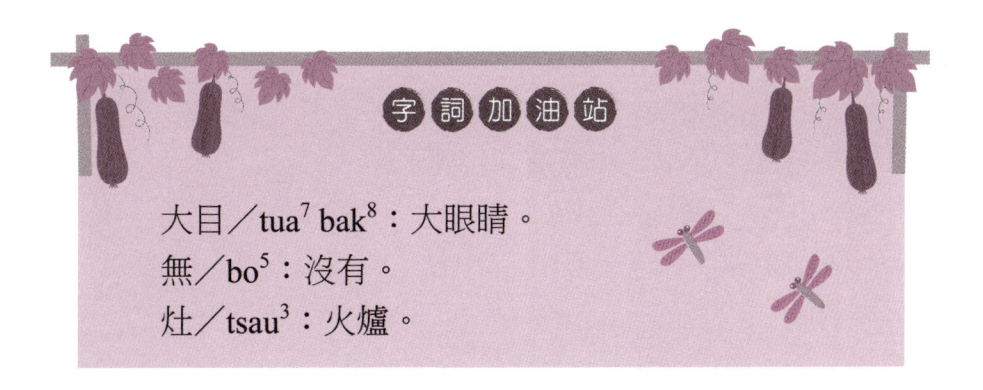

字詞加油站

大目／tua⁷ bak⁸：大眼睛。
無／bo⁵：沒有。
灶／tsau³：火爐。

052 tua⁷ boo² phah⁴ kah¹ si² se³ i⁵ m⁷ kam¹ pi²

大某拍甲死，細姨毋甘比

涵義 形容男人薄倖無情，對大小老婆的態度迥然不同。

說明 大部分的男人都是喜新厭舊，對大老婆出手狠毒，把她打到半死，一點也不會加以憐惜，而對小老婆則是疼得像心肝寶貝一樣，連用手比她一下都不捨得。

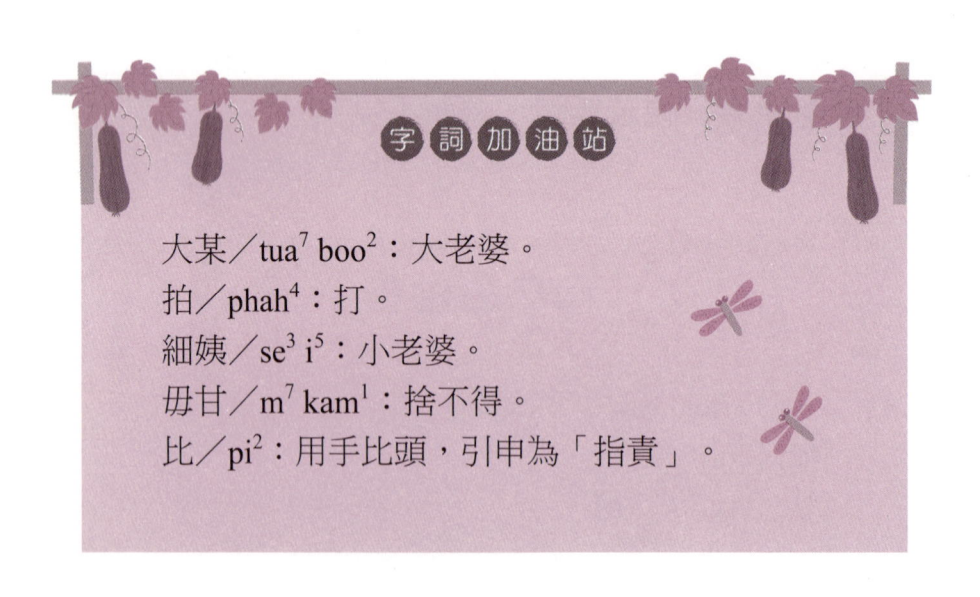

字詞加油站

大某／tua⁷ boo²：大老婆。
拍／phah⁴：打。
細姨／se³ i⁵：小老婆。
毋甘／m⁷ kam¹：捨不得。
比／pi²：用手比頭，引申為「指責」。

053 小卷花枝，無血無目屎

sio² kng² hue¹ ki¹　bo⁵ hueh⁴ bo⁵ bak⁸ sai²

涵義　形容人心腸冷酷，毫無人性。

說明　烏賊生活在水底之中，跟蛇一樣是屬於無體溫動物，牠的身體構造非常簡單，只有一個圓管，不像人類有血管分佈，牠的雙眼連接著足部，沒有淚腺，所以不會流淚，由於牠有這些特徵，所以就用此句諺語形容人冷血無情，就像小卷花枝一樣。

字詞加油站

小卷／sio² kng²：即是「透抽」，槍烏賊的一種，體型細長。
花枝／hue¹ ki¹：即是「烏賊」，體型圓胖，呈半橢圓形，雄烏賊的背部有橫條紋，雌性的條紋較不明顯。
目屎／bak⁸ sai²：眼淚。

台語每日一句

054

lak⁸ gueh⁸ kua³ tshai³ ke² u⁷ sim¹

六月芥菜假有心

涵義 喻人虛偽造作，假情假意，毫無誠心。

說明 芥菜長到冬天的時候，菜的中心會長出新的內葉，新葉會逐漸向中心捲起包成結實的一團，這一團就是俗稱的「芥菜仁」或「芥菜心」。而六月的芥菜，因為天氣溼熱，外層的葉子會長得較豐碩，看起來好像中間有心，但實際上並沒有，所以人們就用六月的芥菜，來形容人虛偽，無心卻又假裝有心。

對應華語 虛情假意、假情假意。

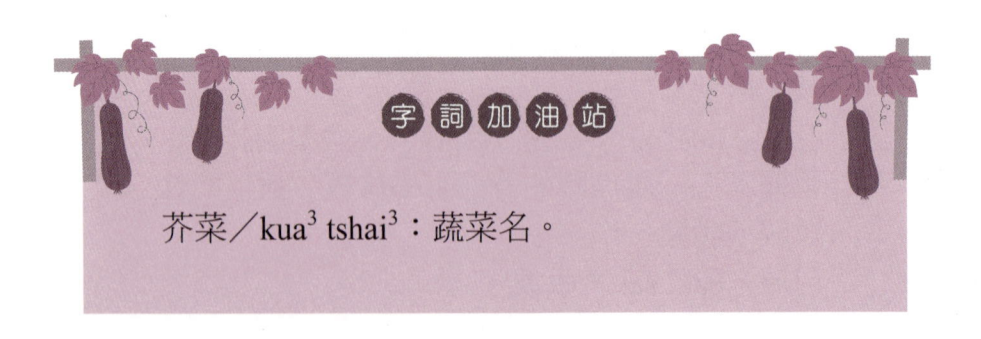

字詞加油站

芥菜／kua³ tshai³：蔬菜名。

055 公親變事主
kong¹ tshin¹ pian³ su⁷ tsu²

涵義 形容人好心去調解別人的事端，卻被捲入變成當事人。

說明 有人非常好心，在路上遇到一群人在吵架，便跑過去勸架，居中協調當和事佬，但沒想到一言不合，反倒被大家痛毆一頓，結果調解人變成當事人。

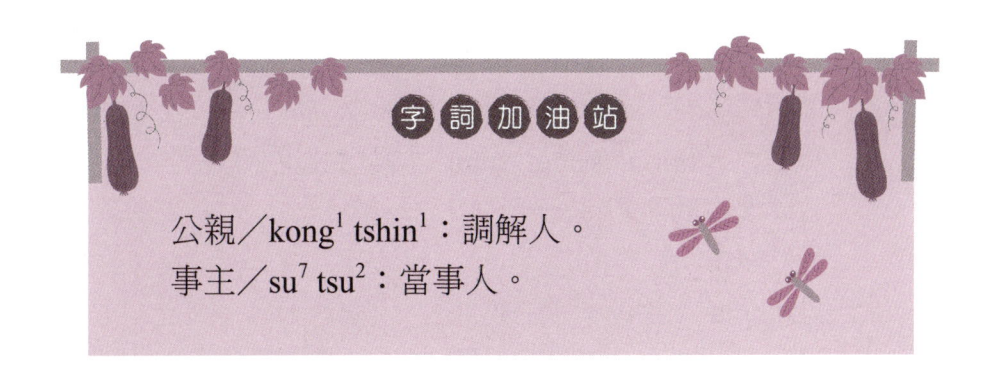

> 不要吵架…

字詞加油站

公親／kong¹ tshin¹：調解人。
事主／su⁷ tsu²：當事人。

056 天公生咧迎媽祖
thinn¹ kong¹ senn¹ leh⁴ ngia⁵ ma² tsoo²

涵義 ㈠形容人所做的事不符合當時的情勢和需要。㈡形容兩件事情不相同，不可以湊在一起。

說明 玉皇大帝是所有神明中神格最高的神，每逢玉皇大帝的生日，有的信徒會去本地的天公廟參拜，有的信徒則在家中設供桌祭拜；在玉皇大帝生日的時候，把媽祖神轎抬出來遶境，這根本就是搭錯線，不合時宜。

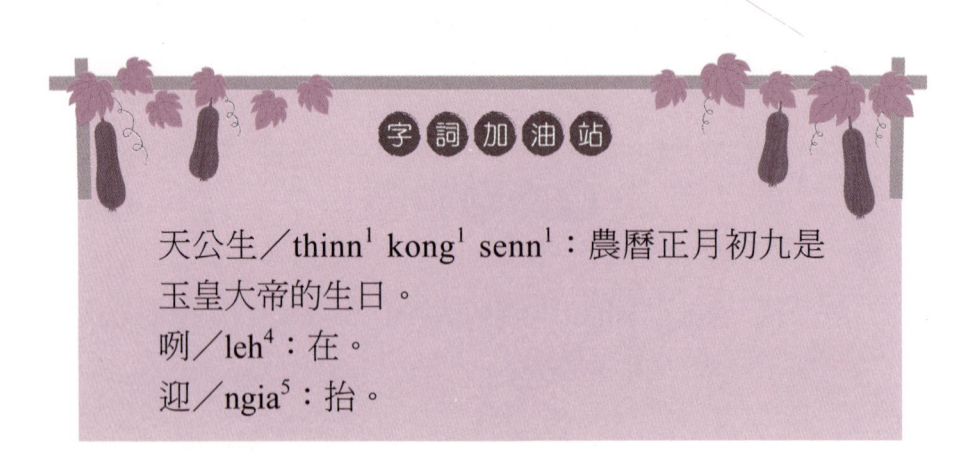

字詞加油站

天公生／thinn¹ kong¹ senn¹：農曆正月初九是玉皇大帝的生日。
咧／leh⁴：在。
迎／ngia⁵：抬。

057 天頂天公,地下母舅公
thinn¹ ting² thinn¹ kong¹　te⁷ e⁷ bo² ku⁷ kong¹

涵義 天上玉皇大帝最大,地下母舅公最大。

說明 從以前到現在很多婚喪喜慶的場合,都會空出大位讓母舅公坐,這種母舅公坐大位是平埔族的風俗,當初來台開墾的先民,因為受限於清朝的移民政策,所以許多漢人被平埔族所招贅,他們的後代就承襲了這樣的遺風。

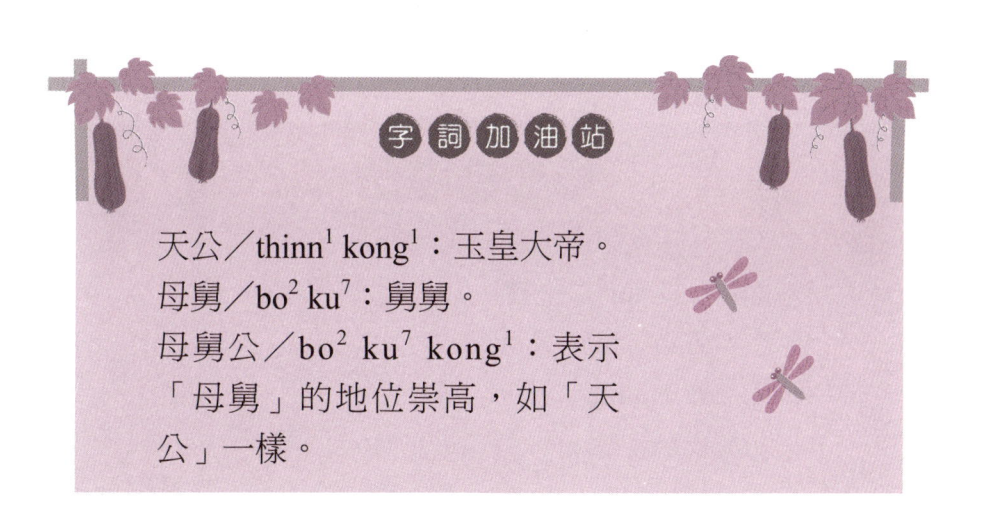

字詞加油站

天公／thinn¹ kong¹:玉皇大帝。
母舅／bo² ku⁷:舅舅。
母舅公／bo² ku⁷ kong¹:表示「母舅」的地位崇高,如「天公」一樣。

058 少年袂曉想，食老毋成樣

siau³ lian⁵　be⁷ hiau² siunn⁷，tsiah⁸ lau⁷　m⁷ tsiann⁵ iunn⁷

涵義　年輕時如果不曉得做打算，等到年老就會晚景淒涼。

說明　少年時代是人一生的黃金期，這段時間所做的一切，將是決定你以後的一生，是否能有成就的關鍵，所以年輕時如果不努力上進，等到年老就後悔莫及。

對應華語　少壯不努力，老大徒傷悲。

字詞加油站

袂曉／be⁷ hiau²：不會。
食老／tsiah⁸ lau⁷：年老。
毋成／m⁷ tsiann⁵：不成。

059

sim¹ phainn² bo⁵ lang⁵ tsai¹　　tshui³ phainn² siong⁷ li⁷ hai⁷

心歹無人知，喙歹上厲害

涵義　心壞沒人知道，但言語不慎可能會引起很大的禍端。

說明　心長在身體裡面，不管心裡有多少詭計、有多壞的心眼，只要沒付諸行動，別人永遠也不會知道，而口出惡言則不同，即使心裡沒這個意思，卻因為嘴巴太銳利，可能一不小心就傷害到別人，甚至為自己惹來禍端，所以說話還是得謹慎小心。

字詞加油站

歹／phainn²：壞。
喙／tshui³：嘴。
上／siong⁷：最。

台語每日一句

060 sim¹ kuann¹ tse⁵ hiong³　sin⁵ u⁷ kam² lap⁸
心肝齊向，神有感納

涵義 只要誠心祈求，神明終會有所感應。

說明 人只要有誠心，全心全意的祈求，不管在哪裡都可以得到神明的感應與庇佑，所以拜拜不一定要用大魚大肉，只要心誠神明就感受的到。

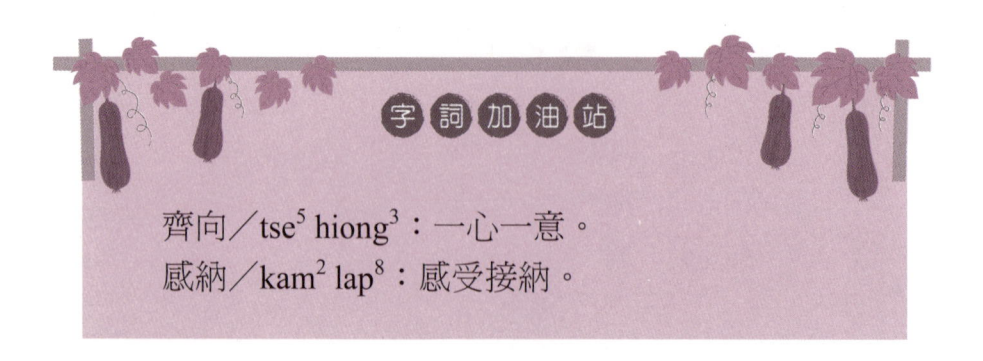

字詞加油站

齊向／tse⁵ hiong³：一心一意。
感納／kam² lap⁸：感受接納。

061 手抱孩兒，才知爸母時

tshiu² pho⁷ hai⁵ ji⁵　tsiah⁴ tsai¹ pe⁷ bu² si⁵

涵義　等到自己生養兒女，才明白父母當初養育我們是多麼的辛苦。

說明　小孩子對父母常會嫌東嫌西的，嫌父母不夠有錢，嫌父母太囉唆……，對父母大小聲，不知道感恩，直到有一天自己當了父母，為兒女辛苦操心，才明白當初父母的心情。

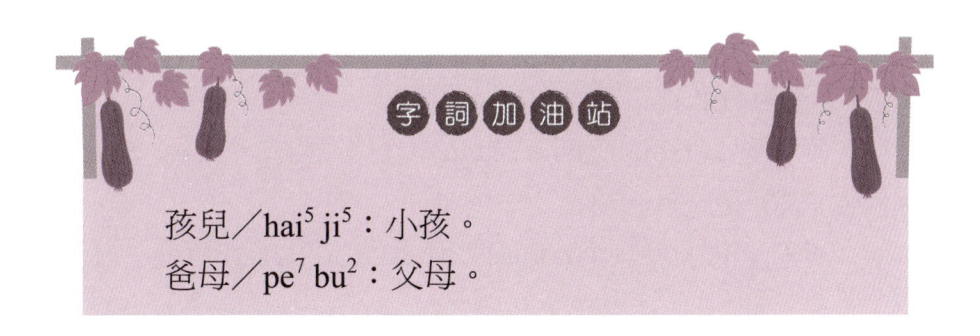

字詞加油站

孩兒／hai⁵ ji⁵：小孩。
爸母／pe⁷ bu²：父母。

062 日頭赤焰焰，隨人顧性命

jit⁸ thau⁵ tshiah⁴ iann⁷ iann⁷　sui⁵ lang⁵ koo³ senn³ mia⁷

涵義 在不利的環境下，每個人都以顧全自己的利益為優先。

說明 俗語說：「人不自私，天誅地滅」，自私是人的本性，尤其在與自己的利益相衝突時，人人都會選擇以維護自己的利益為優先。

對應華語 獨善其身、各人自掃門前雪、明哲保身。

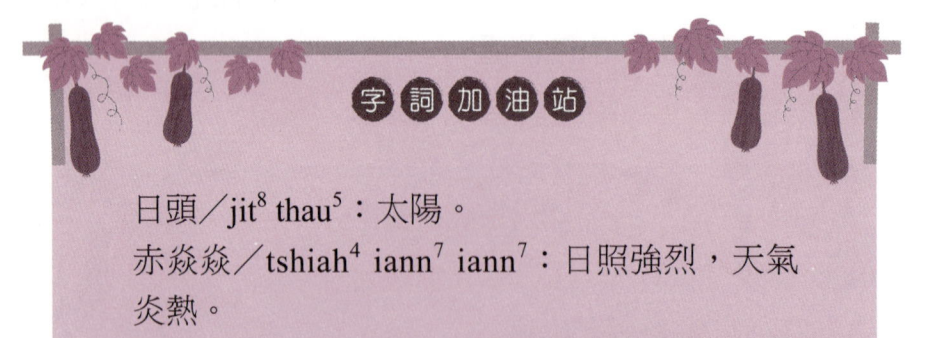

字詞加油站

日頭／jit⁸ thau⁵：太陽。
赤焰焰／tshiah⁴ iann⁷ iann⁷：日照強烈，天氣炎熱。
顧性命／koo³ senn³ mia⁷：維護性命的安全。

063　gueh⁸ kng¹ e⁷ khuann³ lang⁵ iann²
月光下看人影

涵義　形容人非常自負，把自己看得很偉大。

說明　太陽下山月亮就昇起，當月亮從東方照射到人身上時，會產生西斜的影子，月光下的影子通常比人還大，在月光下看自己的影子，會覺得自己很高大，所以前人便以此諺語，形容人自視甚高，非常自負。

字詞加油站

影／iann²：影子。

064 khiam³ tsinn⁵ uan³ tse³　tsu²　put⁴ hau³ uan³ pe⁷ bu²
欠錢怨債主，不孝怨爸母

涵義 人不知反省自己，只會埋怨別人。

說明 債主借錢給你應急，你卻不知道感恩，反而欠債不還錢，還怨恨債主為什麼要來討債；不孝順被人唾罵，卻不知道檢討自己，反而怨恨父母讓他背上不孝的罪名，所以前人便以此諺語，形容人凡事不知自省，只會怨天尤人。

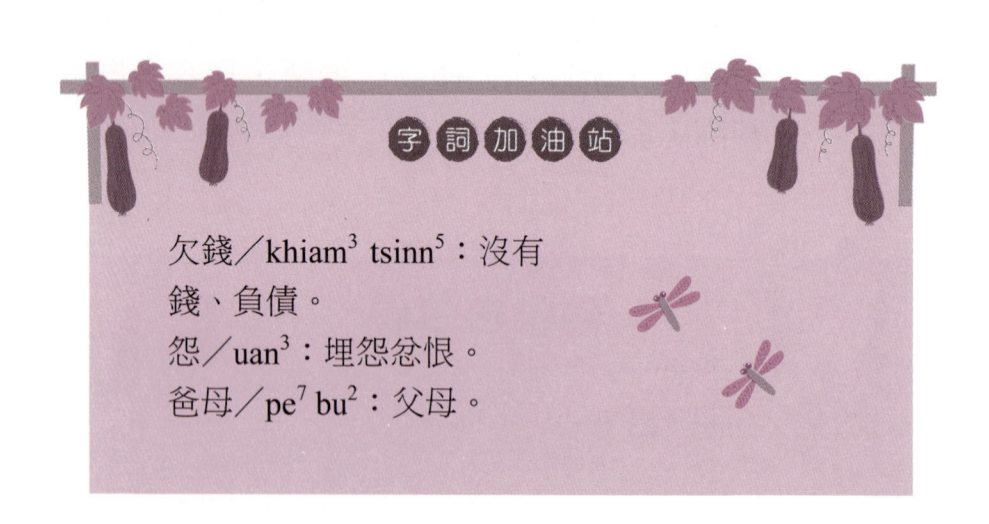

字詞加油站

欠錢／khiam³ tsinn⁵：沒有錢、負債。
怨／uan³：埋怨忿恨。
爸母／pe⁷ bu²：父母。

065 phainn² hi³ thua¹ penn⁵
歹戲拖棚

涵義 ㈠形容一齣戲內容貧乏，拖拖拉拉，讓人看了很不耐煩。㈡比喻人做事懶散，拖拖拉拉的。

說明 一齣戲要吸引觀眾收看，除了要有好的演員、好的導演之外，更重要的是要有好的劇情，因為好的劇情才能引起觀眾的共鳴，才能把觀眾留下來繼續收看，如果劇情不好，內容拖拖拉拉的，就算有好演員也留不住觀眾。

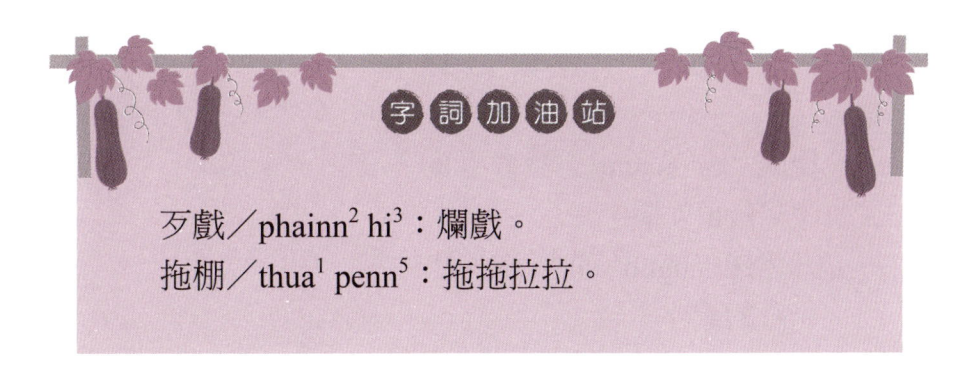

字詞加油站

歹戲／phainn² hi³：爛戲。
拖棚／thua¹ penn⁵：拖拖拉拉。

台語每日一句

066 毋成雞閣放五色屎
m⁷ tsiann⁵ ke¹ koh⁴ pang³ ngoo² sik⁴ sai²

涵義　形容人能力低下卻還要做超出自己能力範圍的事。

說明　一般正常的雞拉出來的屎都是帶點綠色的，如果拉出有顏色的屎，表示這隻雞可能生病了，但這裡的「五色屎」，並不是生病的意思，而是指做出光彩的事，發育不良的雞，本身身體就有問題，想要拉出「五色屎」，簡直是不自量力。

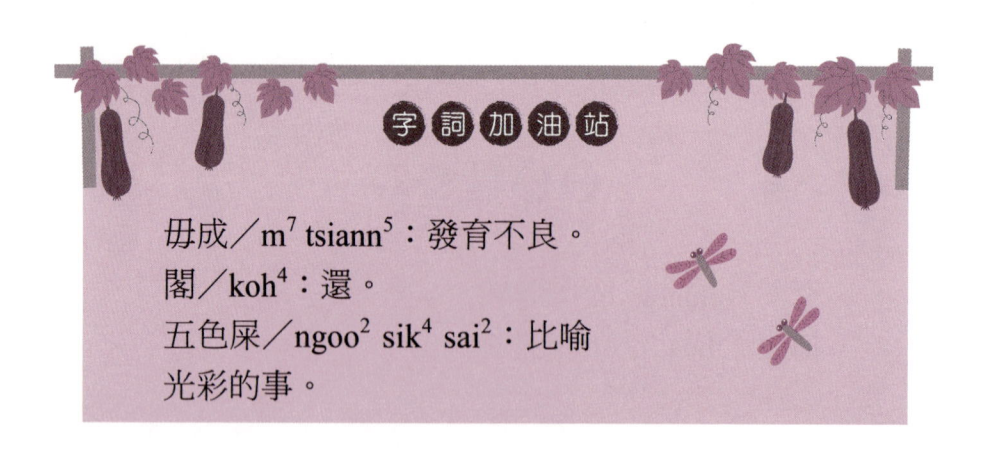

字詞加油站

毋成／m⁷ tsiann⁵：發育不良。
閣／koh⁴：還。
五色屎／ngoo² sik⁴ sai²：比喻光彩的事。

067　hue² sio¹ bak⁸ tsiah⁴ mng⁵　　bak⁸ khang¹ tshiah⁴
　　　火 燒 目 睫 毛 ， 目 空 赤

涵義　形容人見到別人比自己好就心生妒忌。

說明　這句是歇後語，形容人見不得別人好。我們在爐邊烤火時，臉會因為火太熱而變成紅紅的，如果火燒到眼睫毛，整個眼睛就會被火烤到，所以眼睛也會變成紅紅的。

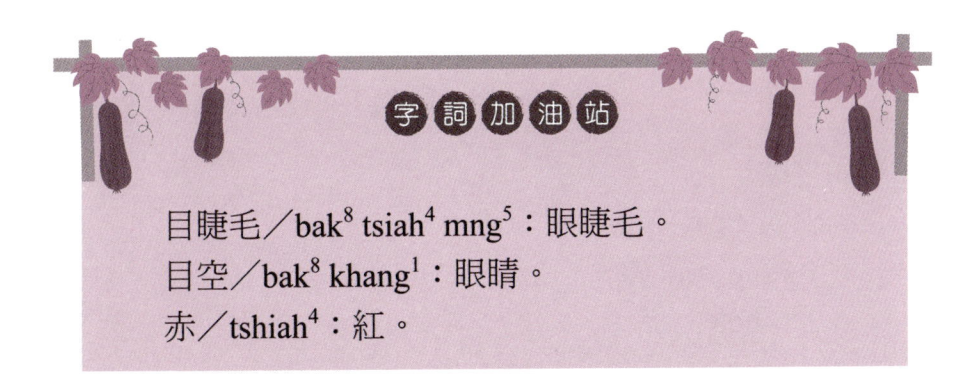

字詞加油站

目睫毛／bak⁸ tsiah⁴ mng⁵：眼睫毛。
目空／bak⁸ khang¹：眼睛。
赤／tshiah⁴：紅。

065 火燒銀紙店,下予土地公

hue² sio¹ gin⁵ tsua² tiam³　he⁷ hoo⁷ thoo² te⁷ kong¹

涵義 形容人所做的一些行為,都不是出自真心。

說明 祭神之後我們會燒些金紙給神明,以答謝祂們的保佑,如果這些金紙真是要答謝土地公的,應該拿到土地公廟燒給祂,而不是等到銀紙店被火燒了,才許願說這些金紙是要給土地公,這根本只是順水推舟,不是出自真心。

對應華語 虛情假意。

字詞加油站

銀紙／gin⁵ tsua²：金銀紙。
下／he⁷：許願。
予／hoo⁷：給。

069 sian¹ piann³ sian¹　piann³ si² kau⁵ tse⁵ thian¹
仙拚仙，拚死猴齊天

涵義 形容雙方比鬥卻連累第三者。

說明 台灣早期的移民來自不同地方，各個族群常因生存空間不足或經濟利益的衝突，而引發集體械鬥，其實這些械鬥往往都只是因為一些個人的小事情而引起的，但結果都是死傷無數，這就好比神仙之間互相鬥法，卻連累了孫悟空一樣。

對應華語 池魚之殃、殃及無辜、無妄之災。

字詞加油站

拚／piann³：較量、競賽。
猴齊天／kau⁵ tse⁵ thian¹：齊天大聖孫悟空。

070 代誌若煞皮著掣

tai⁷ tsi³ na⁷ suah⁴ phue⁵ tioh⁸ tshuah⁴

涵義 形容等事情結束後便開始算總帳。

說明 每逢選舉過後，電視台便會開始秋後總算帳，凡是跟他們不同派的藝人，不是減少他們的通告，不然就封殺他們，這就是讓藝人「代誌若煞皮著掣」的秋後算帳。

對應華語 秋後算帳。

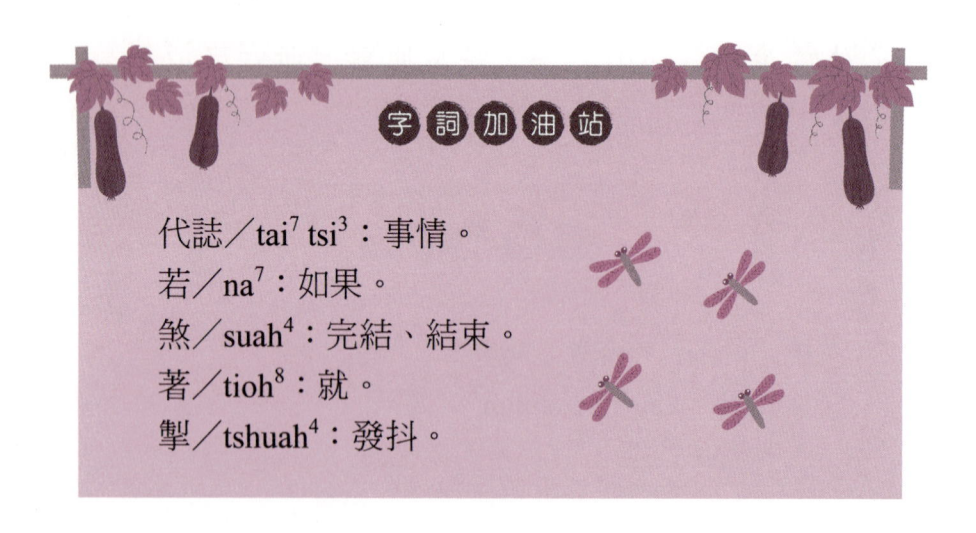

字詞加油站

代誌／tai⁷ tsi³：事情。
若／na⁷：如果。
煞／suah⁴：完結、結束。
著／tioh⁸：就。
掣／tshuah⁴：發抖。

071
hiann¹ ti⁷　si⁷　hiann¹ ti⁷　　boo² kiann² sui⁵ lang⁵ tshi⁷
兄弟是兄弟，某囝隨人飼

涵義 形容每個人都有自己的一片天地，自己的事情要自己負責。

說明 兄弟從小一起長大，彼此的感情很親密，但是成家立業之後，每個人各有自己的家庭需要照顧，有自己的事業要忙碌，所以大家雖然是兄弟，但各自的事情還是要自己解決。

對應華語 各人自掃門前雪。

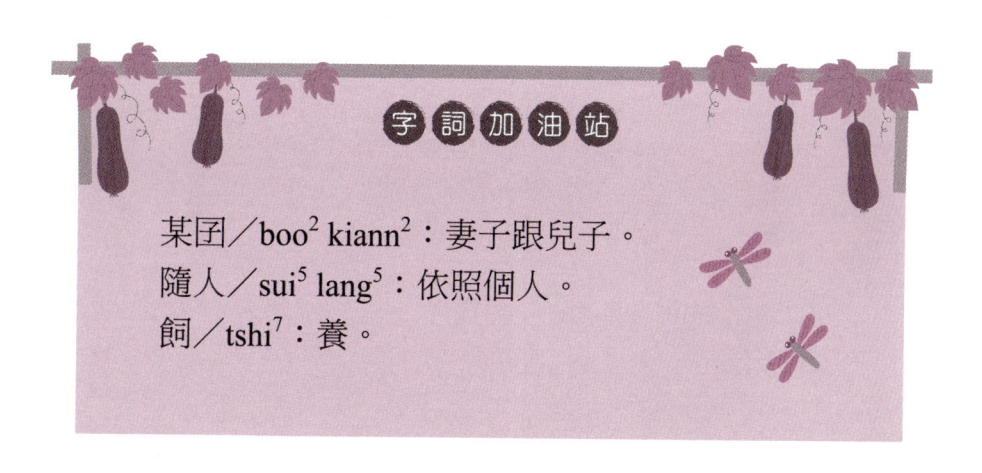

字詞加油站

某囝／boo² kiann²：妻子跟兒子。
隨人／sui⁵ lang⁵：依照個人。
飼／tshi⁷：養。

台語每日一句

072 tshut⁴ suann¹ liau² tshiann² i¹ sing¹
出 山 了 請 醫 生

涵義 事情都已經發生，才來做一些無濟於事的補救措施。

說明 有錢人比較注重隱私，如果家裡有人生病都會請醫生來家裡看病，但現在人都已經出殯才要去請醫生，這一切已無濟於事。

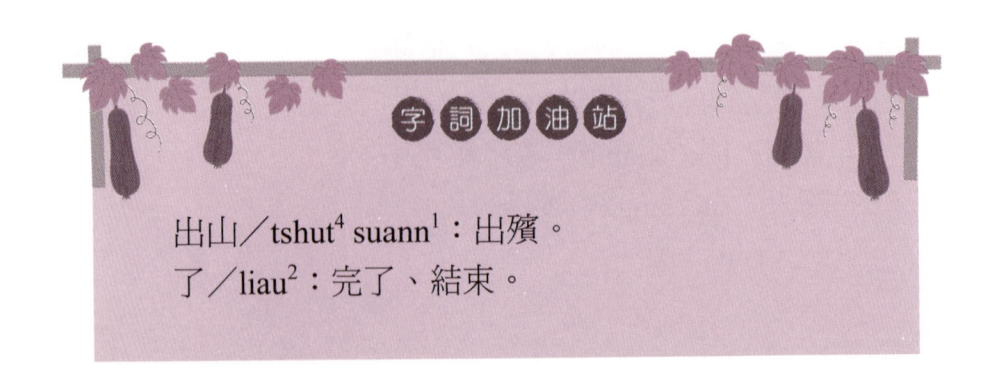

字詞加油站

出山／tshut⁴ suann¹：出殯。
了／liau²：完了、結束。

073　pau¹　li²　jip⁸　pang⁵　　bo⁵　pau¹　li²　tsit⁸　si³　lang⁵
包你入房，無包你一世人

涵義　媒人做媒只負責把夫妻送入洞房，其他的事就不是她的責任。

說明　這句是媒人最常掛在嘴邊的話，的確，媒人只負責把夫妻送入洞房，至於夫妻是否能夠白頭偕老，就要看夫妻雙方是否能彼此忍讓，相互體諒。

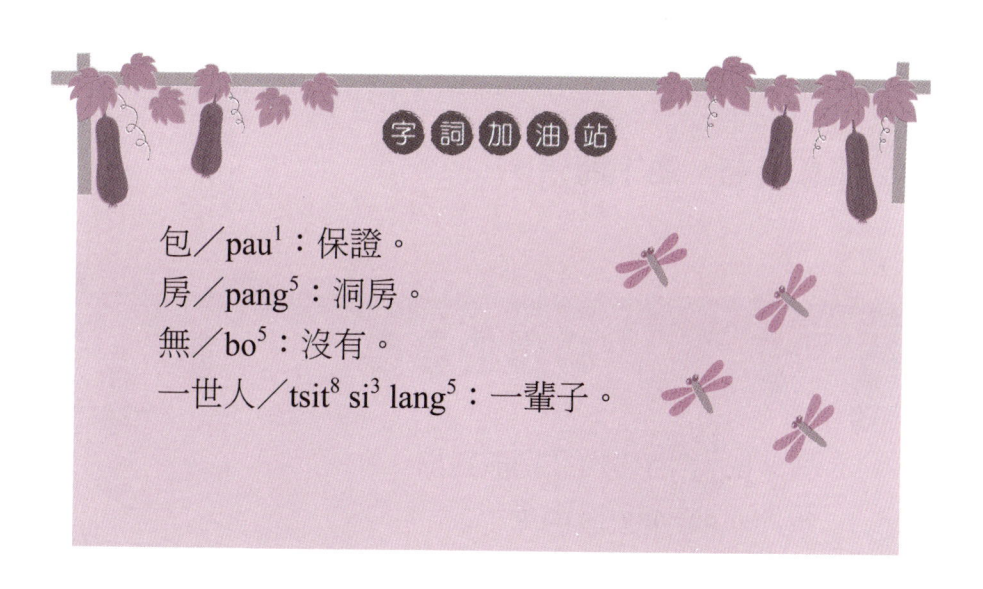

字詞加油站

包／pau¹：保證。
房／pang⁵：洞房。
無／bo⁵：沒有。
一世人／tsit⁸ si³ lang⁵：一輩子。

074 去蘇州賣鴨卵
khi³ soo¹ tsiu¹ be⁷ ah⁴ nng⁷

涵義 喻人已經過世了。

說明 這句話是從台語的口誤產生出來的，依據台灣掃墓的習俗，在祭拜完祖先之後，會用石塊把一些紙錢壓在墓碑上，然後再把鴨蛋殼撒在墳墓的土丘上，這個「土丘」的音唸起有點像華語的「蘇州」而「欲」的台語發音又跟「賣」的音相近，所以「土丘欲鴨卵」就變成「蘇州賣鴨卵」。

對應華語 蒙主寵召。

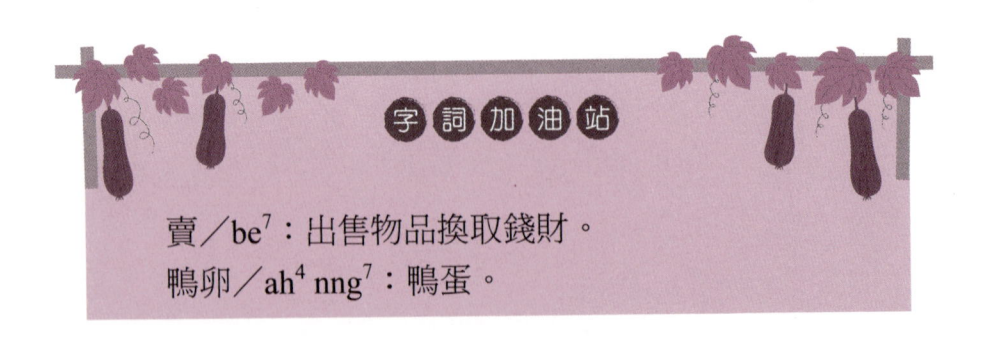

字詞加油站

賣／be⁷：出售物品換取錢財。
鴨卵／ah⁴ nng⁷：鴨蛋。

075 台南迎媽祖，無旗不有

tai⁵ lam⁵ ngia⁵ ma² tsoo²　　bu⁵ ki⁵ put⁴ iu²

涵義　形形色色，各種奇怪的事情都有。

說明　早期鄭成功來台後歷經種種的不安，一直到永曆二十二年（西元一六六八年）政局穩定，建設有成，台灣軍民為了感謝媽祖的庇佑，在安平渡頭建立天妃廟，奉祀鄭成功從湄洲帶過來的三尊媽祖神像，並舉行迎媽祖活動，當時旄旗飄揚熱鬧非凡，於是留下這句歇後語。

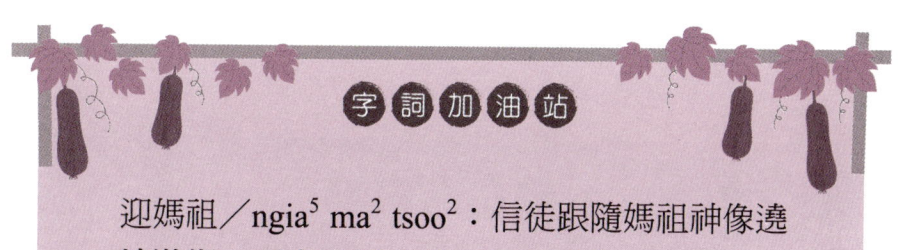

字詞加油站

迎媽祖／ngia⁵ ma² tsoo²：信徒跟隨媽祖神像遶境遊街，祈求風調雨順，闔家平安。

無旗不有／bu⁵ ki⁵ put⁴ iu²：指各種形形色色的旗幟都有。

076

si³ tsap⁸ kue³　　　ni⁵ ni⁵ tsha¹　　goo⁷ tsap⁸
四十過，年年差；五十
kue³　　gueh⁸ gueh⁸ tsha¹
過，月月差

涵義 形容過了中年之後，不論體力或記憶都日漸衰退。

說明 陽光過了中午，光線就會慢慢的減弱，人過了中年身體就開始慢慢走下坡，體力一年不如一年，記憶力逐漸減退，就算想再做一番事業，也心有餘而力不足。

對應華語 人過中年萬事休。

字詞加油站

差／tsha¹：衰弱。

077 si³ gueh⁸ siau² ong⁵ ia⁵
四月痟王爺

涵義 形容農曆四月各地為王爺聖誕舉行慶典的盛況。

說明 清初漢人渡海來台墾殖，在墾殖的早期，由於衛生條件差，天氣又炎熱，經常有瘟疫流行，在瘟疫的威脅下，人們只好求助鬼神。依據漳、泉的習俗，以王爺為瘟王，而當初移民來台的人，大多是福建人，所以就奉祀王爺為驅逐瘟疫的保護神。台灣的王爺信仰眾多，以南鯤鯓「五府千歲」的信仰最為興盛，王爺的生日在四月，每年這時候各地的信徒、陣頭都會趕回台南來為王爺賀壽。

字詞加油站

痟／siau²：瘋狂。

台語每日一句

078

si³ ki¹ ting¹ a² ting³ loh⁸ khi³ tsiah⁴ tsai¹ su¹ iann⁵
四 枝 釘 仔 釘 落 去 才 知 輸 贏

涵義 (一)人一生的是非功過要等到他死後，才能做一個公平的論斷。(二)事情要到最後，才能論定誰勝誰負。

說明 人過世入殮完成後，便要舉行封棺的儀式，由於封棺後隨即要下葬，下葬之後所有一切將回歸塵土，因此封棺代表人生的終結，在這四枝釘子釘下去之後，人一生的功過就此論定。

對應華語 蓋棺論定。

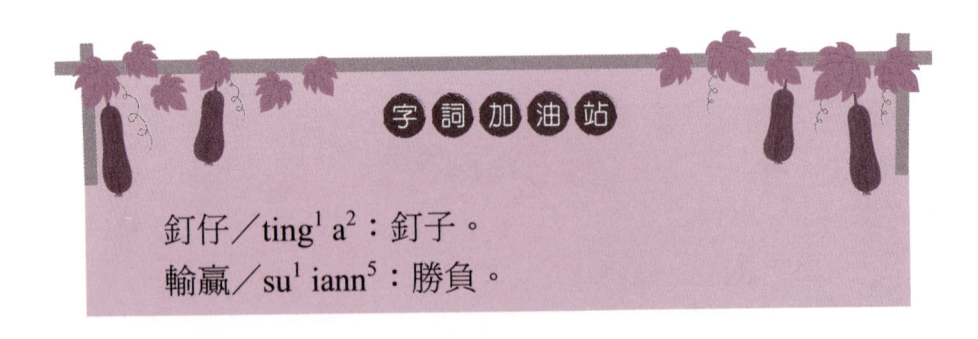

字詞加油站

釘仔／ting¹ a²：釘子。
輸贏／su¹ iann⁵：勝負。

079 尼姑生囝賴眾人

ni⁵ koo¹ senn¹ kiann² lua⁷ tsing³ lang⁵

涵義 形容一個人做壞事卻連累全部的人。

說明 尼姑是出家人，依據戒律出家人不可以結婚，尼姑沒有結婚卻有小孩，可見一定是有人跟她私通，但因為不知道是誰，所以跟她有往來的男子通通都變成嫌疑犯。

對應華語 一條魚滿鍋腥、一隻壞蛋，臭了一屋、一粒老鼠屎，搞壞一鍋粥、一個螺獅，打壞一鍋湯。

字詞加油站

生囝／senn¹ kiann²：生孩子。
賴／lua⁷：誣賴。

台語每日一句

080 khiau² sin¹ pu⁷　bo⁵ bi² tsu² bo⁵ png⁷
巧新婦，無米煮無飯

涵義　不論人多麼聰明，如果缺少必要的條件，還是無法完成事情。

說明　俗話說「偷雞也要一把米」，不管做什麼事都需要一些基本的東西，如果缺少這些基本的東西，就算再能幹，也無法完成事情，就好比婆婆要媳婦煮飯卻不給她米，即使她是一個很靈巧的人，也無法做出飯來。

對應華語　無木不成舟、巧婦難為無米之炊。

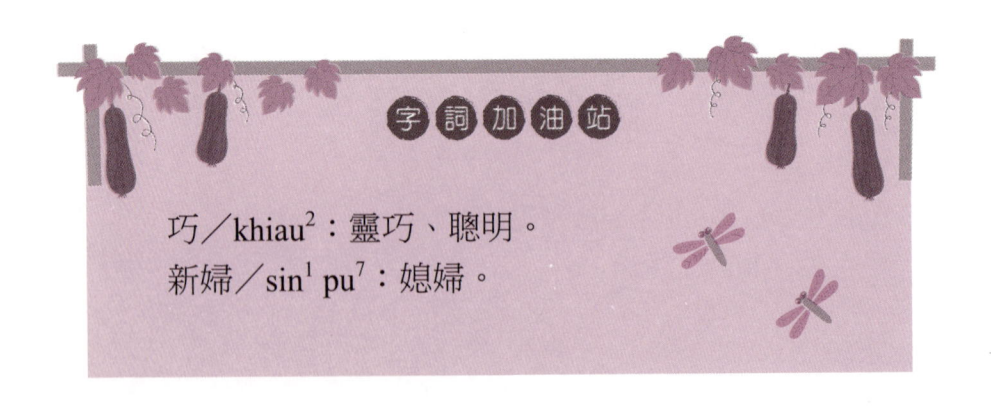

字詞加油站

巧／khiau²：靈巧、聰明。
新婦／sin¹ pu⁷：媳婦。

051

bue⁷ tshua⁷ boo² m⁷ thang¹ tshio³ lang⁵ boo² gau⁵ tsau²
未娶某毋通笑人某勢走，
bue⁷ senn¹ kiann² m⁷ thang¹ tshio³ lang⁵ kiann² gau⁵ hau²
未生囝毋通笑人囝勢吼

涵義 勸人沒有經歷過相同的困難，就不要隨便批評別人，以免日後事情發生在自己身上，也會遭受到同樣的批評。

說明 以前婦女沒有出去工作，所以閒著沒事時會去左鄰右舍串串門子，這是很正常的。而小孩子因為年紀還小，沒辦法控制自己的情緒，所以不論傷心、生氣或不開心都會用哭來發洩情緒。

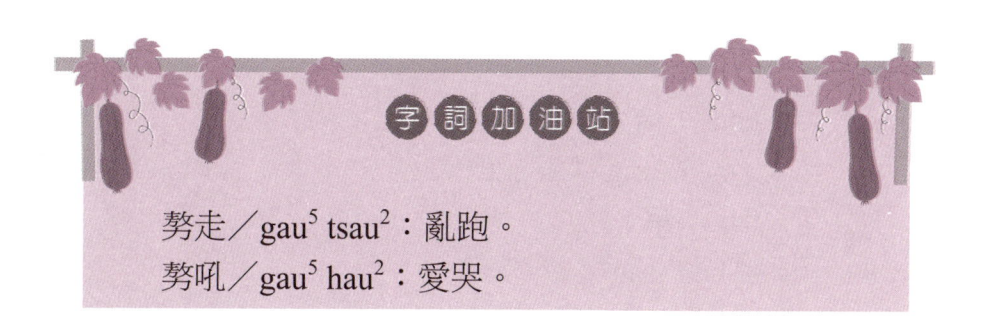

字詞加油站

勢走／gau⁵ tsau²：亂跑。
勢吼／gau⁵ hau²：愛哭。

082

kam¹ guan⁷ hoo⁷ gau⁵ lang⁵ tso³ loo⁵ tsai⁵　　m⁷　the³
甘願予勢人做奴才，毋替
han¹ ban⁷　e⁰　tso³ kun¹ su¹
頇顢的做軍師

涵義 形容跟賢人在一起還可以學到東西，如果跟愚蠢的人在一起只會一起退步。

說明 幫賢人做事即使地位低下也不在乎，因為跟賢人在一起可以學到東西，讓自己越來越進步，幫愚笨的人做事，雖然職位很高，卻沒有進步的空間。

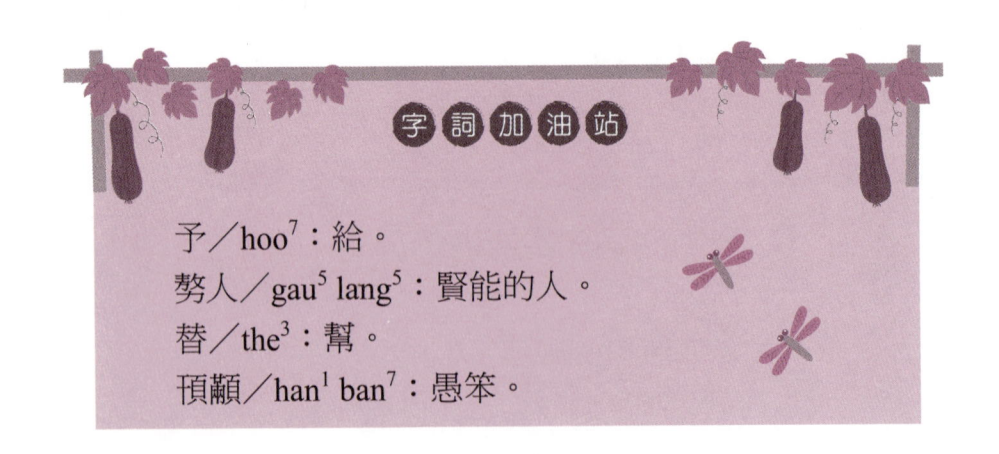

字詞加油站

予／hoo⁷：給。
勢人／gau⁵ lang⁵：賢能的人。
替／the³：幫。
頇顢／han¹ ban⁷：愚笨。

053 甘願得失頭前，不可得失後壁

kam¹ guan⁷ tik⁴ sit⁴ thau⁵ tsing⁵，put⁴ kho² tik⁴ sit⁴ au⁷ piah⁴

涵義 意謂有事情要事前先說清楚，不要等到事後發生問題，大家才來翻臉。

說明 不論做什麼事情，在事前就應該要把條件、規則或可能會發生的狀況先講清楚，即使這樣做會得罪人，那也總比等事後發生問題，大家鬧翻臉的好，所以「先小人，後君子」才是真正的處事之道。

字詞加油站

得失／tik⁴ sit⁴：得罪。
頭前／thau⁵ tsing⁵：前面。
後壁／au⁷ piah⁴：後面。

054 甘願擔蔥賣菜，毋願佮人公家翁婿

kam¹ guan⁷ tann¹ tshang¹ be⁷ tshai³　m⁷ guan⁷ kah⁴ lang⁵ kong¹ ke¹ ang¹ sai³

涵義　女人寧願自己獨立辛苦的工作，也不願意和別人共侍一夫。

說明　有志氣的女人寧願過苦日子，也不願意去當小老婆，因為見不得光，每天得擔心被捉姦，想見情人也要等他和老婆、小孩相處後，所以當小老婆是一件折磨人的事。

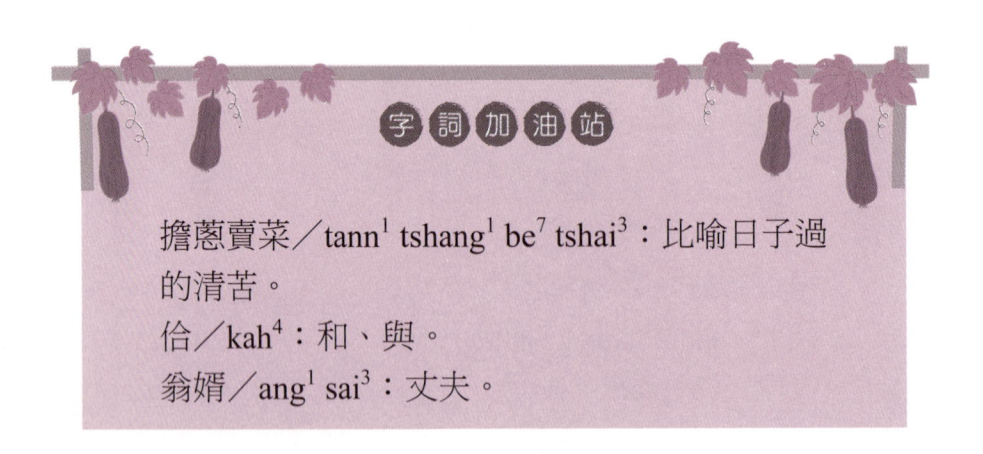

字詞加油站

擔蔥賣菜／tann¹ tshang¹ be⁷ tshai³：比喻日子過的清苦。
佮／kah⁴：和、與。
翁婿／ang¹ sai³：丈夫。

055 senn¹ kiann² sai¹ a²　tshi⁷ kiann² sai¹ hu⁷
生囝師仔，飼囝師父

涵義 喻生小孩不算什麼，把小孩教養的好，那才厲害。

說明 生孩子是一種本能，人人都會沒什麼大不了，而養育孩子，不僅要照顧他的吃住，還要注意他的教育問題，所以養育小孩才是一門大學問。

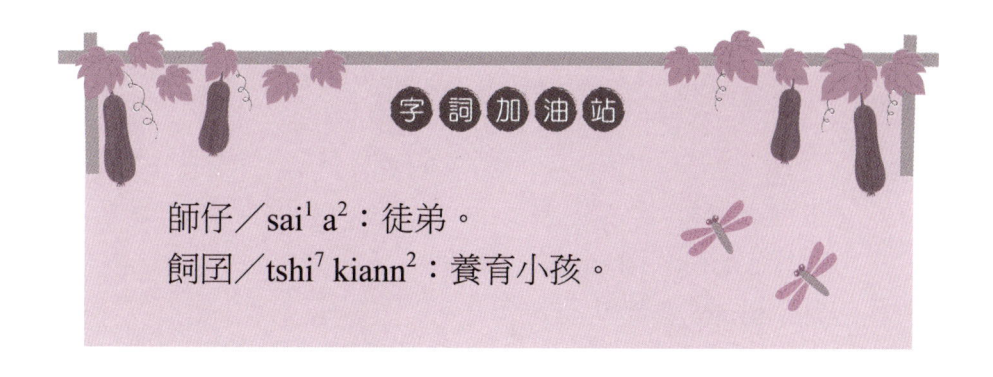

字詞加油站

師仔／sai¹ a²：徒弟。
飼囝／tshi⁷ kiann²：養育小孩。

086

sing¹ li² bo⁵ kau³ tsing¹, tshin¹ tshiunn⁷ mue⁵ lang⁵ thiap⁴ phing³ kim¹

生理無夠精，親像媒人貼聘金

涵義 喻做生意如果不夠精明會賠錢。

說明 依照民間習俗，訂婚當天除了聘禮之外，還要給女方一筆聘金。聘金是要由男方準備，但如果媒人不夠精明而代為準備聘金，這樣就虧大了，因為她那一點媒金都還不夠倒貼聘金，就好比做生意，如果不了解顧客心理、買賣之道，到最後也只能賠本關門。

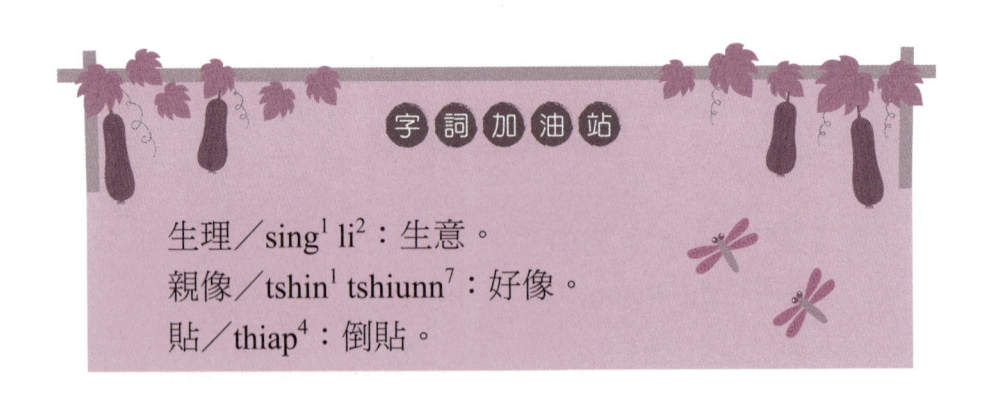

字詞加油站

生理／sing¹ li²：生意。
親像／tshin¹ tshiunn⁷：好像。
貼／thiap⁴：倒貼。

087

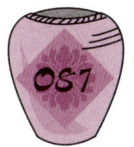

senn¹ iann⁵ ke¹ tsiu² phang¹　senn¹ su¹ si³ te³ pang¹
生贏雞酒芳，生輸四塊枋

涵義　女人生產具有危險性，平安與否得靠運氣。

說明　以前產婦分娩多請產婆來接生，由於產婆沒受過完整的醫學訓練，只能憑藉經驗行事，使用的也盡是簡單的器具，萬一碰到難產或血崩，產婦只有等待死神召喚。如果上天庇佑順利生子，在坐月子期間，產婦可以吃到香噴噴的麻油雞，全家人也會因為新生命報到而洋溢著喜氣。

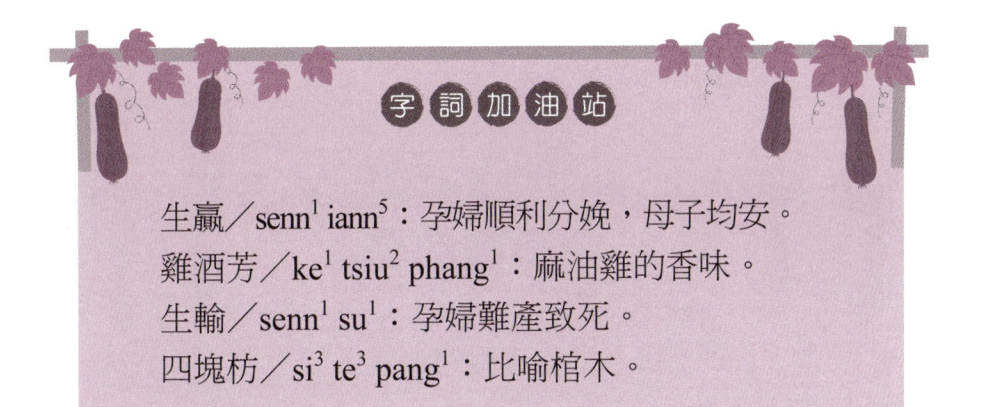

字詞加油站

生贏／senn¹ iann⁵：孕婦順利分娩，母子均安。
雞酒芳／ke¹ tsiu² phang¹：麻油雞的香味。
生輸／senn¹ su¹：孕婦難產致死。
四塊枋／si³ te³ pang¹：比喻棺木。

台語每日一句

tshan⁵ bo⁵ kau¹　tsui² bo⁵ lau⁵
田無溝，水無流

涵義　形容兩者彼此不相往來沒有任何關係。

說明　田溝是用來灌溉農田的水道，也是田與田之間的交界，田地如果沒有田溝，水當然流不進去，而田地如果沒有相連，自己田裡的水也不會流進別人的田溝，所以前人就用這句諺語形容雙方彼此沒有任何關係。

字詞加油站

溝／kau¹：排水或灌溉用的水道。

089　tshan⁵ le⁵ kam⁵ tsui² kue³ tang¹
田螺含水過冬

涵義　形容人在失意時隱忍一切，努力修養自己，等待新機會的來臨。

說明　夏天是田螺的活躍期，在田間或圳底常可以見到它的蹤影，田螺是一種生命力極強的軟體動物，即使是在缺水的冬天，仍能靠著儲存在體內的那一點水度過冬天，等待春雨的降臨。

對應華語　養晦待時。

字詞加油站

含水／kam⁵ tsui²：吸附水分。

090 先生緣，主人福

sian¹ sinn¹ ian⁵　　tsu² lang⁵ hok⁴

涵義　病人能遇到跟他有緣分的醫生，而將他的病治好，這是病人的福氣。

說明　我們常會遇到這種情況，同樣一種病給同一個醫師看，有人有效，有人卻無效，這個無效的人，換了另外一個醫師，反而把病醫好了，這就是所謂的「先生緣，主人福」。

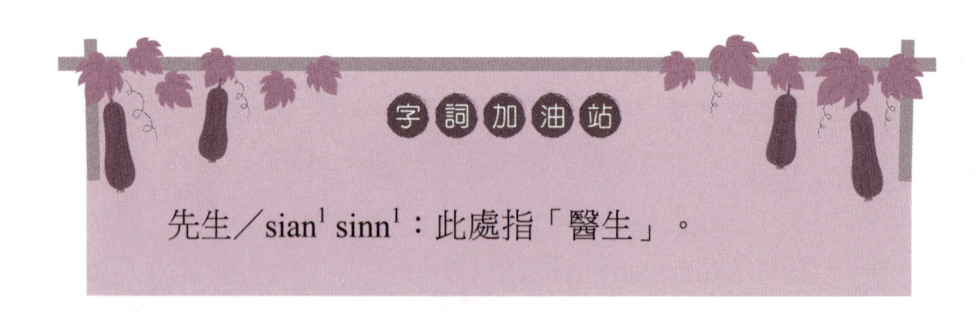

字詞加油站

先生／sian¹ sinn¹：此處指「醫生」。

091 各人的各人好,別人的生蝨母

kok⁴ lang⁵ e⁵ kok⁴ lang⁵ ho², pat⁸ lang⁵ e⁵ senn¹ sat⁴ bo²

涵義 勸人不要太貪愛別人的財物,東西還是自己的好。

說明 人都是貪婪的,自己已經擁有的東西,不會珍惜,總認為別人的東西,比自己的還好,其實每個人的東西,各有自己的好處,別人的東西雖然看起來好像很好,卻不一定適合你用,所以不必去羨慕別人,東西還是自己的好。

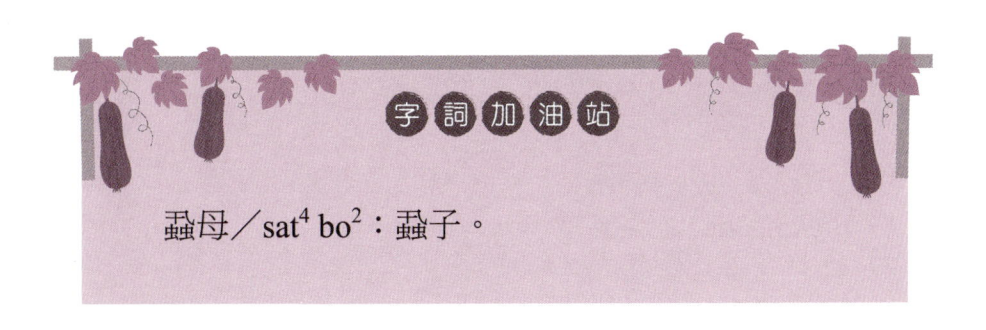

字詞加油站

蝨母／sat⁴ bo²:蝨子。

kok⁴ lang⁵ tso⁷ giap⁸　kok⁴ lang⁵ tann¹
各人造業，各人擔

涵義 各自做的事情要各自承擔後果。

說明 這句諺語是受佛教教義的影響，佛教講求因果報應，認為你造什麼因，就會得到什麼果，這個因就是業，果就是報，所以各人造業各人承擔。

字詞加油站

業／giap⁸：罪孽。
擔／tann¹：承擔。

093 合字，歹寫
hap⁸ ji⁰ phainn² sia²

涵義 比喻人多不容易合作。

說明 「合字，歹寫」這句話並不是在說這個「合」字很難寫，而是指多人一起合作做事並不容易，因為人都是自私的，只要牽扯到利害關係，都以自己的利益為優先考量，所以說「三個和尚沒水喝」就是這個道理。

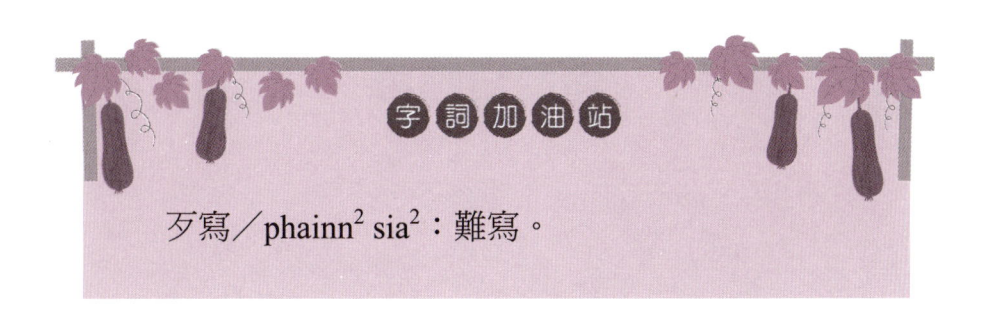

字詞加油站

歹寫／phainn² sia²：難寫。

094 囝仔人，有耳無喙

gin² a² lang⁵　u⁷ hinn⁷ bo⁵ tshui³

涵義　大人訓示小孩子，大人說話時小孩子可以聽，但不可以插嘴。

說明　大人聚在一起聊天時，小孩子常喜歡在旁邊湊熱鬧，有時聽到一些有趣的事，難免想要插嘴發表意見，這時大人就會用這句話來訓示小孩子，不要打斷大人說話，再者小孩子因為沒有什麼判斷力，很可能會把聊天所聽到的話，隨便去對人亂說，而引發一些是非，所以大人就用「有耳無喙」告誡他們不可以亂說話。

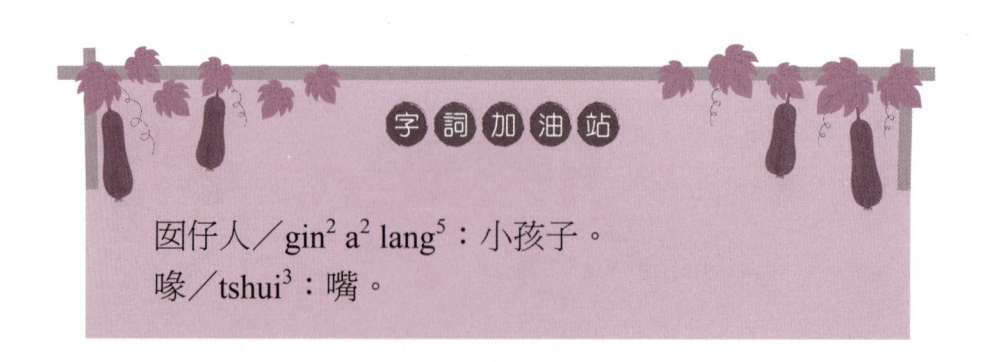

字詞加油站

囝仔人／gin² a² lang⁵：小孩子。
喙／tshui³：嘴。

095 囡仔跋倒,馬馬虎虎

gin² a² puah⁸ to² ma² ma² hu¹ hu¹

涵義 形容人做事不認真,隨便敷衍了事。

說明 這句出自歇後語,具有雙關義。台語的「媽媽撫撫」和「馬馬虎虎」諧音,所以前人就用「馬馬虎虎」來指代「媽媽撫撫」。幼兒如果跌倒了都會大哭,媽媽就會跑過來一面幫他揉揉跌傷的地方,一面安撫他說「媽媽撫撫」。

對應華語 馬馬虎虎、虛應故事、敷衍了事。

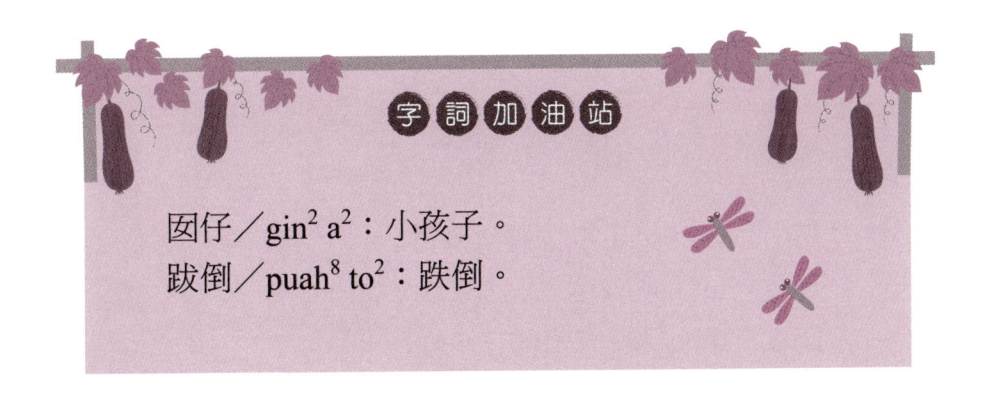

字詞加油站

囡仔／gin² a²：小孩子。
跋倒／puah⁸ to²：跌倒。

台語每日一句 096

在生有孝一粒塗豆，較贏死了拜一个豬頭

tsai⁷ senn¹ iu² hau³ tsit⁸ liap⁸ thoo⁵ tau⁷, khah⁴ iann⁵ si² liau² pai³ tsit⁸ e⁵ ti¹ thau⁵

涵義：父母在世時，即使是很微薄的奉養，也勝過死後靈前的任何豐盛祭品。

說明：父母在世時，即使拿一粒很小的花生來孝敬他們，也勝過死後用一粒豬頭來祭拜。父母在世時不知道好好的孝順，等到父母過世了才以豐盛的牲禮來祭拜，這有什麼用，孝順要在父母活著時才有意義。

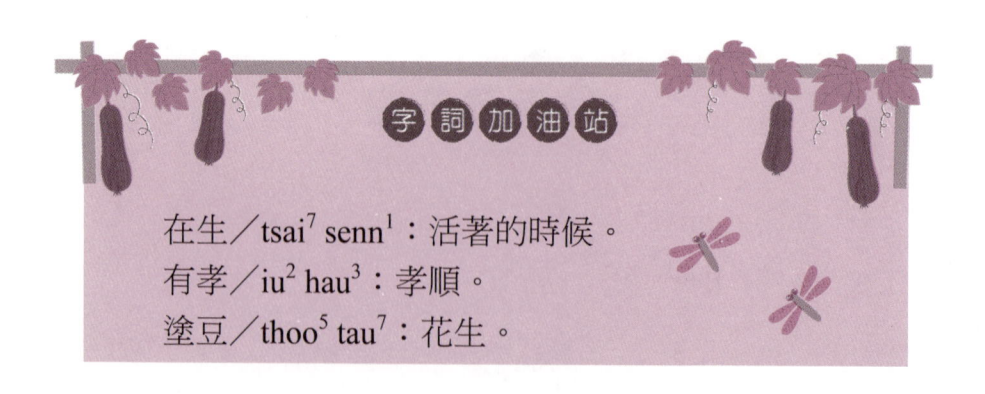

字詞加油站

在生／tsai⁷ senn¹：活著的時候。
有孝／iu² hau³：孝順。
塗豆／thoo⁵ tau⁷：花生。

097 在生無人認，死了規大陣

tsai⁷ senn¹ bo⁵ lang⁵ jin⁷　si² liau² kui¹ tua⁷ tin⁷

涵義 父母在世時不理不睬，等父母過世了全跑回來爭遺產。

說明 父母活著時沒有人願意奉養，等到他們過世之後，一大堆人跑出來爭遺產，這種情形在古今社會都不斷的上演，尤其是有錢人家最多，這些子女如此的不孝，真是叫人感慨。

字詞加油站

規／kui¹：全、整。
大陣／tua⁷ tin⁷：一大堆。

098 好喙好斗，問著啞口

ho^2 $tshui^3$ ho^2 tau^2 ， mng^7 $tioh^8$ e^2 kau^2

涵義 形容人很禮貌的向人問話，卻得不到人家的回答。

說明 一般來說人都喜歡被和氣的對待，用禮貌的態度去向人問話，當然也希望人家能答覆我們的問題，但有些人就是非常孤傲，別人問他就是不理人家，讓問問題的人覺得好像遇到啞巴一樣。

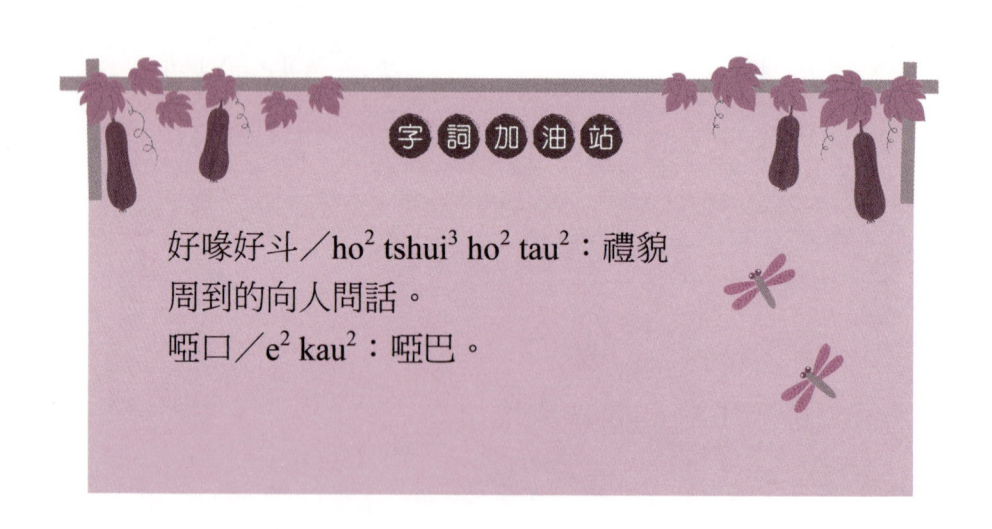

字詞加油站

好喙好斗／ho^2 $tshui^3$ ho^2 tau^2：禮貌周到的向人問話。
啞口／e^2 kau^2：啞巴。

ho² ue⁷ sann¹ pian³　lian⁵ kau² ma⁷ hiam⁵
099 好話三遍，連狗嘛嫌

涵義　同樣一句話重複講太多次，不管是誰聽了都會覺得厭煩。

說明　狗是聽不懂人話的，人如果講話講到連狗都聽不下去，可見他有多煩人，有些人就是不懂人的心理，對一件事總喜歡重複不斷的述說，別人聽得都厭煩了他還在說。

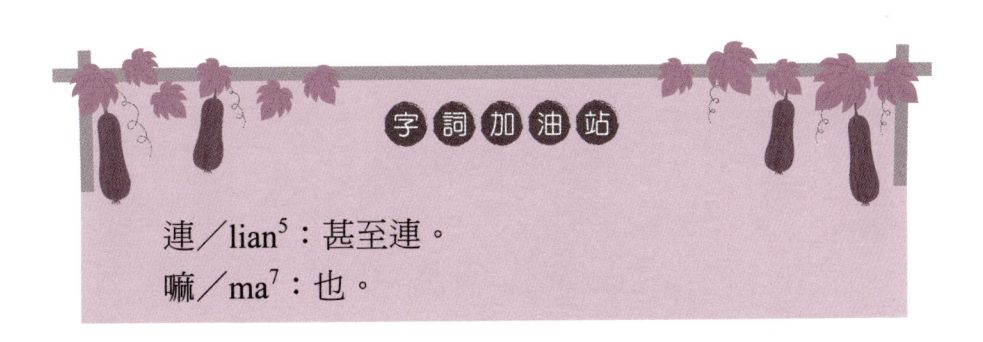

要早睡早起…

字詞加油站

連／lian⁵：甚至連。
嘛／ma⁷：也。

好話毋出門，歹話脹破腹肚腸

ho² ue⁷ m⁷ tshut⁴ mng⁵ phainn² ue⁷ tiunn³ phua³ pak⁴ too² tng⁵

涵義 意謂好事很難讓人知道，但壞事卻流傳很快。

說明 好話很難傳出門，壞話不僅流傳快速，而且讓人聽了簡直要氣破肚腸，這是因為大部分的人都有幸災樂禍的心理，對別人的醜事，不僅會加以傳播，還會添鹽加醋，所以傳到最後內容全都變了樣。

對應華語 好話不出門，惡話傳三村。

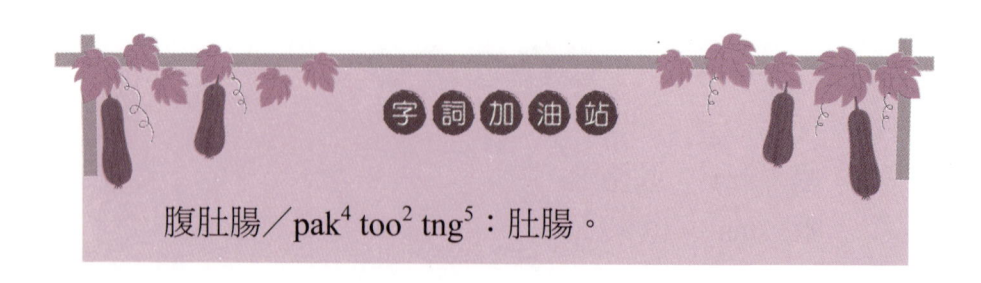

字詞加油站

腹肚腸／pak⁴ too² tng⁵：肚腸。

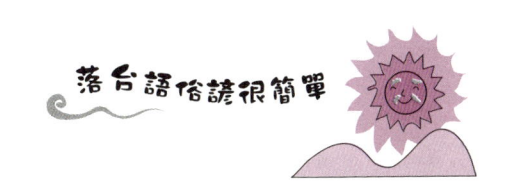

101 扛棺柴兼揖哭
kng¹ kuann¹ tsha⁵ kiam¹ bau⁷ khau³

涵義 形容人一手包辦所有的事情。

說明 中國人做事都喜歡擺排場，連辦父母喪事，也要辦得熱熱鬧鬧的，所以在出殯那天常可以看到一些「五子哭墓」、「孝女白琴」的職業孝男孝女出現，在現場哭得非常傷心；「扛棺柴兼揖哭」，指扛棺材的人還兼職去當職業孝男，一手包辦所有事情。

對應華語 一手包辦。

字詞加油站

扛／kng¹：抬。
揖／bau⁷：承攬。
兼揖哭／kiam¹ bau⁷ khau³：兼職去當孝男。

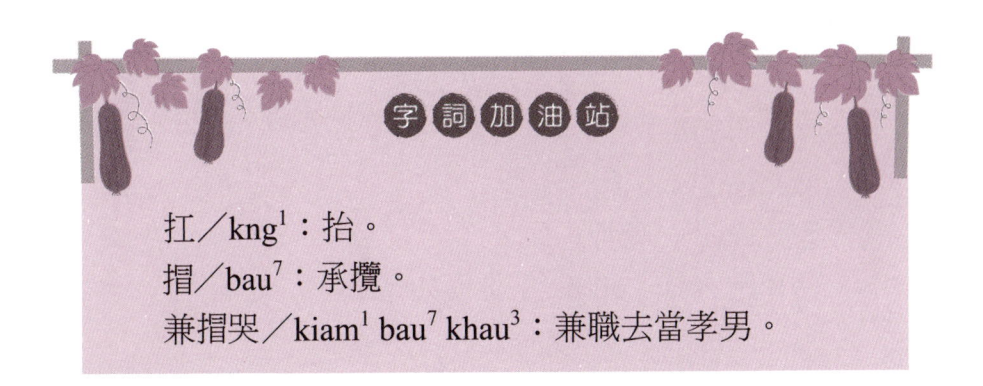

台語每日一句

102　u⁷ tsng¹ u⁷ tsha¹　bo⁵ tsng¹ san² pi¹ pa¹
　　　有妝有差，無妝瘦卑巴

涵義：有化妝比較漂亮，沒化妝看起來就很醜。

說明：明星在螢幕前光鮮亮麗非常漂亮，但卸妝之後，再看到她們，跟化妝時好像前後判若兩人，所以有化妝還是比較漂亮，沒化妝就很醜。

字詞加油站

妝／tsng¹：化妝。
差／tsha¹：差別。
瘦卑巴／san² pi¹ pa¹：骨瘦如柴。

103 有時星光，有時月光

u⁷ si⁵ tshenn¹ kng¹　u⁷ si⁵ gueh⁸ kng¹

涵義 形容人事的變化盛衰無常，有起就會有落。

說明 俗語說「十年風水輪流轉」，人不可能永遠都處在巔峰，有起就會有落，就好比天上，有時是星星閃耀，有時是月光明亮，所以遇到困頓時，千萬不要失志，要好好的利用這個機會再充實自己，蓄勢待發等待下一個時機的來臨。

對應華語 十年風水輪流轉、三十年河東，三十年河西。

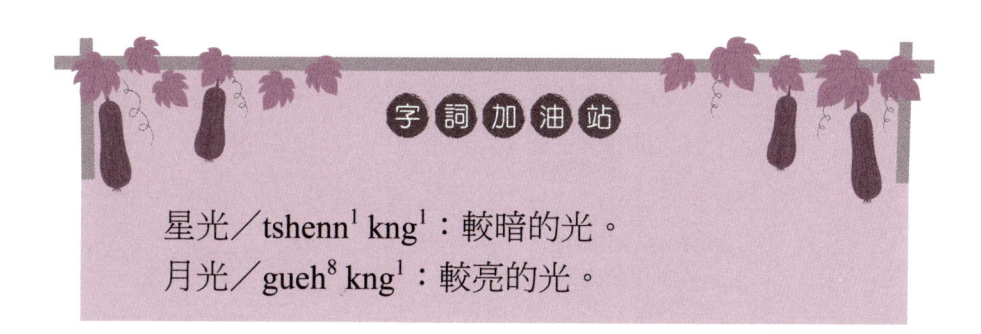

字詞加油站

星光／tshenn¹ kng¹：較暗的光。
月光／gueh⁸ kng¹：較亮的光。

台語每日一句

104 u⁷ tsinn⁵ poo² tang¹　　bo⁵ tsinn⁵ poo² phinn⁷khang¹
有錢補冬，無錢補鼻空

涵義 有錢買補品來補冬，沒錢用鼻子聞聞就好了。

說明 以前是農業社會只有冬天可以休息，農民平時耕種消耗很多的體力，到了冬天當然要好好的補一補，冬天進補一方面可以恢復這一年來所消耗的體力，另一方面可以儲備來年春耕的力量，所以冬令進補變成民間的一項習俗。

字詞加油站

補冬／poo² tang¹：冬令進補。
無／bo⁵：沒有。
鼻空／phinn⁷ khang¹：鼻孔。

105 死是死道友，毋是死貧道

si^2　si^7　si^2　to^7　iu^2　　m^7　si^7　si^2　pin^5　to^7

涵義　形容人非常自私，不管別人的死活。

說明　我們看布袋戲，戲中只要演到小人和別人發生利益糾葛時，總會聽到「死是死道友，毋是死貧道」這句話，反正死的是別人不是自己，所以無所謂，可見小人多自私自利，不顧別人的死活。

對應華語　以鄰為壑。

字詞加油站

道友／to^7 iu^2：同道修行的朋友，這裡是指「別人」。

貧道／pin^5 to^7：道士的自稱，這裡是指「自己」。

台語每日一句

106

lau⁷ bong² lau⁷　koh⁴ e⁷　poo⁷ thoo⁵ tau⁷
老罔老，閣會哺塗豆

涵義 形容人雖然年老，但身體還是很硬朗。

說明 人老了所有的器官就會開始退化，頭髮變白，牙齒也會慢慢的掉落，所以老年人只能吃一些比較軟嫩的食物，如果老年人還咬得動花生，表示身體還十分的健康，沒有衰老的跡象。

對應華語 老當益壯。

字詞加油站

罔／bong²：雖。
閣會／koh⁴ e⁷：居然能。
哺／poo⁷：咀嚼。
塗豆／thoo⁵ tau⁷：花生。

107 西瓜倚大爿

si¹ kue¹ ua² tua⁷ ping⁵

涵義 形容人善於投機鑽營，看哪邊有利就往哪邊靠。

說明 一盤切好的西瓜，挑選最大塊的拿去吃，這是人之常情，就好比有些勢利眼的人，會靠向勢力龐大的那一方，對於這種行為，我們雖然很不齒，但也不必喟嘆，因為這本來就是人世現實的真相。

對應華語 見風使舵、看風轉篷、相風使帆、牆頭草，隨風倒。

字詞加油站

倚／ua²：靠。
爿／ping⁵：邊。

台語每日一句

108

你有你的關門計，我有我的跳牆法
li² u⁷ li² e⁵ kuainn¹ mng⁵ ke³, gua² u⁷ gua² e⁵ thiau³ tshiunn⁵ huat⁴

涵義　形容你有計謀，我就有應對的方法。

說明　我們常可以看到男生宿舍外面，到了晚上十一、二點之後，有一些男生在那裡爬牆，這是因為宿舍訂有門禁，過了時間就要關門，但男生要送女朋友回家，所以不能那麼準時，常有錯過門禁時間的情況發生，既然學校有門禁時間的規定，他們只好以爬牆的方式來因應。

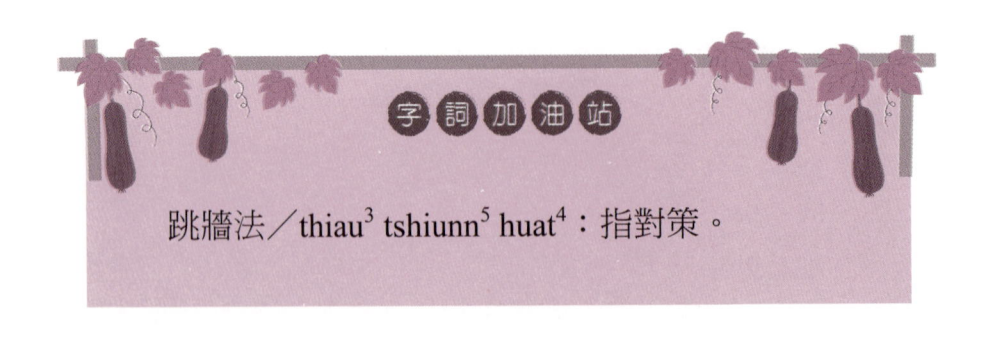

字詞加油站

跳牆法／thiau³ tshiunn⁵ huat⁴：指對策。

109 你看我殕殕，我看你霧霧

li² khuann³ gua² phu² phu²　　gua² khuann³ li² bu⁷ bu⁷

涵義 形容雙方互相瞧不起對方。

說明 人與人之間的相處，相互尊重是必要的，不管對方的身分、職業、成就是如何，都一樣要尊重他，你尊重別人就等於是尊重自己，因為人都有對等反抗的心理，如果你瞧不起別人，別人一樣也會瞧不起你。

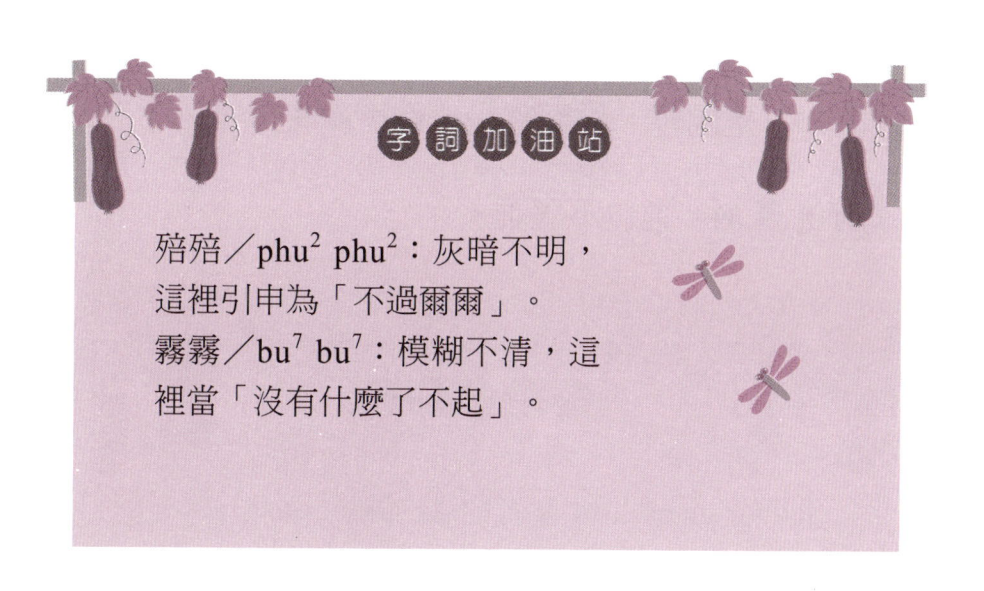

字詞加油站

殕殕／phu² phu²：灰暗不明，這裡引申為「不過爾爾」。

霧霧／bu⁷ bu⁷：模糊不清，這裡當「沒有什麼了不起」。

台語每日一句

110 你鬼我閻羅
li² kui² gua² giam⁵ lo⁵

涵義 形容雙方彼此爭鬥，誰也不服誰。

說明 依據民間傳說，閻羅王是掌管地獄之神，陰間所有鬼神都歸祂統領，所以閻羅當然比鬼大，如果你是鬼，那我就是閻羅，你厲害我比你更厲害。

對應華語 誰也不服誰。

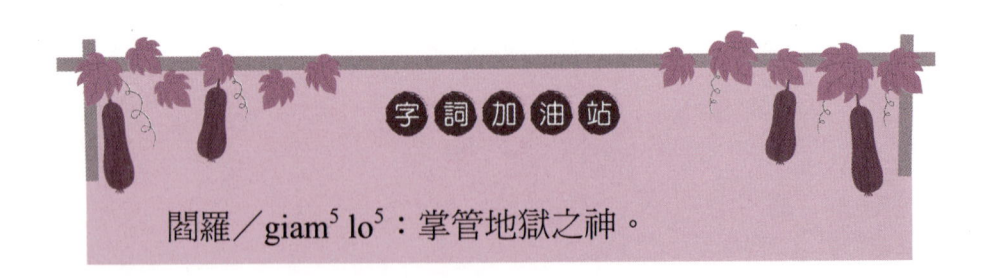

字詞加油站

閻羅／giam⁵ lo⁵：掌管地獄之神。

111
ling² bin⁷ u³ lang⁵ sio¹ kha¹ tshng¹
冷面焐人燒尻川

涵義 形容澆滅別人的熱情或興致。

說明 冬天由於天氣寒冷，大部分的人手指都是凍僵的，當人把冰凍的手指，貼在我們臉上時，臉一定會顫抖的收縮一下，同樣的你用冷臉去貼人家的熱屁股，也會造成別人的不適。

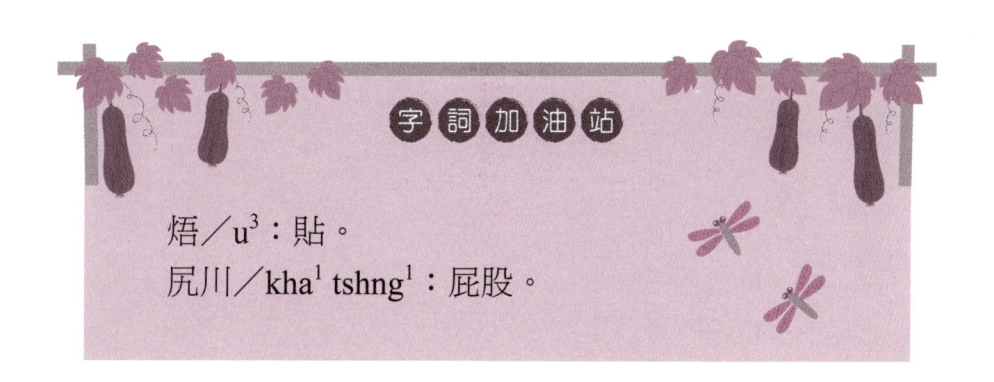

字詞加油站

焐／u³：貼。
尻川／kha¹ tshng¹：屁股。

台語每日一句

112 thai⁵ ti¹ ma⁷ ai³ hoo⁷ ti¹ kio³ nng⁰ siann⁰
刣 豬 嘛 愛 予 豬 叫 兩 聲

涵義 處罰人之前，要給人一個答辯的機會。

說明 豬跟牛不一樣，牛會乖乖的被殺，不會逃也不會叫，而豬在被殺之前，不僅會到處亂跑，還會哇哇大叫，所以前人就用這句話比喻在處罰人之前，要給人一個答辯的機會。

字詞加油站

嘛／ma⁷：也。
愛／ai³：需要。
予／hoo⁷：給。

113 刣頭生理有人做，了錢生理無人做

thai⁵ thau⁵ sing¹ li² u⁷ lang⁵ tso³, liau² tsinn⁵ sing¹ li² bo⁵ lang⁵ tso³

涵義 形容沒有人會去做虧本生意。

說明 人做生意就是為了要賺錢，利之所趨就算會危及生命，仍有人願意去做，既然做生意是為了賺錢，會虧本的生意當然沒有人願意去做。

對應華語 殺頭生意有人做，賠本生意無人做。

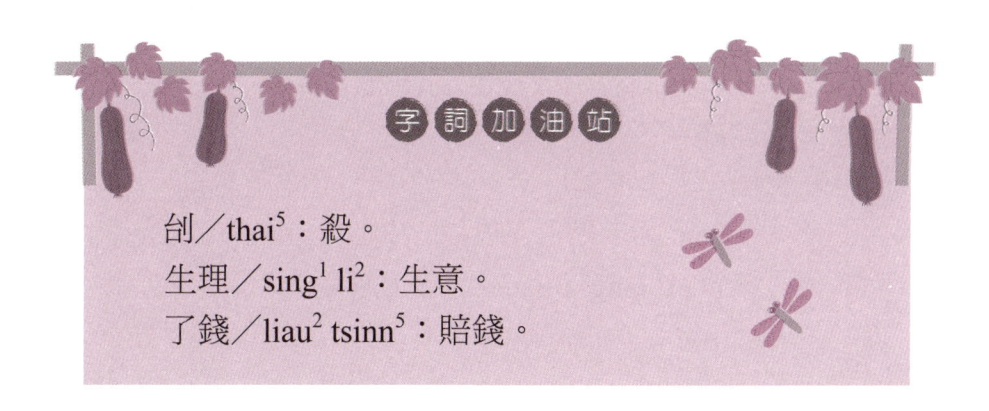

字詞加油站

刣／thai⁵：殺。
生理／sing¹ li²：生意。
了錢／liau² tsinn⁵：賠錢。

台語每日一句

114

tse⁷ hoo⁷ tsiann³ tsiah⁴ e⁷ tit⁴ lang⁵ thiann³
坐 予 正 才 會 得 人 疼

涵義 坐姿儀態要端正才會得到人家的疼愛。

說明 有些小孩不知道是家教不好，還是自己太懶散，坐沒坐相，站沒站相，讓人看了只想搖頭，一個人的坐姿站相，會影響別人對他的印象，所以有好的儀態才能獲得別人的疼愛。

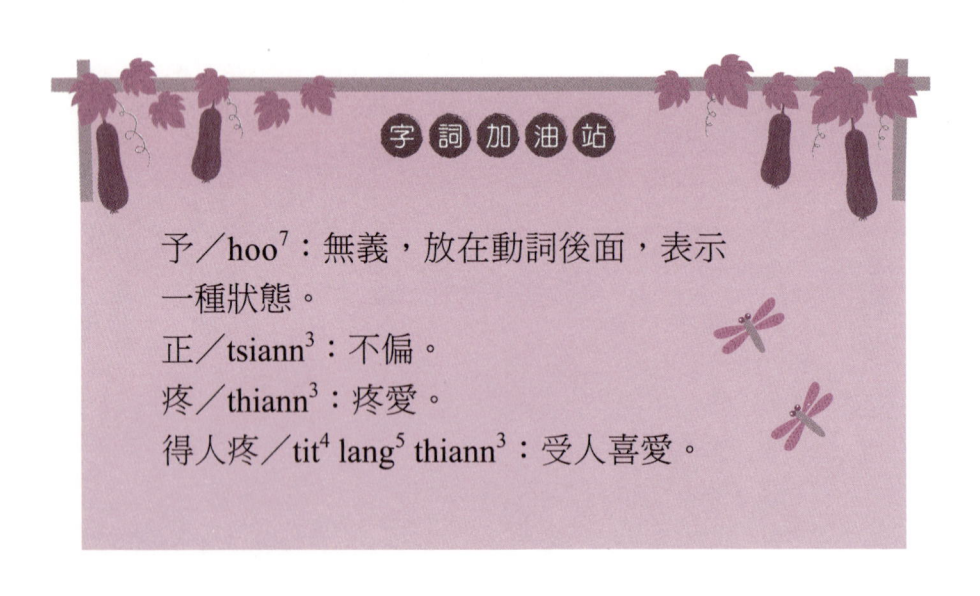

字詞加油站

予／hoo⁷：無義，放在動詞後面，表示一種狀態。
正／tsiann³：不偏。
疼／thiann³：疼愛。
得人疼／tit⁴ lang⁵ thiann³：受人喜愛。

115 kiu⁵ jin⁵ ju⁵ thun¹ sam¹ tshioh⁴ kiam³
求人如吞三尺劍

涵義 形容求人幫忙是痛苦又不容易的事。

說明 咽喉是一個很敏感的器官，只要有異物碰觸到咽喉，便會產生一種反射性的嘔吐，吞劍不僅會引起連續的嘔吐，還會造成食道的受傷，口水直流，真是非常的難受，所以把求人比喻成吞劍，可見求人就像吞劍那樣的痛苦難受。

字詞加油站

尺／tshioh⁴：一尺十寸。

台語每日一句

116. 求平安較好添福壽
kiu⁵ ping⁵ an¹ khah⁴ ho² thiam¹ hok⁴ siu⁷

涵義 形容日子能過得平安才是重要。

說明 許多人到廟裡拜拜，多是祈求菩薩能夠保佑他升官發財、早生貴子、添福添壽……，但如果沒有健康的身體，縱然有再多的福氣，也享受不到，所以拜拜還是只求平安就好。

對應華語 平安就是福。

字詞加油站

求／kiu⁵：拜託、乞助。
較好／khah⁴ ho²：更好，有勝過的意思。
添／thiam¹：增加。
福／hok⁴：福氣。
壽／siu⁷：長壽。

117. 男人斷掌做相公，女人斷掌守空房

lam⁵ jin⁵ tuan⁷ tsiunn² tso³ siong³ kang¹　lu² jin⁵ tuan⁷ tsiunn² tsiu² khang¹ pang⁵

涵義 形容男女斷掌的不同命相。

說明 根據命相學的說法，認為男人斷掌，表示有決斷力，將來會做大官，女人斷掌會剋夫，將來會守寡，其實這些都只是古代重男輕女的想法，只能做參考不能當真。

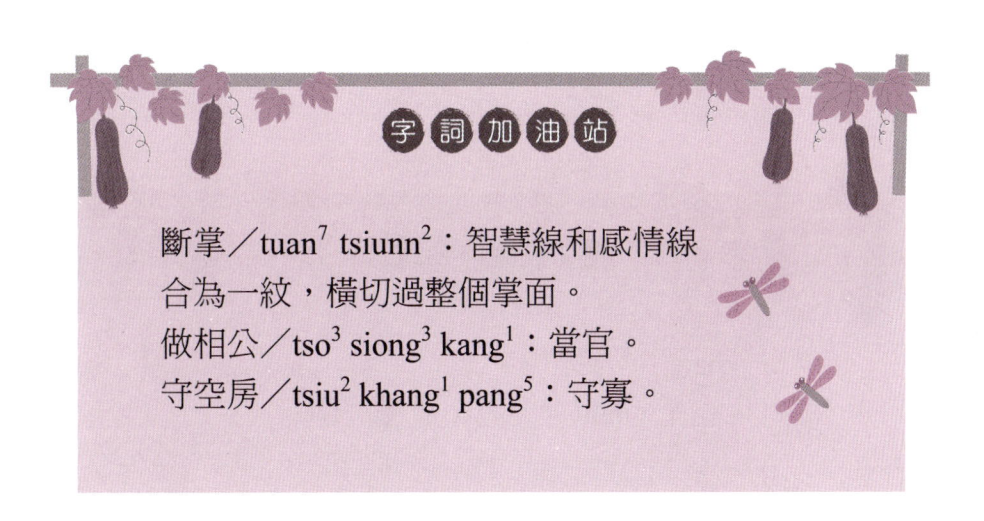

字詞加油站

斷掌／tuan⁷ tsiunn²：智慧線和感情線合為一紋，橫切過整個掌面。
做相公／tso³ siong³ kang¹：當官。
守空房／tsiu² khang¹ pang⁵：守寡。

台語每日一句

118. 罕得幾時尼姑做滿月
han² tit⁴ kui² si⁵ ni⁵ koo¹ tso³ mua² gueh⁸

涵義 形容難得發生的事情。

說明 出家人要守五戒，尼姑是出家人不能破戒，當然就不能結婚，既然尼姑不能結婚，當然就不能生小孩，沒有小孩怎麼做滿月，所以要等尼姑做滿月，可能千年難逢一次。

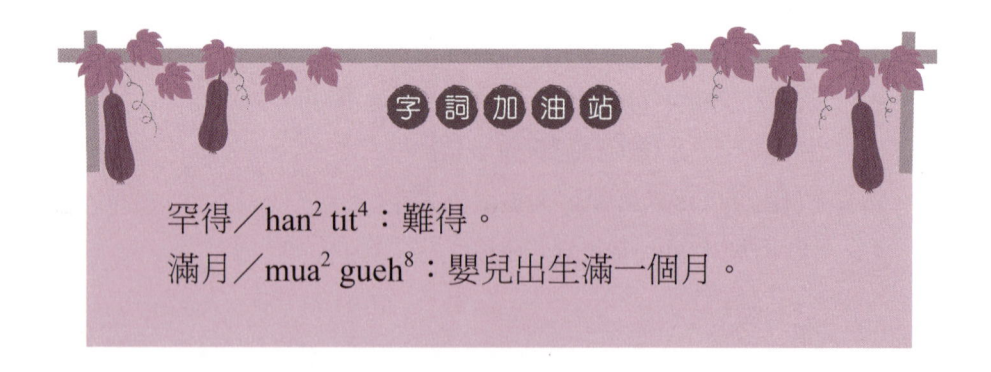

字詞加油站

罕得／han² tit⁴：難得。
滿月／mua² gueh⁸：嬰兒出生滿一個月。

119

肚臍深深好貯金，肚臍吐吐好娶某

too⁷ tsai⁵ tshim¹ tshim¹ ho² te² kim¹, too⁷ tsai⁵ thoo² thoo² ho² tshua⁷ boo²

涵義 形容肚臍的深淺不同，就有不同的命相。

說明 因為「臍」跟「財」諧音，所以老人家認為從一個人肚臍的深淺，便可以看出將來是否富貴，肚臍深的代表將來會很有錢，而肚臍淺的只能靠娶個有錢的老婆來庇蔭他。

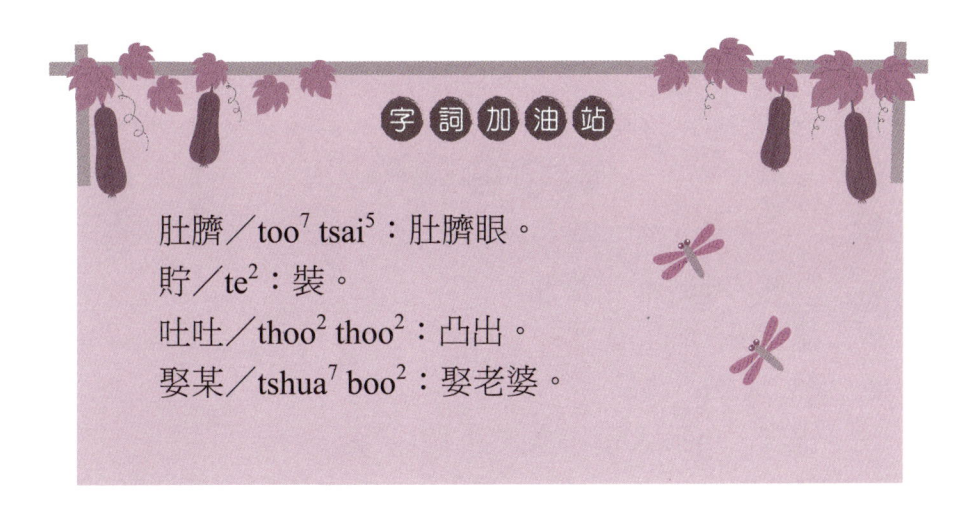

字詞加油站

肚臍／too⁷ tsai⁵：肚臍眼。
貯／te²：裝。
吐吐／thoo² thoo²：凸出。
娶某／tshua⁷ boo²：娶老婆。

台語每日一句

120

豆油分伊搵，連碟仔煞提去

tau⁷ iu⁵ pun¹ i¹ un³ lian⁵ tih⁸ a² suah⁴ theh⁸ khi⁰

涵義　形容人貪心不知足。

說明　醬油借他沾，結果他連醬油碟子都拿走，這種人真是太過分，現在的社會這種人很多，你好心幫他，結果他反而得寸進尺把你踏到底，所以幫人時要看清楚，免得自己被吃得死死的。

字詞加油站

豆油／tau⁷ iu⁵：醬油。
搵／un³：沾。
煞／suah⁴：卻。
提去／theh⁸ khi⁰：拿去。

121 來豬窮，來狗富，來貓起大厝

lai⁵ ti¹ king⁵　lai⁵ kau² pu³　lai⁵ niau¹ khi² tua⁷ tshu³

涵義 不同動物跑進家裡，會帶來不同的運勢。

說明 依據民間的傳說，外面的動物如果跑進家裡會影響家運，外面的豬跑進家裡會讓家變窮，狗跑進家裡，家會變富有，貓跑進家裡則會蓋大房子。

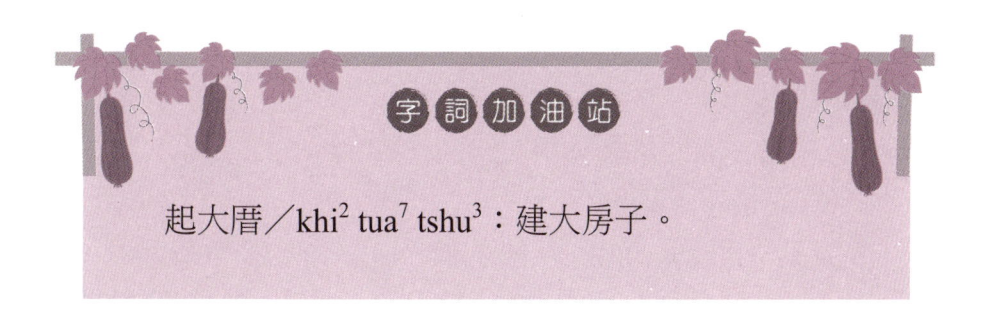

字詞加油站

起大厝／khi² tua⁷ tshu³：建大房子。

台語每日一句

122 phui³ nua⁷ hoo⁷ ke¹ tsiah⁸ to¹ e⁷ si²

呸瀾予雞食都會死

涵義 形容人倒楣到極點，不管是誰只要跟他沾上一點關係就會遭殃。

說明 人倒楣的時候，吐口水給雞吃，連雞都會被毒死，這只是一種誇張的形容方式，因為一般來說，人的口水不可能有毒，除非這個人本身已經中了劇毒，吐出來的口水才會有毒，所以雞不可能會被口水給毒死。

對應華語 倒楣透頂。

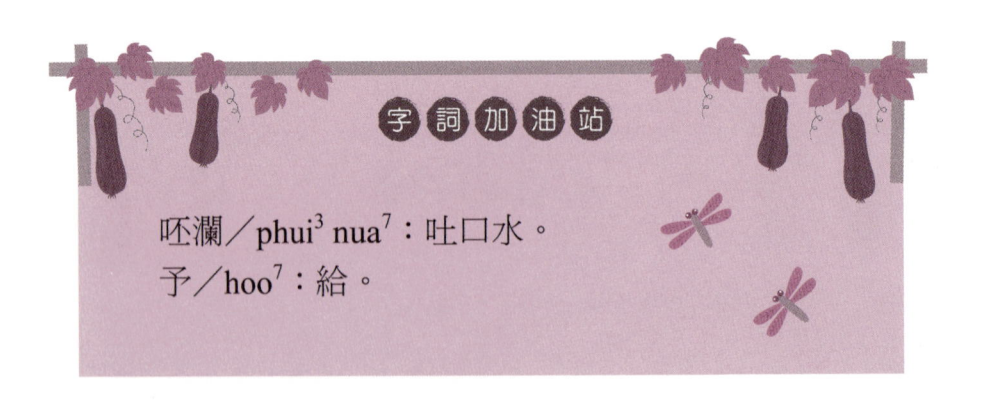

字詞加油站

呸瀾／phui³ nua⁷：吐口水。
予／hoo⁷：給。

123 mia⁷ tiong¹ iu² tsu²　put⁴ tsai⁷ tsa² uann³
命中有子，不在早晏

涵義 形容該是你的東西，終究還是會屬於你。

說明 俗話說：「命裡有時終須有，命裡無時莫強求」，如果命中註定有子嗣，不管是早婚或晚婚都會有小孩，如果命中註定沒有子嗣，不管如何強求，終究還是沒有。

字詞加油站

晏／uann³：遲、晚。

台語每日一句

124　pueh⁸ hoo² tshiu¹　　pueh⁸ tioh⁸ hoo² thau⁵
拔虎鬚，拔著虎頭

涵義 形容人運氣非常不好，倒楣透頂。

說明 大部分的人都是貪小便宜的，讓別人請客心裡很高興，如果輪到自己要請客，心裡就很不是滋味，所以如果大家一起聚餐而抽中要付帳，就會覺得自己很倒楣。

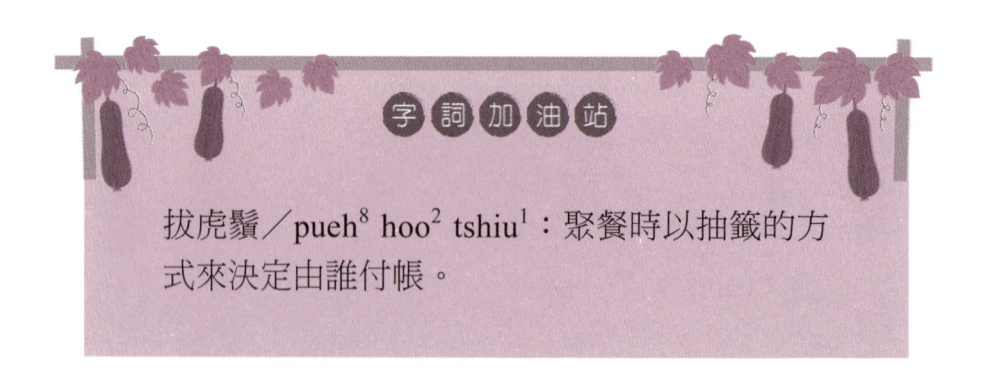

字詞加油站

拔虎鬚／pueh⁸ hoo² tshiu¹：聚餐時以抽籤的方式來決定由誰付帳。

125 phah⁴ kiann² phah⁴ sim¹ kuann¹　khi³ kiann² khi³ bo⁵ iann²
拍囝拍心肝，氣囝氣無影

涵義 形容父母即使不得已要打罵兒女，依然充滿慈愛之心。

說明 父母都是疼愛兒女的，如果兒女犯了錯，必須要處罰他們，也是打在兒身痛在娘心，即使兒女做出一些讓父母傷心的事，父母仍然是疼愛他們，不會生他們的氣。

對應華語 打在兒身，疼在娘心。

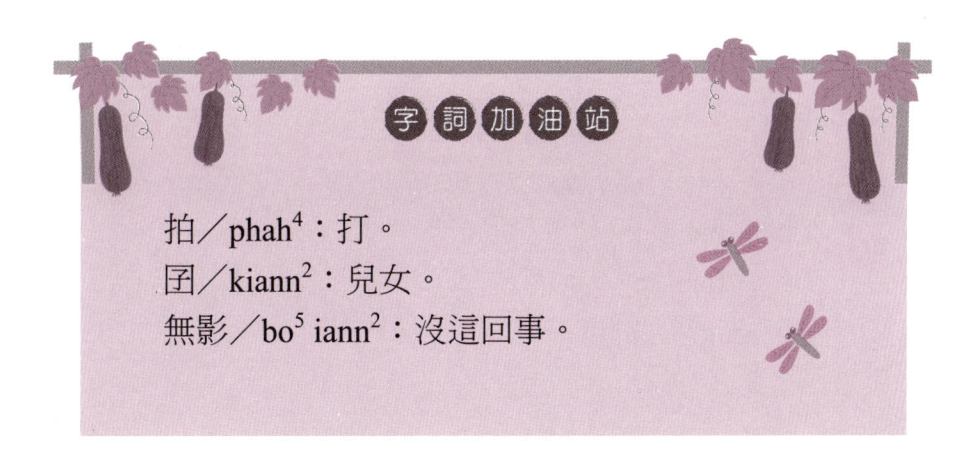

字詞加油站

拍／phah⁴：打。
囝／kiann²：兒女。
無影／bo⁵ iann²：沒這回事。

126. 拍斷手骨顛倒勇

phah⁴ tng⁷ tshiu² kut⁴ tian¹ to³ iong²

涵義 形容人越遭受挫折就越勇敢向前。

說明 手骨被打斷要經過一段時間的調理和休息才能復原，但就算是復原，也不可能變得比原來更強壯，所以這句諺語所要傳達的應該是它背後的意義，即使遭遇挫折，仍然意志堅定的勇往直前。

對應華語 愈挫愈勇。

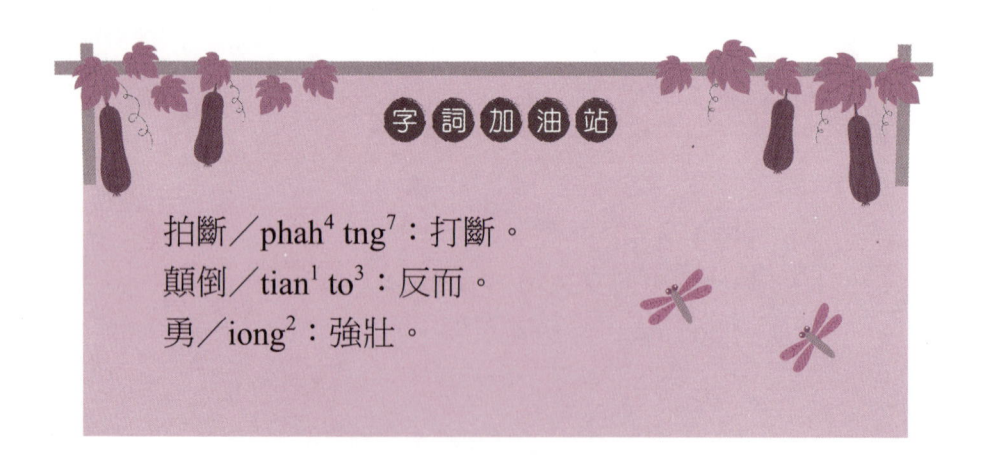

字詞加油站

拍斷／phah⁴ tng⁷：打斷。
顛倒／tian¹ to³：反而。
勇／iong²：強壯。

127

pang³ tsit⁸ e⁷ phui³　thng³ tsit⁸ e⁷ khoo³
放一下屁，褪一下褲

涵義　形容人多做了一些不必要的事情。

說明　放屁不需要脫褲子，放一下屁，脫一次褲子，根本是畫蛇添足，多此一舉，所以前人就用這句諺語來形容人做事多做了一些不必要的程序。

對應華語　多此一舉、畫蛇添足、脫褲子放屁。

字詞加油站

褪／thng³：脫。

台語每日一句

128 法律千萬條毋值黃金一條
huat⁴ lut⁸ tshian¹ ban⁷ tiau⁵ m⁷ tat⁸ ng⁵ kim¹ tsit⁸ tiau⁵

涵義 形容司法黑暗，可以用錢來改變判決結果。

說明 法條千萬條都比不上黃金一條，自古以來司法黑暗，只要用錢就可以改變判決結果，所以才會有「有錢判生，無錢判死」的諺語出現。

對應華語 衙門八字開，有理無錢莫進來。

字詞加油站

毋值／m⁷ tat⁸：比不上。

129

pe⁷ bu² thiann³ kiann² tng⁵ liu⁵ tsui² kiann² siunn⁷ pe⁷
爸母疼囝長流水，囝想爸
bu² tshiu⁷ bue² hong¹
母樹尾風

涵義 形容子女對父母的孝心，不及父母對子女的疼愛之心。

說明 父母對兒女的疼愛廣大而深遠，就如同河流那樣綿延不止，永不停息，但兒女對父母的孝心卻不及父母的百分之一，就如同吹過樹尾的微風，是那樣輕細而短暫。

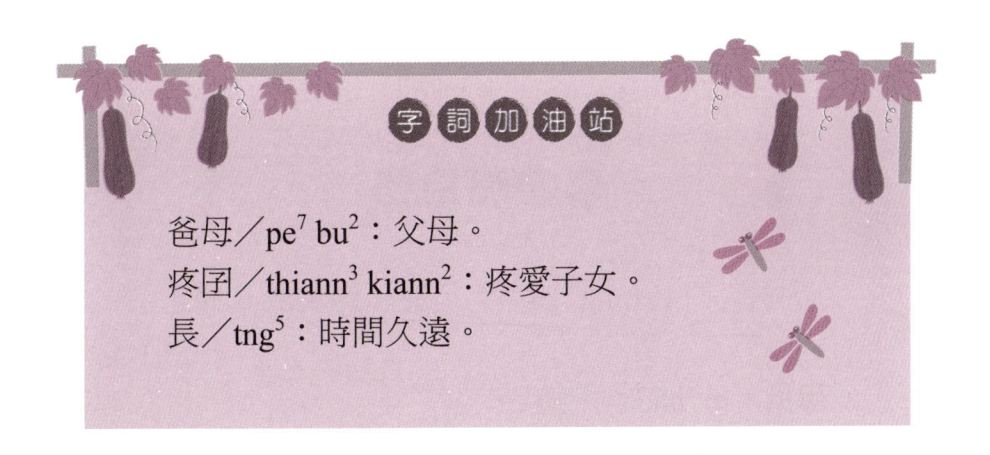

字詞加油站

爸母／pe⁷ bu²：父母。
疼囝／thiann³ kiann²：疼愛子女。
長／tng⁵：時間久遠。

130

kau² ka⁷ lu⁷ tong⁷ pin¹　　m⁷ bat⁴ ho² lang⁵ sim¹

狗咬呂洞賓，毋捌好人心

涵義 形容人非常糊塗，分辨不出好壞人。

說明 民間傳說呂洞賓跟二郎神楊戩有些過節，因此二郎神所養的神犬「哮天犬」對呂洞賓十分的仇視，有一回哮天犬落入凡間為凡人所抓，即將被送到香肉店宰殺，呂洞賓剛好路過解救了哮天犬，可是哮天犬不但沒感激呂洞賓，還因記恨牠主人的仇而咬了呂洞賓一口，所以才會有「狗咬呂洞賓，不識好人心」的說法。

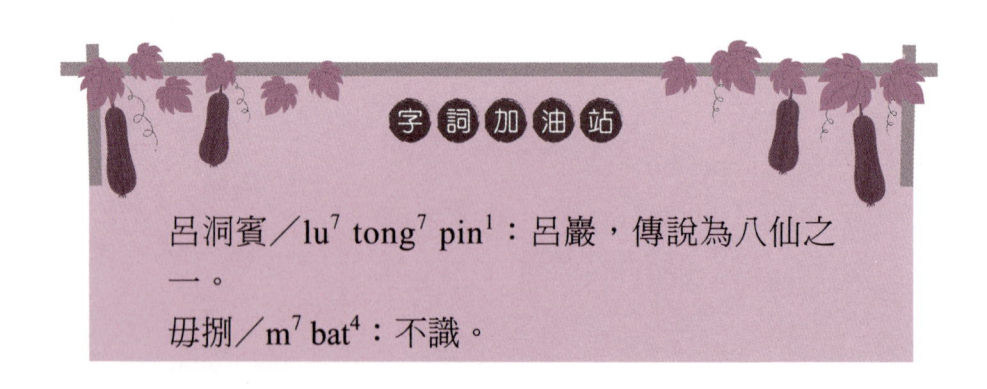

字詞加油站

呂洞賓／lu⁷ tong⁷ pin¹：呂嚴，傳說為八仙之一。

毋捌／m⁷ bat⁴：不識。

131

kau² tsiah⁸ to¹ bo⁵ kau³　koh⁴ u⁷ thang¹ lun⁵ kau³ ti¹

狗 食 都 無 夠，閣 有 通 輪 到 豬

涵義 意謂有好處強者瓜分都不夠了，哪還輪得到弱者。

說明 狗的動作迅速敏捷，善於捕捉獵物，而豬身體肥胖慵慵懶懶的，整天吃飽睡，睡飽吃，行動非常緩慢，如果主人只餵養牠們一些食物，以豬這種緩慢的速度，所有的東西早就被狗吃光了，哪裡還輪得到牠。

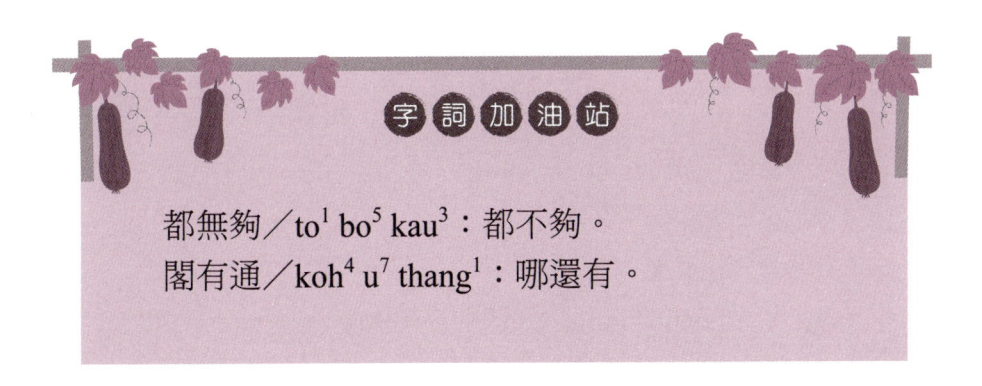

字詞加油站

都無夠／to¹ bo⁵ kau³：都不夠。
閣有通／koh⁴ u⁷ thang¹：哪還有。

台語每日一句

132

芥菜無剝毋成欉，囡仔無教毋成人
kua³ tshai³ bo⁵ pak⁴ m⁷ tsiann⁵ tsang⁵　gin² a² bo⁵
ka³ m⁷ tsiann⁵ lang⁵

涵義：形容小孩子必須要教育才能成為有用之材。

說明：以前肥料缺乏，芥菜常發育不良，因此在種植一段時間後，就得把芥菜頭部的外葉和爛葉剝掉，以免吸走水分和養料，阻礙新內葉的生成。就如同教養小孩子一樣，必須從小施予嚴格的教育，將來才能有所出息。

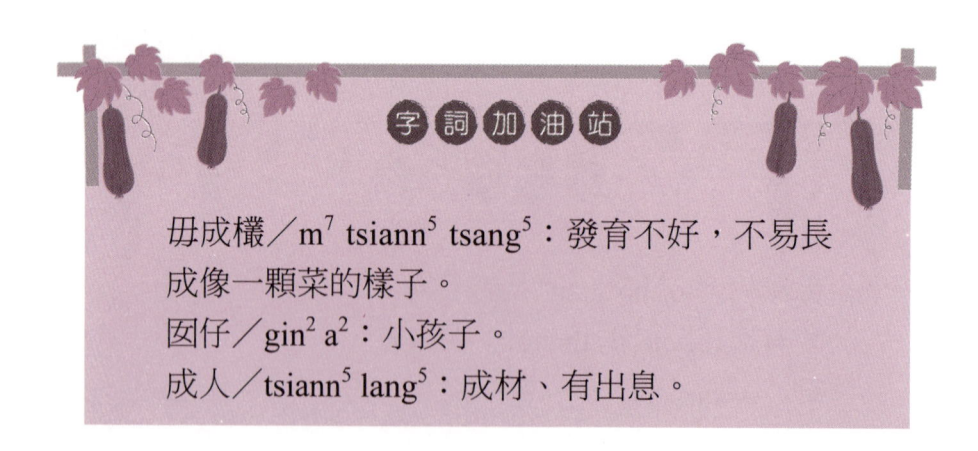

字詞加油站

毋成欉／m⁷ tsiann⁵ tsang⁵：發育不好，不易長成像一顆菜的樣子。
囡仔／gin² a²：小孩子。
成人／tsiann⁵ lang⁵：成材、有出息。

133 阿婆仔生囝，誠拚咧

a¹ po⁵ a² senn¹ kiann² tsiann⁵ piann³ leh⁰

涵義 形容事情想要完成還頗有難度，仍需努力去做。

說明 一般年輕的婦女生小孩，快的人大概也要四十分到一個小時，慢的人要好幾個鐘頭，甚至是一整天的時間，而阿婆年老力衰，想要生小孩恐怕要費更多的時間才生得出來，況且阿婆已經過了更年期，如果想要生小孩恐怕會有困難。

對應華語 難如登天。

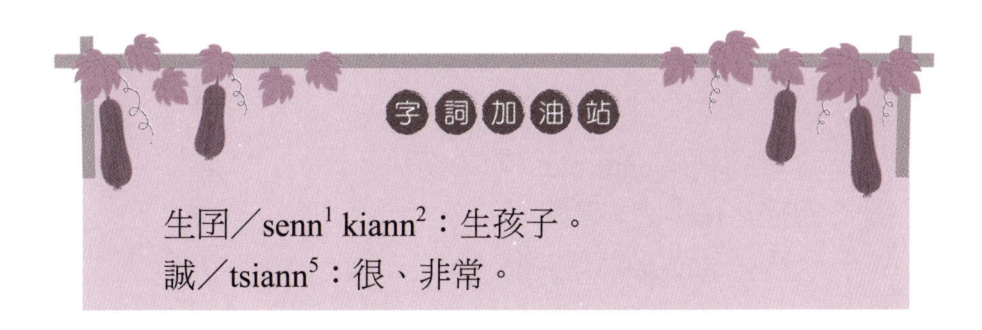

字詞加油站

生囝／senn¹ kiann²：生孩子。
誠／tsiann⁵：很、非常。

134 青盲的食圓仔，心內有數

tshenn¹ me⁵ e⁰ tsiah⁸ inn⁵ a² sim¹ lai⁷ iu² soo³

涵義 對於事情的來龍去脈，自己心中有數。

說明 瞎子除了眼睛看不見外，跟一般人沒有什麼兩樣，甚至他的聽覺和觸覺比一般人還更靈敏，所以瞎子雖然看不見碗裡有多少顆湯圓，但自己吃下幾顆，心裡有數。

字詞加油站

青盲的／tshenn¹ me⁵ e⁰：瞎子。
圓仔／inn⁵ a²：湯圓。
心內／sim¹ lai⁷：心裡。

135 青盲貓拄著死鳥鼠

tshenn¹ me⁵ niau¹ tu² tioh⁸ si² niau² tshi²

涵義 形容沒本事的人意外獲得好運。

說明 貓的眼睛結構特殊，能隨光線的強弱，作不同變化，貓能捉到老鼠，就是靠這雙能在黑暗中透視一切的眼睛，貓的眼睛如果瞎了，就無法再捉老鼠，所以瞎貓碰到死老鼠，是因為運氣好。

對應華語 一時僥倖、瞎貓碰上死耗子。

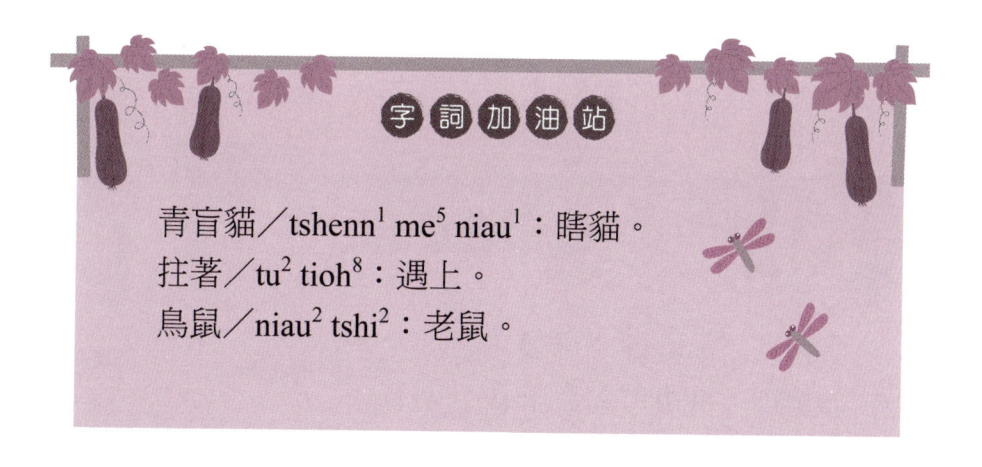

字詞加油站

青盲貓／tshenn¹ me⁵ niau¹：瞎貓。
拄著／tu² tioh⁸：遇上。
鳥鼠／niau² tshi²：老鼠。

台語每日一句

136 pan⁵ gi⁵　m⁷ bat⁴ pa²
便宜，毋捌飽

涵義 形容人貪心不知足。

說明 人性都是貪婪的，看到便宜的東西，當然會拚命的吃，即使已經很撐了，還是會忍不住再硬吃，坊間一些吃到飽的餐廳，裡面的人好像都吃得快撐死的樣子，這就是因為便宜，所以不知道飽。

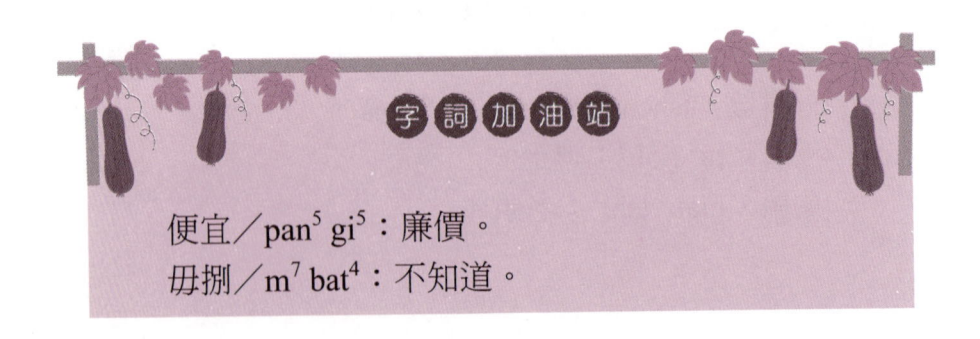

字詞加油站

便宜／pan⁵ gi⁵：廉價。
毋捌／m⁷ bat⁴：不知道。

137. pian⁷ soo² tuann⁵ gih⁴ tah⁴, tshau³ tuann⁷
便所彈吉他，臭彈

涵義 形容人說話瞎說亂蓋。

說明 廁所是人們大小便的地方，裡面臭氣沖天，在廁所裡面彈吉他，當然是一邊聞臭一邊彈，所以前人就用這句歇後語，形容人說話不實在，愛吹牛。

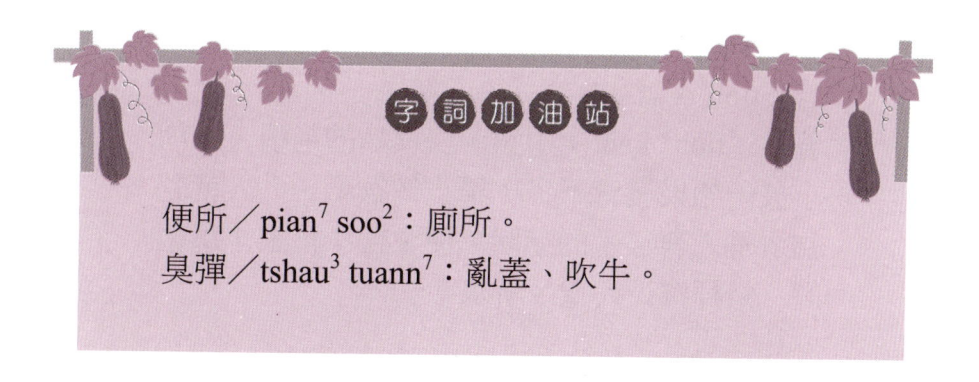

字詞加油站

便所／pian⁷ soo²：廁所。
臭彈／tshau³ tuann⁷：亂蓋、吹牛。

台語每日一句

138

po² hoo⁷ sam¹ tsong⁷ khi³ tshu² king¹　　tioh⁸ kau⁵
保 護 三 藏 去 取 經，著 猴

涵義 罵人舉止行為不正經，就像發神經一樣。

說明 《西遊記》中唐三藏能平安到達西天，孫悟空的功勞最大，每次唐三藏被妖怪抓走，都是孫悟空搭救的，所以唐三藏要去西天取經，非得靠孫悟空不可。

字詞加油站

三藏╱sam¹ tsong⁷：唐三藏。
取╱tshu²：拿。
著╱tioh⁸：就。
著猴╱tioh⁸ kau⁵：中猴，一種病的名稱，以前小孩子如果發育不良，舉止像猴子，大人就認為這是「著猴」的症狀，便會帶小孩去「萬福庵」祭拜齊天大聖，祈求平安。

139. siok⁸ siok⁸ a² sia³ khah⁴ iann⁵ kia³
俗俗仔卸較贏寄

涵義 說明把東西便宜賣出勝過囤積虧本。

說明 生意人常會大量進貨囤積，等到缺貨物價上漲時再拿出來銷售，但生意人的眼光並不是每次都那麼精準，當貨物的供應超過人們的需求時，物價就會下跌，他們只好將貨品低價賣出，因為貨品如果一直堆著會虧錢，倒不如低價求現，還可減少一點損失。

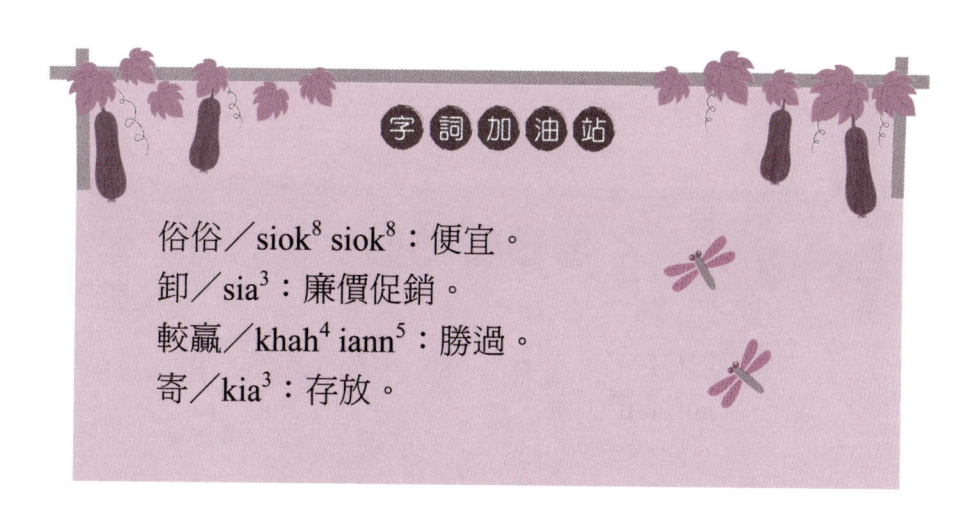

字詞加油站

俗俗／siok⁸ siok⁸：便宜。
卸／sia³：廉價促銷。
較贏／khah⁴ iann⁵：勝過。
寄／kia³：存放。

台語每日一句

140 thi³ tsit⁸ pai² thau⁵　sann¹ jit⁸ ian⁵ tau⁵
剃一擺頭，三日緣投

涵義 形容剃完頭之後，人會變得比較英俊。

說明 俗語說：「人要衣裝，佛要金裝」，人如果不愛乾淨，邋邋遢遢的，任憑誰看了都討厭，所以如果想給別人留下一個好印象，就要先打理好自己的儀容，這樣不僅自己清爽，別人看起來也舒服。

字詞加油站

一擺／tsit⁸ pai²：一次。
緣投／ian⁵ tau⁵：英俊。

141 前世踏破棺柴蓋
tsing⁵ si³ tah⁸ phua³ kuann¹ tsha⁵ kua³

涵義 形容彼此有極深的仇恨。

說明 俗話說:「人死為大」,對於死者要敬重不可冒犯,棺材是停殮死者屍體的地方,踏破人家的棺材蓋,對死者來說是大不敬的行為,這種行為會讓彼此結下深仇。

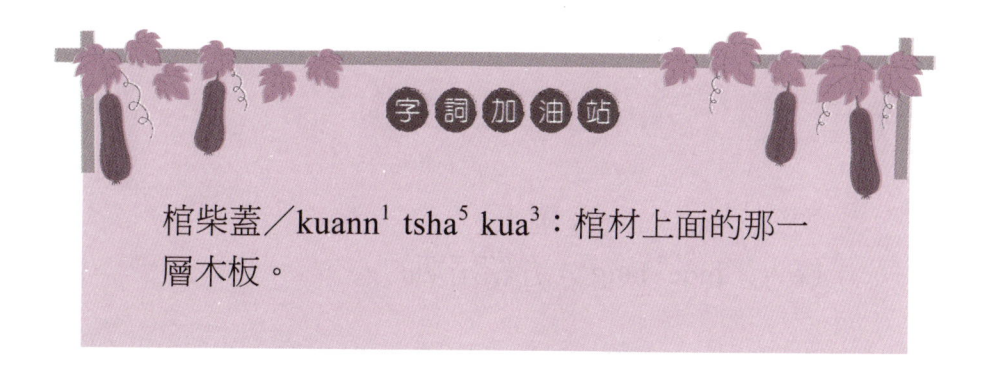

字詞加油站

棺柴蓋／kuann¹ tsha⁵ kua³:棺材上面的那一層木板。

台語每日一句

142 tsing⁵ thiann¹ tso³ sai¹ kong¹　au⁷ thiann¹ tso³ mue⁵ lang⁵
前廳做司公，後廳做媒人

涵義 形容人不通情理。

說明 依據民間習俗，如果家中有人過世，家屬會請道士到家裡幫死者做法事，前廳還在幫死者辦喪事，後廳卻馬上有人來提親，真是喜喪不分，不通情理。

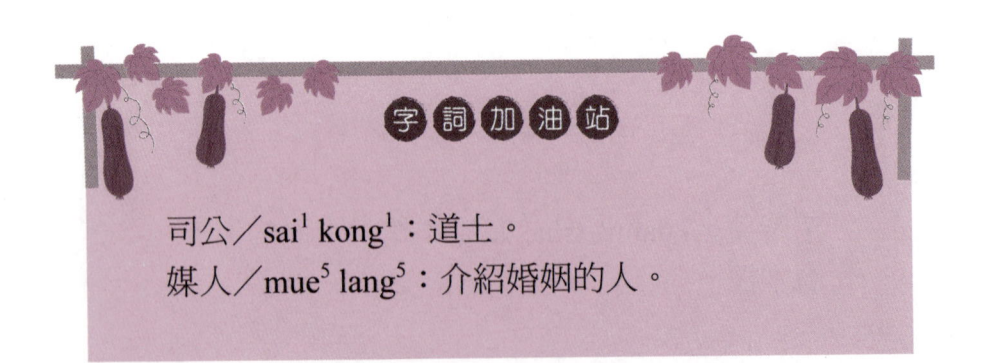

字詞加油站

司公／sai¹ kong¹：道士。
媒人／mue⁵ lang⁵：介紹婚姻的人。

143. 姻緣天註定，毋是媒人跤𠢕行

in¹ ian⁵ thinn¹ tsu³ tiann⁷, m⁷ si⁷ mue⁵ lang⁵ kha¹ gau⁵ kiann⁵

涵義 姻緣是上天註定的，不是因為媒人能幹而撮合成功。

說明 以前男女婚姻，大都是媒妁之言，媒人上門說親時，為了撮合這段良緣，常須來往奔走，如果撮合成功，大家便會稱讚媒人厲害，但媒人為了自謙，也為了避免麻煩，怕日後雙方有什麼糾紛會找上媒人，就說這句話先為自己開脫留些後路。

字詞加油站

𠢕／gau⁵：能幹。
行／kiann⁵：走。

台語每日一句

144. 屎礐枋袂做得神主牌

sai² hak⁸ pang¹　be⁷　tso³　tit⁴　sin⁵　tsu²　pai⁵

涵義 才智低下的人不能擔起大任。

說明 神主牌是死者的靈位，據說人死了之後，靈魂會依附在神主牌上，以接受生者的祭祀，所以神主牌等於是死者的化身，而糞坑旁邊的木板又臭又髒，怎麼可以用來製造神主牌，這對死者是一種大不敬。

對應華語 朽木不可雕。

字詞加油站

屎礐枋／sai² hak⁸ pang¹：糞坑旁邊的木板。
袂做得／be⁷ tso³ tit⁴：不能做。
神主牌／sin⁵ tsu² pai⁵：靈位。

145 kip⁴ sing³ ta¹ ke¹ tu² tioh⁸ ban⁵ phue⁵ sin¹ pu⁷
急性大家拄著蠻皮新婦

涵義 個性急的碰上性子慢的。

說明 媳婦剛嫁過來,對家裡的一切事務還不熟悉,所以婆婆必須在旁邊提點指導,性子急的婆婆,對於媳婦的表現怎麼看都不順眼,就嘮叨的唸起來,而蠻皮的媳婦聽久了就習慣,當成是耳邊風,依然按照自己的想法去做事。

字詞加油站

大家／ta¹ ke¹：婆婆。
拄著／tu² tioh⁸：遇上。
蠻皮／ban⁵ phue⁵：指皮厚,沒什麼知覺,對人家的訓斥不當一回事。
新婦／sin¹ pu⁷：媳婦。

台語每日一句

146 uan³ lang⁵ tua⁷ kha¹ tshng¹　tshio³ lang⁵ bo⁵ thui² bah⁴
怨人大尻川，笑人無腿肉

涵義 形容人心胸狹隘，忌妒比他好的，嘲笑不如他的。

說明 中國人向來重視傳宗接代，女人能不能生育是一件很重要的事情，據說大屁股很會生小孩，所以大屁股的女人很受老一代長輩的歡迎；而女人嫁進夫家之後，必須幫忙家務，腿太細的女人，可能無法承擔一些繁重的勞務，因此不被欣賞。

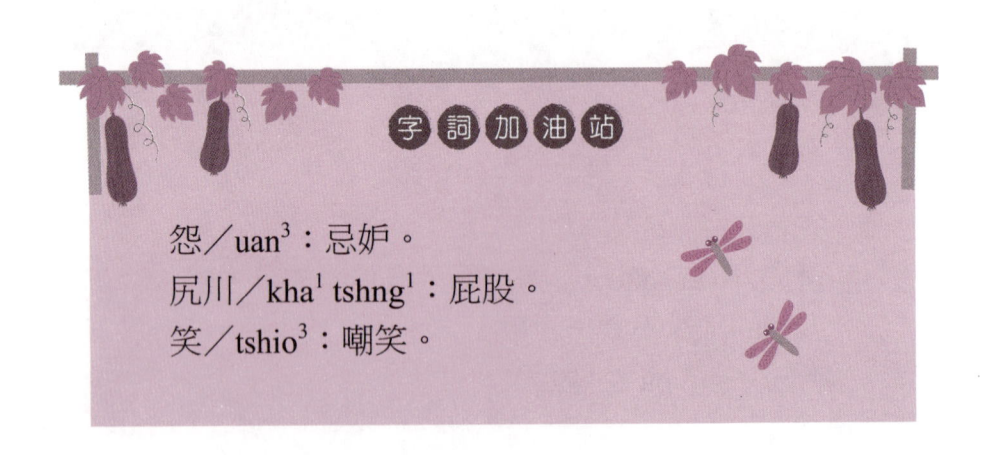

字詞加油站

怨／uan³：忌妒。
尻川／kha¹ tshng¹：屁股。
笑／tshio³：嘲笑。

147 怨人散，怨人富，怨人無端起大厝

uan³ lang⁵ san³ , uan³ lang⁵ pu³ , uan³ lang⁵ bo⁵ tuan¹ khi² tua⁷ tshu³

涵義 形容人沒由來的責怪抱怨別人。

說明 有些人總是沒由來的怨天尤人，埋怨別人比他窮，忌妒別人比他富有，怨恨別人為什麼要蓋大房子，其實別人窮困或富有根本不關他的事，他抱怨得有點莫名其妙。

字詞加油站

怨／uan³：埋怨、忌妒、怨恨。
散／san³：窮。
無端／bo⁵ tuan¹：沒有緣故。
起大厝／khi² tua⁷ tshu³：建大房子。

台語每日一句

148 tiam⁷ tiam⁷ tsiah⁸ sann¹ uann² kong¹ puann³
恬恬食三碗公半

涵義 ㈠形容人很會裝蒜。㈡形容人平常雖然安靜沉默,但所做的事往往出人意表。

說明 碗公比碗大幾倍,一般多用來盛湯,一個人趁著別人忙著聊天說話時,一下子吃完三碗公半的飯,真是令人驚訝,這就像有些人平時看起來安靜溫順,但所做的事卻常常出人意料。

對應華語 扮豬吃老虎。

字詞加油站

恬恬／tiam⁷ tiam⁷:安靜。
碗公／uann² kong¹:大碗。

149 恬恬較無蠓

tiam⁷ tiam⁷ khah⁴ bo⁵ bang²

涵義 做人安分低調一些，才不會招惹無謂的麻煩。

說明 蚊子會咬人是因為人排汗之後，體味會飄散出去，而這體味含有一種分泌物，會吸引蚊子過來，越會出汗的人越容易被蚊子叮咬，所以不說話就不會招來蚊子，這是不可能的事，這句諺語只是用來作一種比喻，勸人做事要低調些，以免招惹事端。

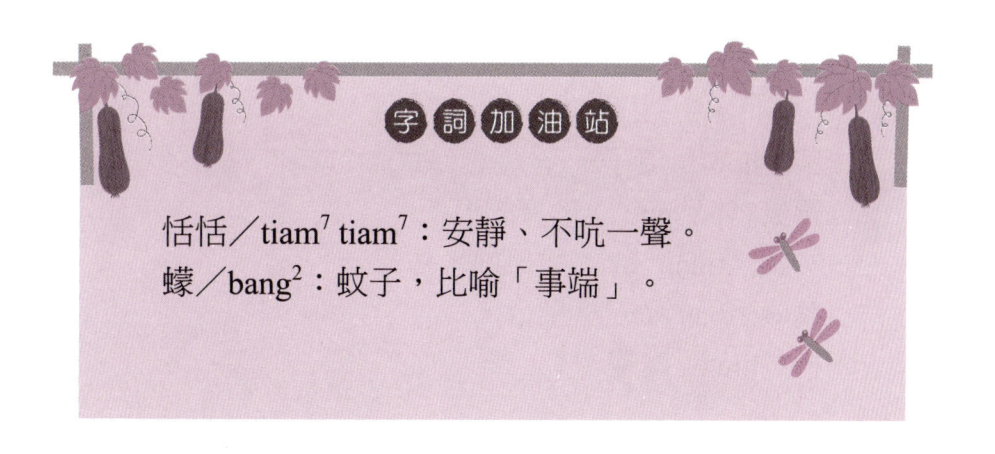

字詞加油站

恬恬／tiam⁷ tiam⁷：安靜、不吭一聲。
蠓／bang²：蚊子，比喻「事端」。

台語每日一句

150

boo² si⁷ po² pue³　　tiunn⁷ m² si⁷ ban⁷ sue³
某 是 寶 貝 ， 丈 姆 是 萬 歲 ，
lau⁷ bo² si⁷　hiu² tsha⁵ phue⁵
老 母 是 朽 柴 皮

涵義 形容男子婚後對母親態度的改變。

說明 很多男人結婚之後就變成老婆生的，對老婆的話言聽計從，對待丈母娘就像皇帝一樣，百般的尊崇，但對待自己的母親，就像看到腐爛的柴皮一樣，棄之不顧。

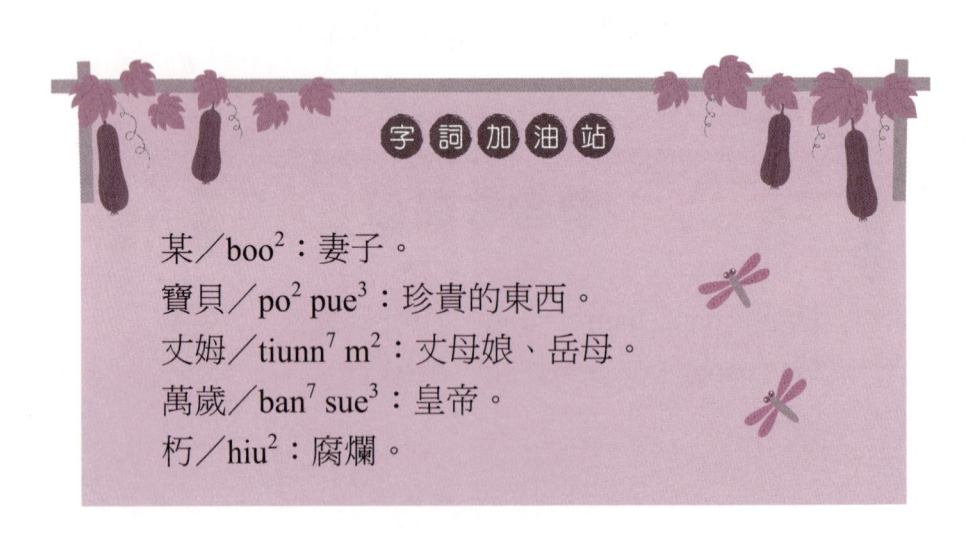

字詞加油站

某／boo²：妻子。
寶貝／po² pue³：珍貴的東西。
丈姆／tiunn⁷ m²：丈母娘、岳母。
萬歲／ban⁷ sue³：皇帝。
朽／hiu²：腐爛。

151. 枵狗數想豬肝骨
iau¹ kau² siau³ siunn⁷ ti¹ kuann¹ kut⁴

涵義 形容人懷有非分之想。

說明 豬肝早期是一種非常昂貴的補品，只有病人和有錢人家才有得吃。狗可能也知道豬肝的價值，所以不敢冀望主人會將豬肝肉拿給牠食用，只圖主人在煮完豬肝肉後，能將豬肝骨留給牠啃食，殊不知豬肝本身沒有骨頭，牠只能做非分之想，無法達成心願。

對應華語 不自量力、異想天開、非分之想、癩蛤蟆想吃天鵝肉。

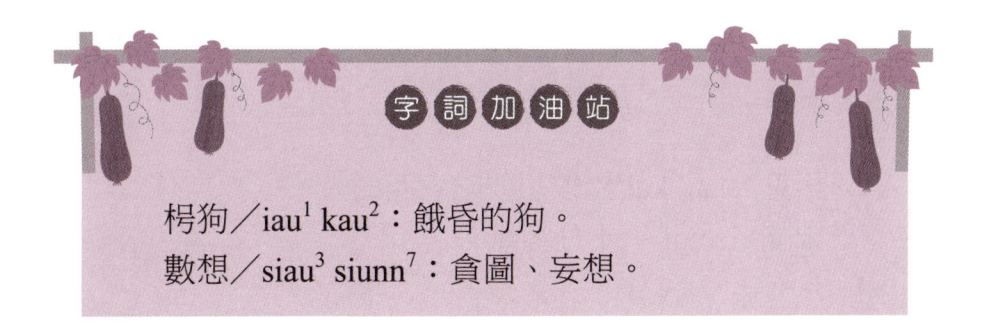

字詞加油站

枵狗／iau¹ kau²：餓壞的狗。
數想／siau³ siunn⁷：貪圖、妄想。

台語每日一句

152 枵鬼假細膩
iau¹ kui² ke² se³ ji⁷

涵義 ㈠肚子餓的人想要吃東西，卻又假裝客氣，不好意思食用。㈡說明很想跟別人要某種東西，但又不敢開口。

說明 肚子十分飢餓的人，一定迫不及待想吃一頓美食，如今美食當前卻又故作客氣，婉言辭謝，儘管恨不得大快朵頤一番，卻又不好意思接受，這就是表裡不一，矯揉造作的行為。（除了「吃」之外，亦可用在人、事或物方面）

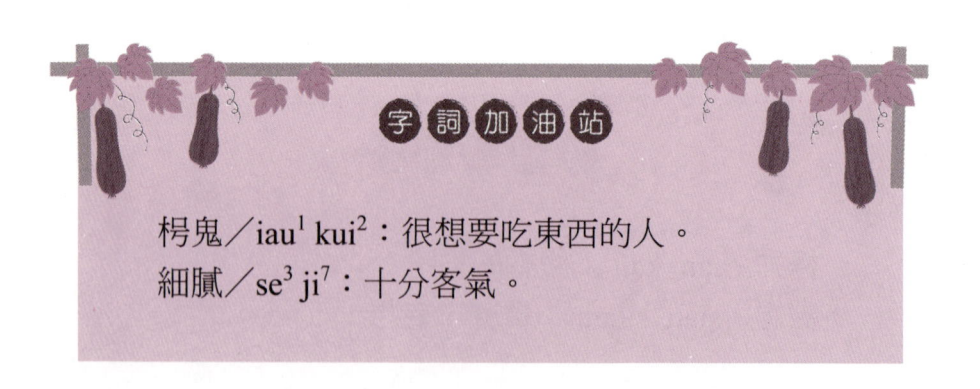

字詞加油站

枵鬼／iau¹ kui²：很想要吃東西的人。
細膩／se³ ji⁷：十分客氣。

153 歪喙雞想欲食好米

uai¹ tshui³ ke¹ siunn⁷ beh⁴ tsiah⁸ ho² bi²

涵義 (一)比喻人沒有自知之明，妄想得到自己能力之外的東西。(二)比喻人沒本事又愛挑剔。

說明 歪嘴雞天生的條件就不好，嘴巴歪歪的，必須要比其他正常的雞多花費一些時間，才能啄食到米，所以能吃飽已經很不容易，如果還挑三揀四的只吃好米，最後的下場大概只有餓死。

對應華語 不自量力、癡心妄想、癩蛤蟆想吃天鵝肉。

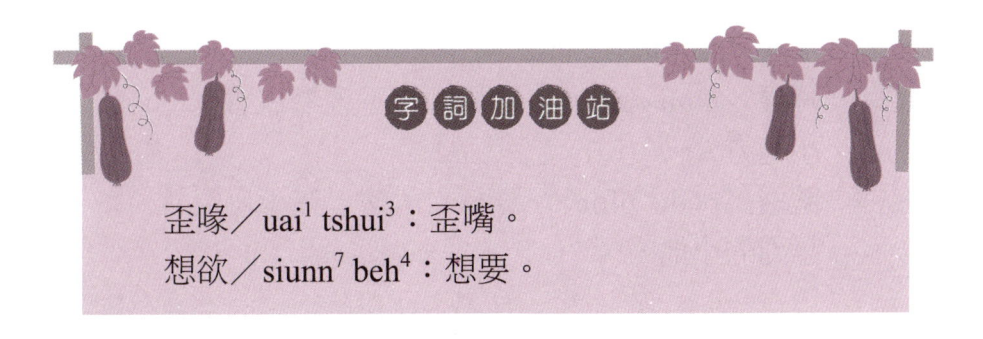

字詞加油站

歪喙／uai¹ tshui³：歪嘴。
想欲／siunn⁷ beh⁴：想要。

154 洗面洗耳邊，掃地掃壁邊

se² bin⁷ se² hinn⁷ pinn¹　sau³ te³ sau³ piah⁴ pinn¹

涵義　做事要徹底，不可以只做表面工夫。

說明　耳朵位在臉的邊緣，洗臉時常會忽略耳朵的清潔，就像一般人掃地時，只顧著打掃看得見的地方，而忽略牆角、縫隙，所以前人用這來告誡人，做事要徹底。

對應華語　小處著眼，大處著手。

字詞加油站

洗面／se² bin⁷：洗臉。
耳邊／hinn⁷ pinn¹：耳朵，指不容易注意到的小地方。
壁邊／piah⁴ pinn¹：牆壁的角落，指不容易注意到的小地方。

155 sio¹ me⁷ bo⁵ ho² tshui³　sio¹ phah⁴ bo⁵ king² ui⁷
相罵無好喙，相拍無揀位

涵義 吵架或打架時雙方已喪失理智，任何事情都做得出來。

說明 人吵架的時候已經沒有理性，什麼難聽的話都會脫口而出，打架的時候更是沒理性，整個腦袋只想打贏對方，所以出拳就打，根本不會去考慮哪些地方不可以打。

對應華語 相罵無好話。

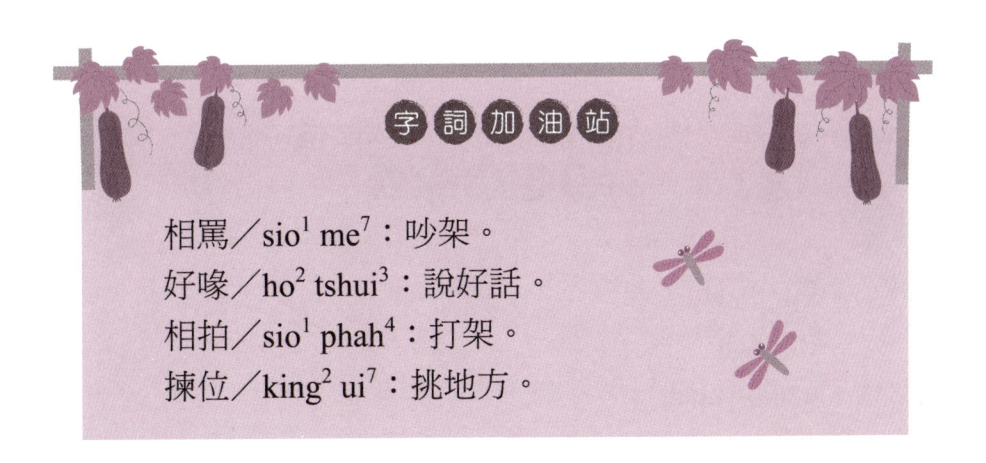

字詞加油站

相罵／sio¹ me⁷：吵架。
好喙／ho² tshui³：說好話。
相拍／sio¹ phah⁴：打架。
揀位／king² ui⁷：挑地方。

台語每日一句

156

khuann³ lang⁵ tsiah⁸ bi² hun²　　li² leh⁴ huah⁴ sio¹
看人食米粉，你咧喝燒

涵義 形容替別人瞎操心。

說明 別人吃熱騰騰的米粉，而你卻在旁邊大聲的喊燙，真是莫名其妙，這根本就不干你的事，是別人在吃米粉，又不是你在吃，怎麼比當事人還緊張，真是熱心過頭。

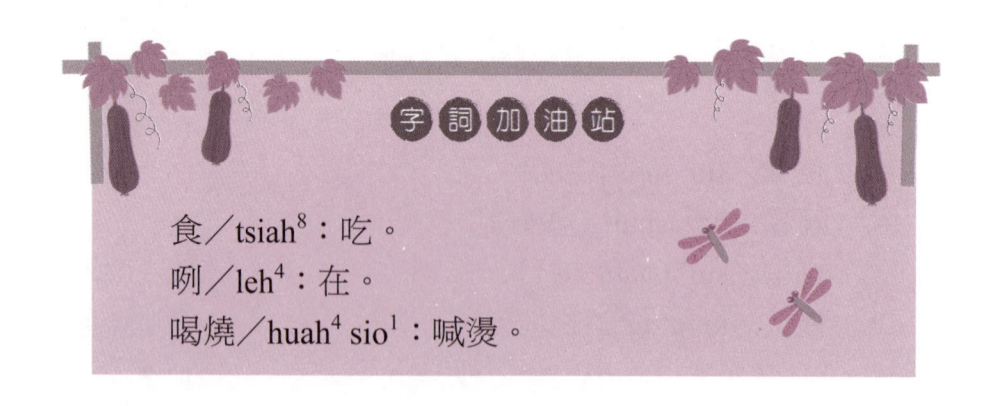

字詞加油站

食／tsiah⁸：吃。
咧／leh⁴：在。
喝燒／huah⁴ sio¹：喊燙。

157 食人一口，還人一斗

tsiah⁸ lang⁵ tsit⁸ khau²　hing⁵ lang⁵ tsit⁸ tau²

涵義 說明受人家的恩惠，不僅要牢記在心，還要加倍奉還。

說明 吃人家一口飯，卻還人家一斗飯；前者僅是「一口飯」的恩惠，而後者卻是「一斗飯」的答謝，兩相比較之下，「一斗飯」的量當然比「一口飯」來得多，所以「食人一口，還人一斗」是說人即使受了人家的小恩惠，依然要牢記在心，以便日後加倍奉還。

字詞加油站

食人一口／tsiah⁸ lang⁵ tsit⁸ khau²：吃人家一口飯。
還／hing⁵：歸還。
一斗／tsit⁸ tau²：十升。

食人頭鍾酒，講人頭句話
tsiah⁸ lang⁵ thau⁵ tsing¹ tsiu²　kong² lang⁵ thau⁵ ku³ ue⁷

涵義 形容人踰越名分或地位（為名望人士在酒宴場合最常說的話）。

說明 通常在酒宴開始之前，主人家會請政治人物或社會賢達上台致詞或敬酒，由於當天這些人物不是主角，怕鋒芒太露，所以開頭都用這句話來謙稱自己踰越名分或地位，請在場人士見諒！

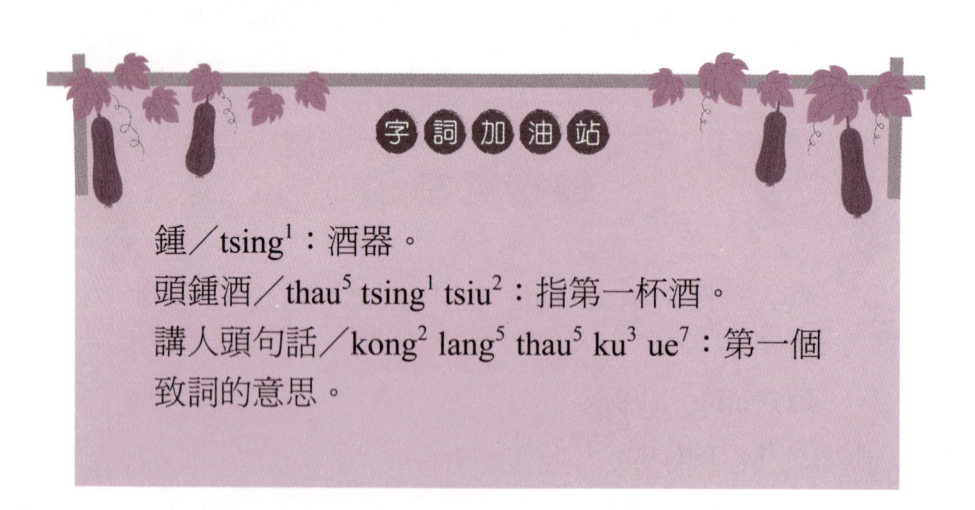

字詞加油站

鍾／tsing¹：酒器。
頭鍾酒／thau⁵ tsing¹ tsiu²：指第一杯酒。
講人頭句話／kong² lang⁵ thau⁵ ku³ ue⁷：第一個致詞的意思。

159　食甲流汗，做甲畏寒

tsiah⁸ kah⁴ lau⁵ kuann⁷　tso³ kah⁴ ui³ kuann⁵

涵義　形容人只會吃喝，卻懶於做事。

說明　吃東西吃到汗流浹背，表示很努力的吃；而做事做到怕冷，表示沒有很認真的做事；由於身體沒什麼勞動，當然不會產生熱能，所以會越做越冷。因此前人用這句話來形容人「好吃懶做」或「好逸惡勞」。

對應華語　四體不勤、好吃懶做、好逸惡勞、游手好閒、飽食終日。

字詞加油站

甲／kah⁴：到……程度。
畏寒／ui³ kuann⁵：怕冷。

台語每日一句

160 tsiah⁸ ang⁵ khi⁷ phue³ sio¹ tsiu², tshun⁵ pan⁷ si²
食紅柿配燒酒，存範死

涵義 形容人存心尋死。

說明 這是一句歇後語。由於紅柿本身含有大量的單寧，如果與酒、醋或螃蟹一起食用，就會引發胃脹、腹痛、嘔吐或瀉肚子等不舒服的症狀。某人既然知道紅柿與酒搭配吃會產生不適感，還故意這麼做，表示該人存心尋死，不想活了。

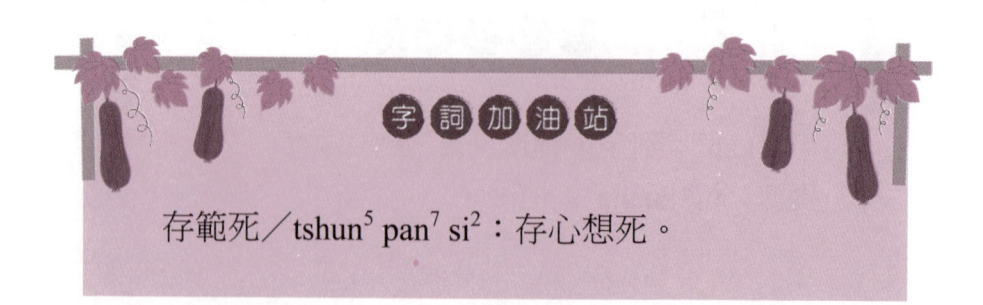

字詞加油站

存範死／tshun⁵ pan⁷ si²：存心想死。

161 tsiah⁸ png⁷ pe¹ tshing¹ khi³　tsiah⁴ be⁷ ke³ niau¹ ang¹
食飯扒清氣，才袂嫁貓翁

涵義 告誡人要將食物吃乾淨，不可浪費（含有恫嚇、嚇唬的意味）。

說明 台灣以前的生活水準不如今日，要吃一餐白米飯並不容易，所以老一輩的人深知「鋤禾日當午，汗粒禾下土。誰知盤中飧，粒粒皆辛苦」的道理，所以吃飯一定將碗裡的米飯吃得乾乾淨淨，如果看到小孩子吃不乾淨，就會用「嫁貓翁」或「娶貓某」來嚇唬他們，藉此讓他們養成「惜物」的美德。

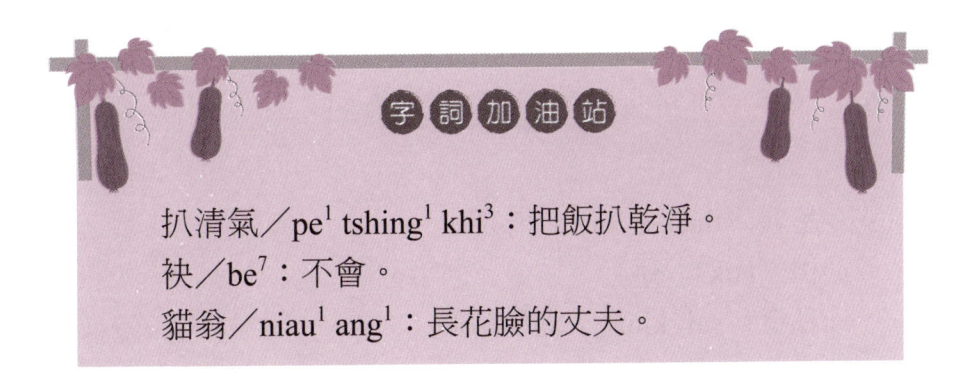

字詞加油站

扒清氣／pe¹ tshing¹ khi³：把飯扒乾淨。
袂／be⁷：不會。
貓翁／niau¹ ang¹：長花臉的丈夫。

台語每日一句

162 tsiah⁸ png⁷ tsiah⁸ a¹ tia¹　than³ tsinn⁵ tsik⁴ sai¹ khia¹
食飯食阿爹，趁錢積私奇

涵義　形容子女吃、住全靠父母，但所賺的錢皆歸自己所有。

說明　以前的農村社會，年輕人多留在家裡幫忙，沒有出外謀生，所以吃與住都是靠父母供給。由於農作物出售所掙得的錢均歸父母所有，偶爾才會給子女微薄的零用錢。為了增加自己的收入，擴展生活圈，年輕人會利用農閒時做一些代工或臨時工，以賺取私房錢。

字詞加油站

趁錢／than³ tsinn⁵：賺錢。
積／tsik⁴：存。
私奇／sai¹ khia¹：指私房錢。

163 倩人哭，無目屎

tshiann³ lang⁵ khau³　　bo⁵ bak⁸ sai²

涵義　形容請別人做事，打馬虎眼的居多，真正會盡心的少。

說明　自己心情不好，想發洩心中的情緒，於是花錢請別人來代哭。看在錢的份上，受聘的人雖然會裝出傷心的模樣，卻擠不出一滴眼淚來，因為他不能真正感受到你的情緒，而且為你哭只是看在「錢」的份上，所以根本不會盡心盡力，倒不如自己大哭一場，盡情的宣洩，或許會比較實在。

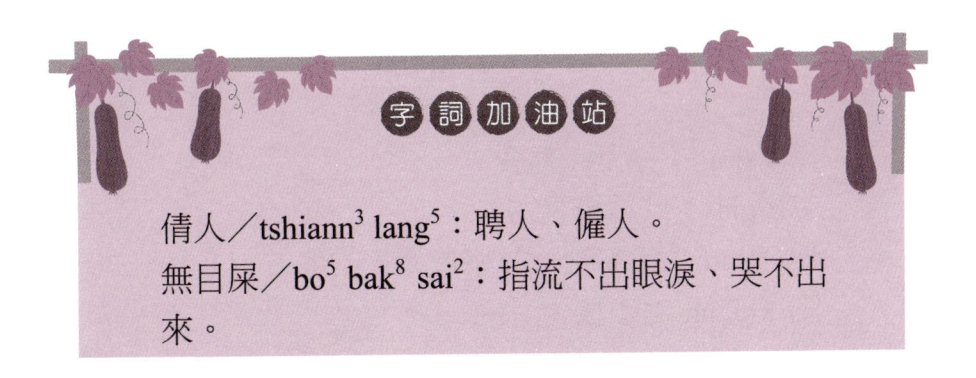

字詞加油站

倩人／tshiann³ lang⁵：聘人、僱人。
無目屎／bo⁵ bak⁸ sai²：指流不出眼淚、哭不出來。

台語每日一句

164. 倖豬夯灶，倖囝不孝
sing⁷ ti¹ gia⁵ tsau³　sing⁷ kiann² put⁴ hau³

涵義：勸人不可溺愛子女，否則日後會產生不良的後果。

說明：豬如果放縱不管，有一天連「豬灶」都會用嘴巴舉起來，破壞的體無完膚；子女如果過度溺愛，長大後一定會做出不孝順父母的事來。為了不讓子女成為日後的心頭大患，對於子女偏差的行為，絕對不可以姑息，否則總有一天會出亂子。

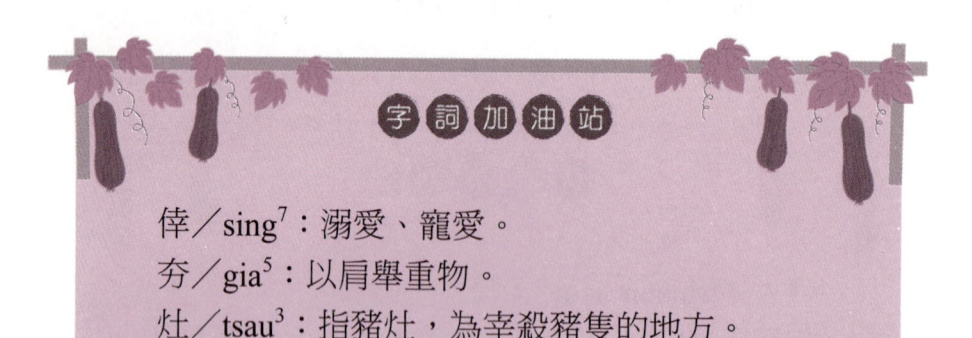

字詞加油站

倖／sing⁷：溺愛、寵愛。
夯／gia⁵：以肩舉重物。
灶／tsau³：指豬灶，為宰殺豬隻的地方。
囝／kiann²：小孩。

165. 家己栽一欉,較贏看別人

ka¹ ki⁷ tsai¹ tsit⁸ tsang⁵　khah⁴ iann⁵ khuann³ pat⁸ lang⁵

涵義　人應該自力更生,不要仰賴他人施捨。

說明　自己家裡栽種花草與蔬果,可以盡情地欣賞與食用,比起到人家家裡去乞求施捨、看別人的臉色好多了,所以求人不如求己,只要能自力更生,即使別人家裡有栽種幾百「欉」,我們也不用去乞求他人施捨。

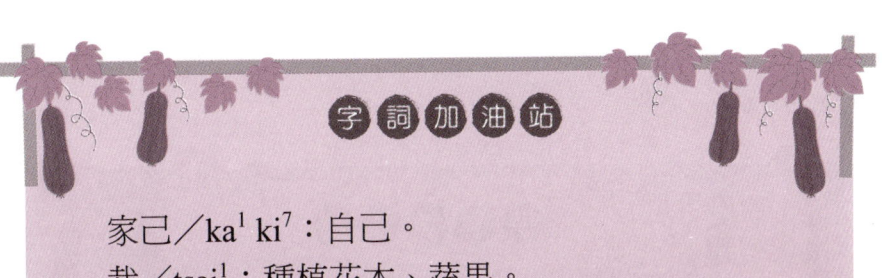

字詞加油站

家己／ka¹ ki⁷:自己。
栽／tsai¹:種植花木、蔬果。
欉／tsang⁵:植物的計量單位,相當於「株」、「棵」。
較贏／khah⁴ iann⁵:勝過。
看別人／khuann³ pat⁸ lang⁵:看人家的臉色。

台語每日一句

166. 家己睏桌跤，煩惱別人厝漏
ka¹ ki⁷ khun³ toh⁴ kha¹, huan⁵ lo² pat⁸ lang⁵ tshu³ lau⁷

涵義：形容自己的處境都有困難了，還操心別人家裡的事情。

說明：自己都沒有屋子可住，要睡在桌子底下避風擋雨，此刻不替自己操心，反而擔心別人家漏水的事。自己的處境都有問題了，還去操心別人家裡的事情，未免太多管閒事了吧！

字詞加油站

家己／ka¹ ki⁷：自己。
睏／khun³：睡覺。
桌跤／toh⁴ kha¹：桌面下。
漏／lau⁷：指滴水。

167. ka¹ ho⁵ ban⁷ su⁷ hing¹，ka¹ tsha² ban⁷ se³ king⁵
家和萬事興，家吵萬世窮

涵義 形容家庭和睦、團結一心的重要。

說明 家庭如果和睦、互敬互愛，各安其位，各司其職，萬事都會興旺起來，若整天吵吵鬧鬧，不但大家沒有心情做事，也不想多待在家裡一刻，這樣的家怎能興旺起來呢？

對應華語 家和萬事興、家和萬事成。

字詞加油站

和／ho⁵：和睦。
萬事／ban⁷ su⁷：所有的事。
興／hing¹：發展、興旺。
萬世／ban⁷ se³：世世代代，即時間久遠的意思。

台語每日一句

168 tshe¹ ti¹ tshe¹ kau² put⁴ ju⁵ ka¹ ki⁷ tsau²
差豬差狗，不如家己走

涵義 差遣人去做事，還不如自己來做。（多用在父母對兒女或老闆對員工方面）

說明 使喚人家做事，對方多少會打馬虎眼，不會比自己動手做來得細心、認真，而且有時候要使喚很久才願意去做，既然如此，倒不如自己去做，不但做得快，也安心些。

對應華語 求人不如求己。

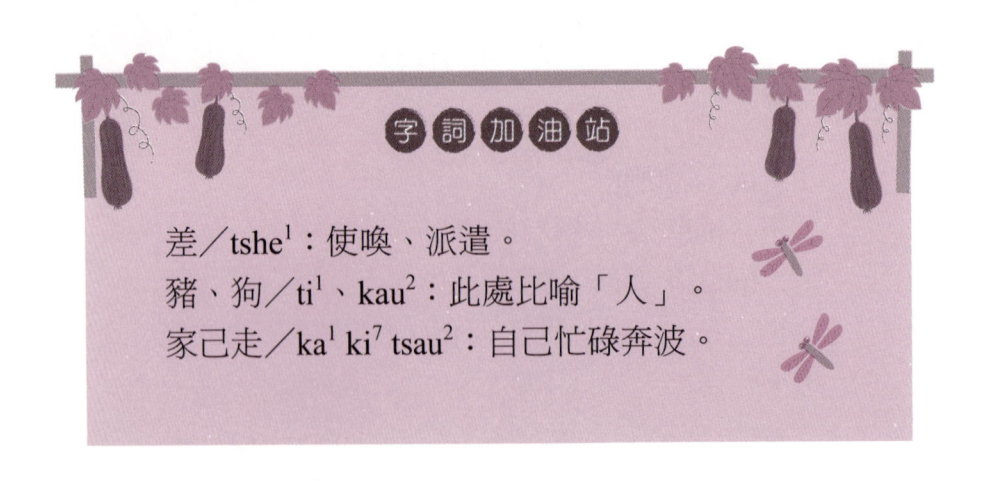

字詞加油站

差／tshe¹：使喚、派遣。
豬、狗／ti¹、kau²：此處比喻「人」。
家己走／ka¹ ki⁷ tsau²：自己忙碌奔波。

169 恩主公啉燒酒，看袂出來

un¹ tsu² kong¹ lim¹ sio¹ tsiu² khuann³ be⁷ tshut⁴ lai⁰

涵義 指令人摸不清底細。

說明 一般人飲酒到了一個程度後，臉色便會泛紅；關公因為臉本來就是紅的，即使喝再多的酒，也看不出來他有喝過酒，所以前人就用這句歇後語來形容一個人的行事或作風，令人摸不清底細。

對應華語 摸不清底細。

字詞加油站

恩主公／un¹ tsu² kong¹：關公。
啉燒酒／lim¹ sio¹ tsiu²：飲酒。
看袂出來／khuann³ be⁷ tshut⁴ lai⁰：看不出來。

台語每日一句

170 ngeh⁴ pat⁸ lang⁵ e⁵ bah⁴ tshi⁷ ta¹ ke¹
挾 別 人 的 肉 飼 大 家

涵義 意謂用別人的東西來做人情。

說明 這是一句淺顯的諺語。挾別人的東西來奉養自己的婆婆，就好比拿別人送的花來轉贈他人一樣，都只是做個順水人情罷了。

對應華語 順水人情、借花獻佛、慷他人之慨。

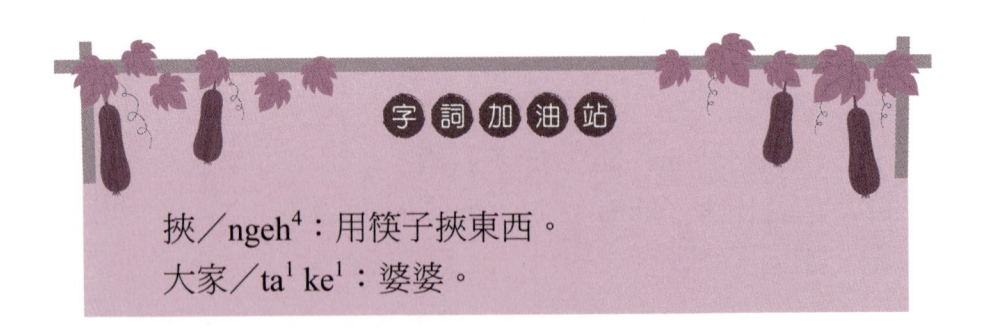

字詞加油站

挾／ngeh⁴：用筷子挾東西。
大家／ta¹ ke¹：婆婆。

時到時擔當，無米煮番薯箍湯

si⁵ kau³ si⁵ tam¹ tng¹　bo⁵ bi² tsu² han¹ tsi⁵ khoo¹ thng¹

涵義　形容事情發生時再看著辦，如果不能完善解決，再想替代的辦法。

說明　「時到時擔當，無米煮番薯箍湯」是說事情發生時再看著辦，如果沒有白米煮飯，就煮地瓜來吃。當人們面對不可知的情勢，尚未想到因應辦法時，就會說這兩句話來降低自己的恐懼感。

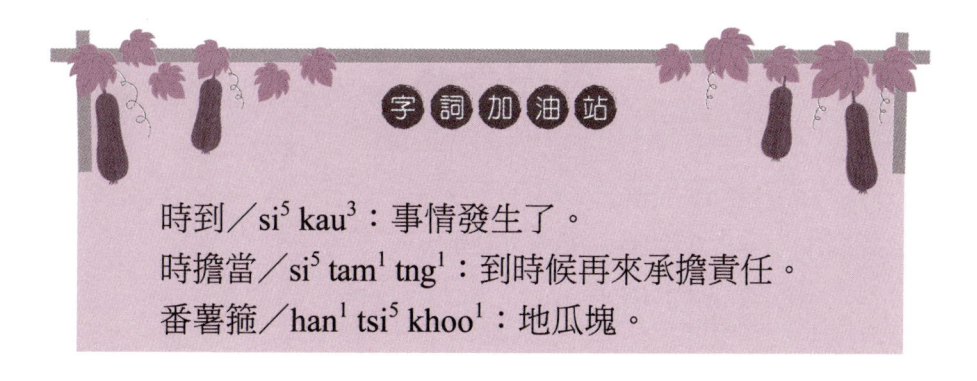

字詞加油站

時到／si⁵ kau³：事情發生了。
時擔當／si⁵ tam¹ tng¹：到時候再來承擔責任。
番薯箍／han¹ tsi⁵ khoo¹：地瓜塊。

台語每日一句

172. toh⁴ ting² ni¹ kam¹
桌頂拈柑

涵義 形容事情非常容易、輕而易舉便可完成。

說明 「桌頂拈柑」是說如同自桌上拈起橘子那麼簡單。柑橘放在小桌子上，想吃的時候，隨手拈起便能食用，這是輕而易舉的事。這句話主要在表達事情簡單、容易，不難完成。

對應華語 反掌折枝、以湯沃雪、易如反掌、探囊取物、唾手可得、輕而易舉、甕中捉鱉。

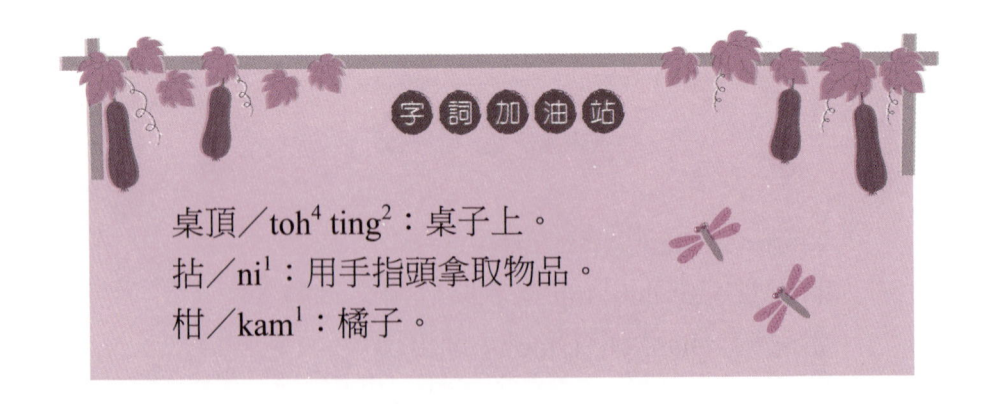

字詞加油站

桌頂／toh⁴ ting²：桌子上。
拈／ni¹：用手指頭拿取物品。
柑／kam¹：橘子。

173 桌頂食飯，桌跤講話

toh⁴ ting² tsiah⁸ png⁷　　toh⁴ kha¹ kong² ue⁷

涵義 形容某人受他人的好處，暗中卻說人家的是非。

說明 這是一句淺顯的諺語，意思是說在桌上讓人家請客，下了桌之後，不但不感謝人家盛情的招待，還到處說人家的「背後話」，因此前人用整句話來形容某人受了人家的好處，不但不知感謝，還做出忘恩負義的事來。

對應華語 過河拆橋、恩將仇報、兔死狗烹。

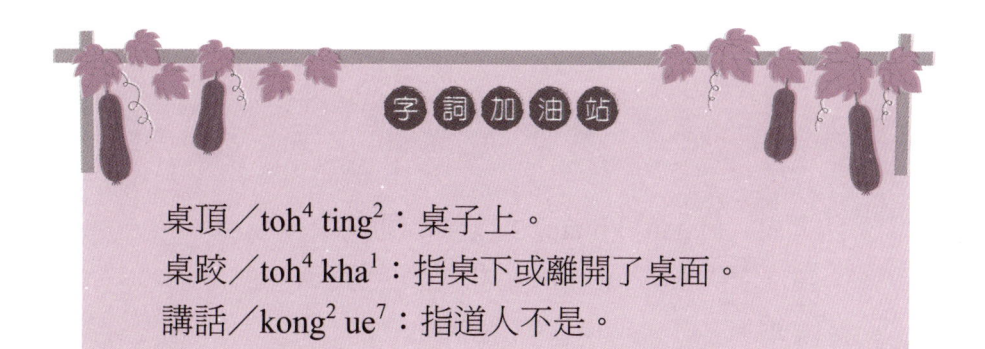

字詞加油站

桌頂／toh⁴ ting²：桌子上。
桌跤／toh⁴ kha¹：指桌下或離開了桌面。
講話／kong² ue⁷：指道人不是。

174

海水闊闊，船頭船尾也會相拄著

hai² tsui² khuah⁴ khuah⁴　tsun⁵ thau⁵ tsun⁵ bue² ia⁷ e⁷ sio¹ tu² tioh⁰

涵義　形容世界雖大，冤家還是有碰頭的時候。

說明　「海水闊闊」在此比喻為天地雖大、世界雖大，而「船頭船尾」則比喻為冤家。這句話的原意是說海平面雖然廣大，但是船隻出海捕魚，偶爾也會在浩瀚的海面遇到其他的船隻，因此整句話用來形容世界雖大，冤家還是會聚頭。

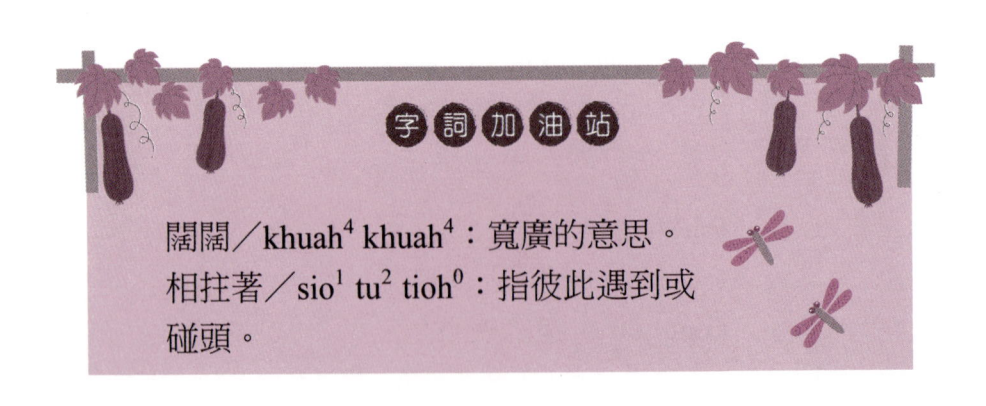

字詞加油站

闊闊／khuah⁴ khuah⁴：寬廣的意思。
相拄著／sio¹ tu² tioh⁰：指彼此遇到或碰頭。

175 oo¹ kan¹ a² te² tau⁷ iu⁵　bo⁵ te³ khuann³
烏矸仔貯豆油，無地看

涵義 形容外表看起來平凡的人，竟然是一位深藏不露的高人。

說明 醬油是黑色的，裝在黑色的玻璃瓶內，是無法看出瓶子裡裝了多少醬油。人也是一樣，光看外表無法知道對方是否有能力、有才華，因為有些人外表粗獷，卻粗中帶細；有些男子貌如婦人，但卻是頂天立地的大丈夫，像「漢初三傑」的張良便是。如果僅憑第一眼的印象，就對人產生先入為主的偏見，根本無法發覺真正具有長才的人。

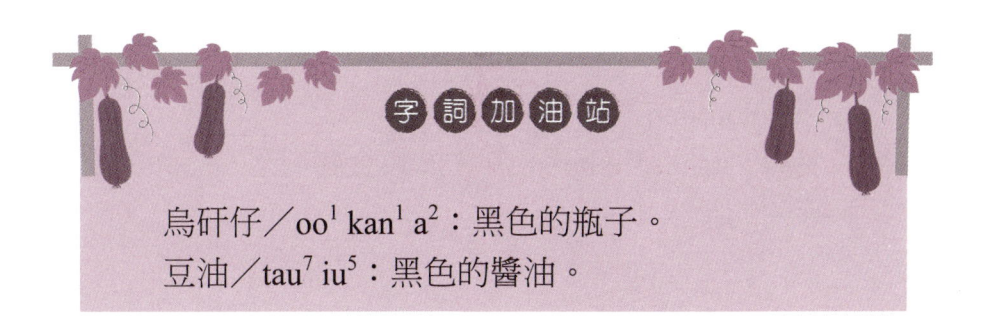

字詞加油站

烏矸仔／oo¹ kan¹ a²：黑色的瓶子。
豆油／tau⁷ iu⁵：黑色的醬油。

台語每日一句

176 phua³ sim¹ kuann¹ hoo⁷ lang⁵ tsiah⁸　iau² hiam⁵ tshau³ tsho¹
破心肝予人食，猶嫌臭臊

涵義 形容誠心待人，卻還被人嫌棄。

說明 心肝是一個人的重要器官，沒了就會一命嗚呼。「破心肝予人食」表示真心真意去對待一個人，即使要犧牲自己的性命也沒關係；既已做到要「破心肝予人食」的地步，沒想到人家還嫌你的心肝「臭臊」，不領情，真是不值得！

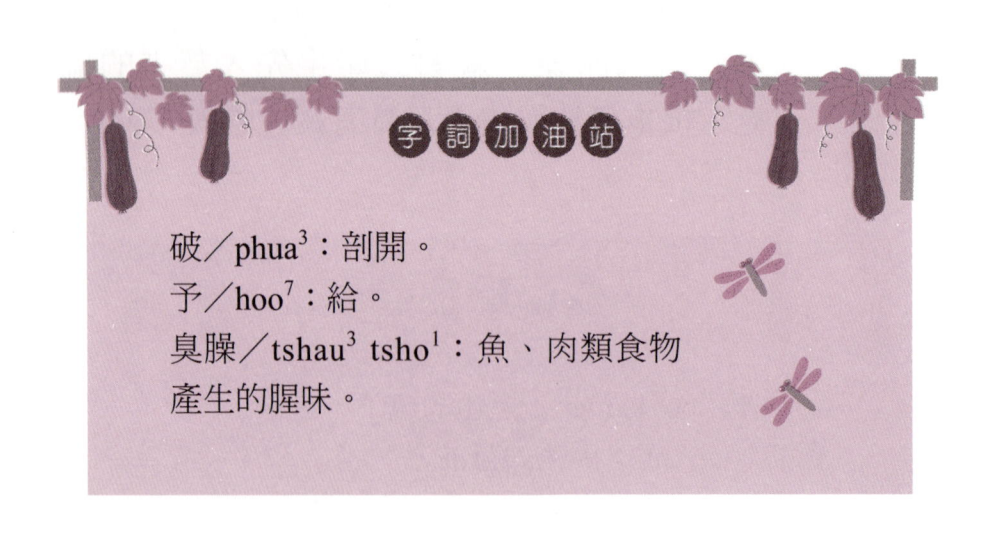

字詞加油站

破／phua³：剖開。
予／hoo⁷：給。
臭臊／tshau³ tsho¹：魚、肉類食物產生的腥味。

177 ang¹ sing¹ boo² tuann³　me⁵ jit⁸ sio¹ khuann³
翁生某旦，暝日相看

涵義　形容新郎與新娘「郎才女貌」，每天恩恩愛愛。（現在多用於新婚的祝賀詞）

說明　俊男美女的夫妻檔通常被稱為「翁生某旦」，由於男的長得俊俏，女的長得漂亮，即使每天對看，也是百看不厭，所以整句話用來形容男的俊，女的俏，夫妻感情恩恩愛愛。

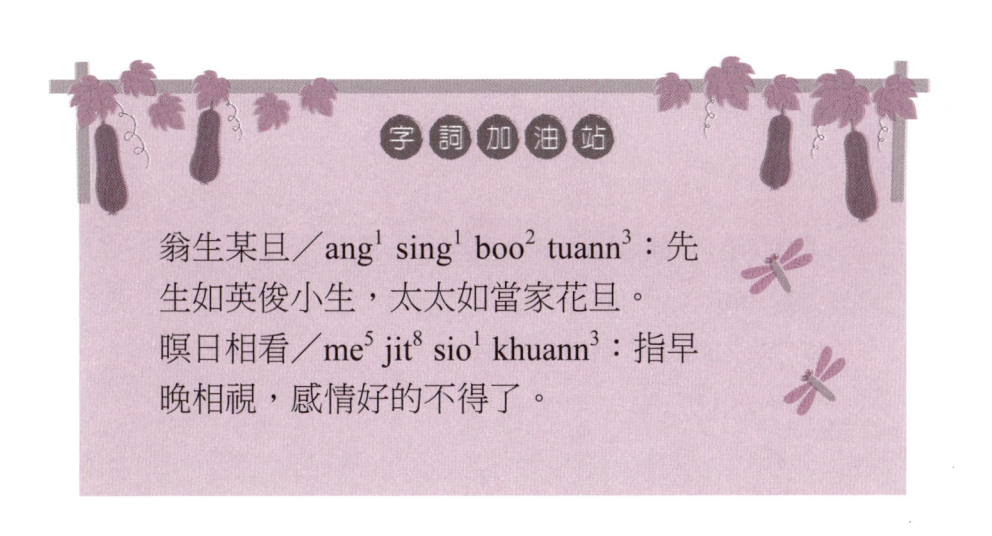

字詞加油站

翁生某旦／ang¹ sing¹ boo² tuann³：先生如英俊小生，太太如當家花旦。

暝日相看／me⁵ jit⁸ sio¹ khuann³：指早晚相視，感情好的不得了。

台語每日一句

178 tshau³ hinn⁷ lang⁵ ang¹　　tshenn¹ me⁵ boo²
臭耳聾翁，青盲某

涵義　形容夫妻要和睦相處，必須包容對方的缺點，有時要裝聾作啞，視而不見。

說明　「臭耳聾翁，青盲某」不是說夫聾妻瞎，而是說婚後丈夫要像聾子，對妻子的嘮叨「充耳不聞」，罵不回嘴，打不生氣；而做妻子的，要像眼盲一樣，對丈夫的外在行為「視若無睹」，睜一隻眼，閉一隻眼。

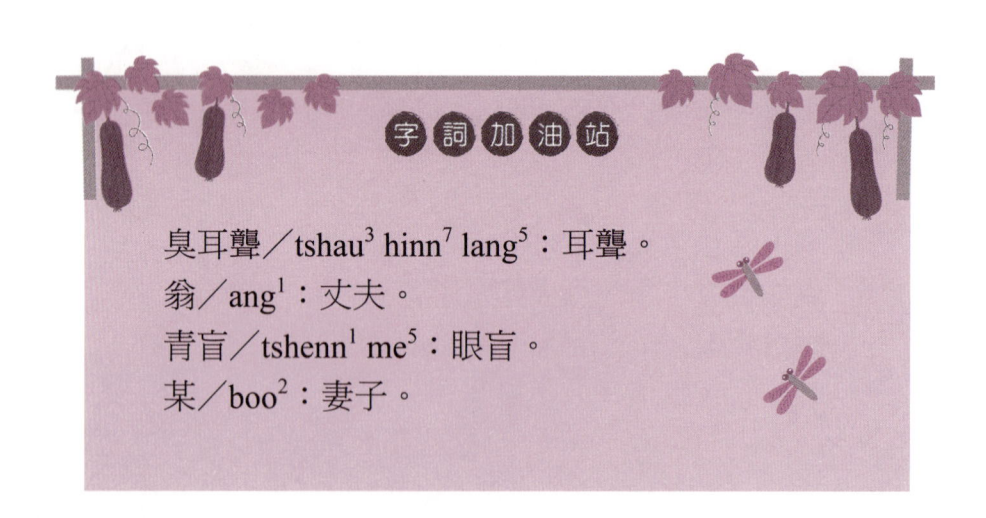

字詞加油站

臭耳聾／tshau³ hinn⁷ lang⁵：耳聾。
翁／ang¹：丈夫。
青盲／tshenn¹ me⁵：眼盲。
某／boo²：妻子。

179 草蜢仔弄雞公

tshau² meh⁴ a² lang⁷ ke¹ kang¹

涵義 形容弱者向強者挑釁，等於自尋死路。

說明 草蜢是雞隻最喜歡吃的美食，所以「草蜢仔弄雞公」的下場當然是必死無疑，因為美食自己送上門來，公雞哪有放過的道理。由於草蜢在諺語中是屬於弱者，公雞是屬於強者，弱者公然向強者挑釁，下場當然和「飛蛾撲火」一樣，必死無疑。

對應華語 自投羅網、自尋死路、飛蛾撲火。

字詞加油站

草蜢仔／tshau² meh⁴ a²：指蚱蜢。
弄／lang⁷：戲弄。
雞公／ke¹ kang¹：指公雞。

台語每日一句

180. 袂生牽拖厝邊
be⁷ senn¹ khan¹ thua¹ tshu³ pinn¹

涵義　形容自己做不好，不知道自我檢討，只會一味的怪罪別人。

說明　「袂生牽拖厝邊」是說自己不能生育，卻把所有的原因推到鄰居身上。有些人事情做不好，從來不會檢討自己，只會一味地怪罪別人，說是別人害的，這就是「袂生牽拖厝邊」。

對應華語　怨天尤人、怨天怨地、埋天怨地。

字詞加油站

袂生／be⁷ senn¹：無法生育。
牽拖／khan¹ thua¹：責怪、委過於人。
厝邊／tshu³ pinn¹：鄰居。

181

be⁷ hiau² thi³ thau⁵　　tu² tioh⁸ hoo⁵ tshiu¹
袂曉剃頭，拄著鬍鬚

涵義　形容某人的經驗不足，或從未做過某件事，但第一次從事就碰到了大難題。

說明　理髮技術不純熟或不會理髮的人，第一次操刀就遇上大鬍子，這下子不但要幫他理髮，還要修整鬍鬚，可難為了這個「袂曉剃頭」的人，整句話用來指人的經驗不足，或從來沒有做過某件事，但第一次接觸就碰上了大麻煩。

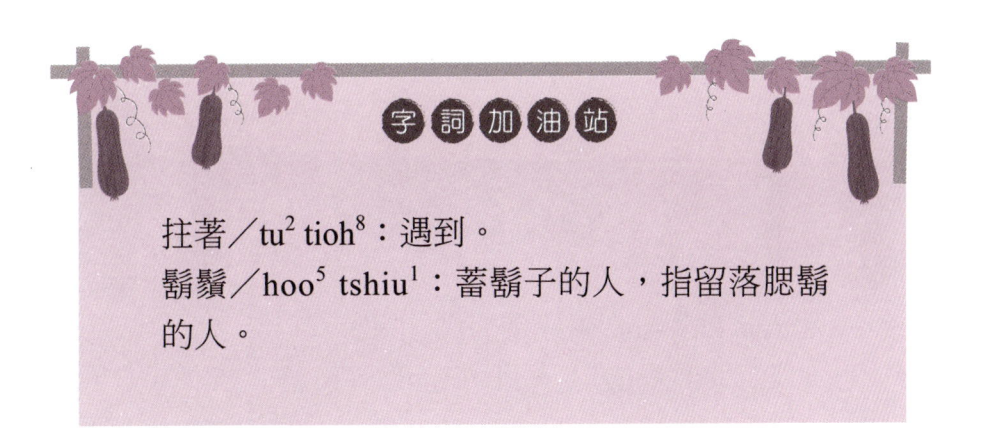

字詞加油站

拄著／tu² tioh⁸：遇到。
鬍鬚／hoo⁵ tshiu¹：蓄鬍子的人，指留落腮鬍的人。

台語每日一句

182. 起厝無閒一冬，娶某無閒一工，娶細姨無閒一世人

khi² tshu³ bo⁵ ing⁵ tsit⁸ tang¹, tshua⁷ boo² bo⁵ ing⁵ tsit⁸ kang¹, tshua⁷ se³ i⁵ bo⁵ ing⁵ tsit⁸ si³ lang⁵

涵義　多用來奉勸男人不要討小老婆。

說明　以前的房子比較簡陋，花個一年半載就可以建造完成；娶老婆從相親、合八字、擇日、訂婚到迎娶，雖然不只有忙碌一天，但真正比較累人的也只有結婚當天；男人討小老婆，兩女共侍一夫，大多會因爭寵而鬧得雞犬不寧，而丈夫不時要充當和事佬，當然得忙碌一輩子囉！

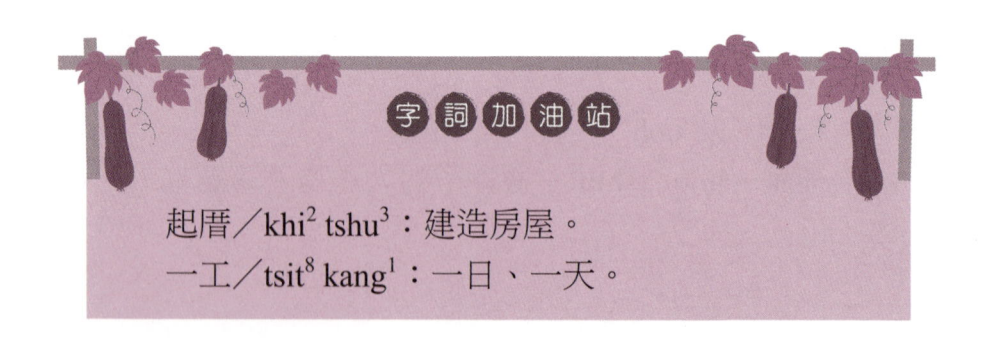

字詞加油站

起厝／khi² tshu³：建造房屋。
一工／tsit⁸ kang¹：一日、一天。

183
khi² lui⁵ kong¹ sing³ te⁷
起雷公性地

涵義 形容人大發脾氣，並且大聲斥責他人。

說明 打雷的時候，雷聲大作，震耳欲聾，好像雷公發怒、大聲斥責一樣，於是前人便將這種自然景象視為「雷公起性地」，也就是說雷公動怒，發起了脾氣。「起雷公性地」是說某人發起「雷公」般的脾氣，用來形容人怒不可遏，並且大聲斥責他人。

對應華語 暴跳如雷、大發雷霆、火冒三丈。

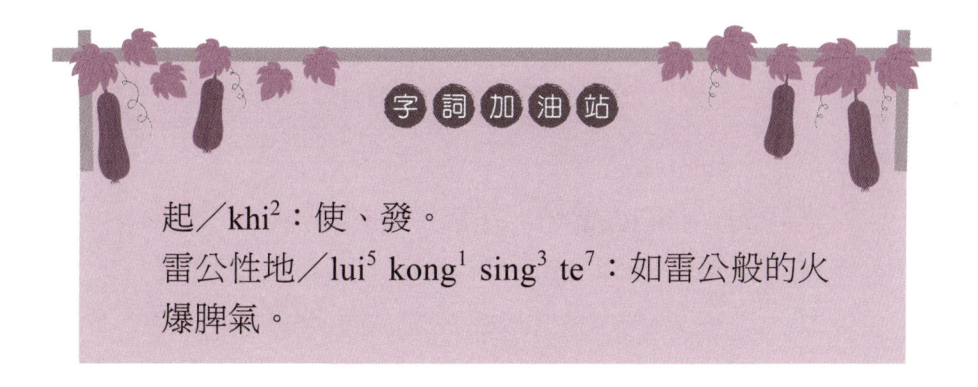

字詞加油站

起／khi²：使、發。
雷公性地／lui⁵ kong¹ sing³ te⁷：如雷公般的火爆脾氣。

台語每日一句

184 sang³ ke³ e⁰　khah⁴ sui² sin¹ niu⁵
送嫁的較婿新娘

涵義　陪襯的人太出色，蓋過主人的丰采。

說明　新娘結婚當天，主角是新娘，沒想到伴娘的美貌勝過新娘，更吸引現場來賓的注意，新娘的光采都被她搶走了，全句用來形容人反客為主或喧賓奪主。

字詞加油站

送嫁的／sang³ ke³ e⁰：指陪嫁的伴娘。
較婿新娘／khah⁴ sui² sin¹ niu⁵：比新娘子更漂亮。

185 做一擺媒人，較好食三年清齋
tso³ tsit⁸ pai² mue⁵ lang⁵　khah⁴ ho² tsiah⁸ sann¹ ni⁵ tshing¹ tsai³

涵義　居間促成一樁好事或一對好姻緣，功德無量。

說明　依據民間的說法，吃清齋可以為自己積陰德（此乃因吃齋沒有殺生所致），而吃三年清齋表示積了不少陰德；媒人婆幫未婚男女牽紅線，促成一對好姻緣，這是好事一樁，功德無量，當然好過於吃三年的清齋。

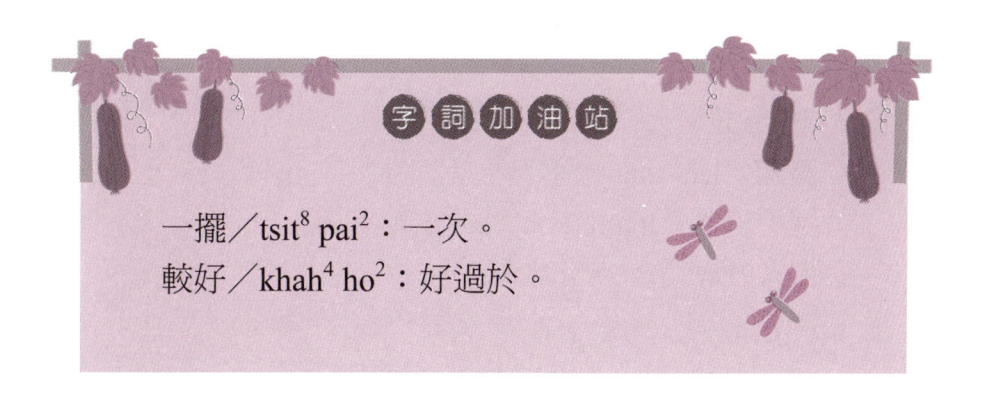

字詞加油站

一擺／tsit⁸ pai²：一次。
較好／khah⁴ ho²：好過於。

186

tso³ kah⁴ lau⁵ kuann⁷　hoo⁷ lang⁵ hiam⁵ kah⁴ lau⁵ nua⁷
做甲流汗，予人嫌甲流瀾

涵義 形容人勞心勞力地做事，卻沒有人說一句誇獎或安慰的話，反而將他批評的一無是處。

說明 「做甲流汗」是指認真做事，連汗水都流出來了；「嫌甲流瀾」不是真的流出口水，而是比喻嫌得嘴角都是口沫，也就是批評得一無是處。既然做事這麼認真還被批評得一無是處，那真是做了「吃力不討好」的事情。

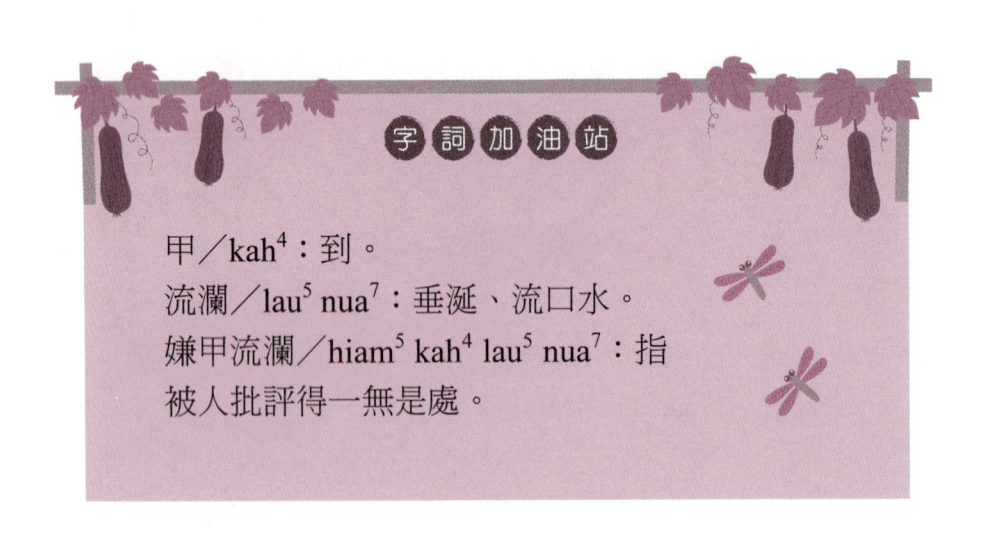

字詞加油站

甲╱kah⁴：到。
流瀾╱lau⁵ nua⁷：垂涎、流口水。
嫌甲流瀾╱hiam⁵ kah⁴ lau⁵ nua⁷：指被人批評得一無是處。

187 做官騙厝內，做生理騙熟似

tso³ kuann¹ phian³ tshu³ lai⁷　tso³ sing¹ li² phian³ sik⁸ sai⁷

涵義 勸人不可過度信任熟人，以免吃虧上當。

說明 當官的為了國家安全，不會洩露國家機密給家人知道，甚至編謊話來騙他們。生意人主要目的是賺錢，很多人以為跟熟悉的人買東西可以揀便宜，真是大錯特錯，因為他們經常會買到比市價更貴的東西，不知不覺中就被生意人的「三寸不爛之舌」給騙了。

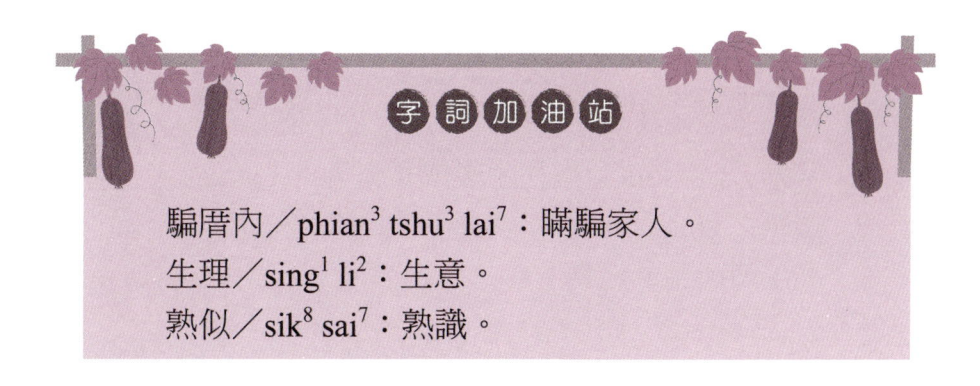

字詞加油站

騙厝內／phian³ tshu³ lai⁷：瞞騙家人。
生理／sing¹ li²：生意。
熟似／sik⁸ sai⁷：熟識。

台語每日一句

188 做鬼搶無銀紙
tso³ kui² tshiunn² bo⁵ gin⁵ tsua²

涵義 勸人做事要眼明手快，行事要果斷。

說明 銀紙是陽間祭拜祖先或鬼魂所用的紙錢，相傳焚化後會成為陰間通用的貨幣。由於這些錢是由陽間飄入陰間，鬼魂為了取得零用錢花用，無不爭先恐後地搶成一片，動作慢的鬼魂當然搶不到紙錢。前人說這句話，主要奉勸人做事要眼明手快，行事要果斷，否則「良機」將被人搶走。

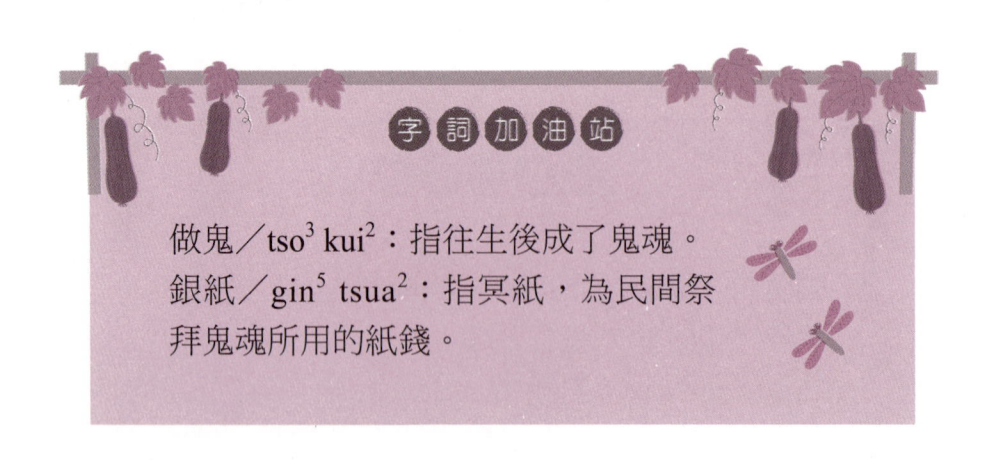

字詞加油站

做鬼／tso³ kui²：指往生後成了鬼魂。
銀紙／gin⁵ tsua²：指冥紙，為民間祭拜鬼魂所用的紙錢。

189 做媒人無包生囝

tso³ mue⁵ lang⁵ bo⁵ pau¹ senn¹ kiann²

涵義 說明事情不能保證一定會達到滿意的程度。

說明 媒人婆的責任是幫未婚男女牽紅線，撮合好姻緣，男女婚後是不是會生小孩，傳宗接代？這不是媒人婆所能打包票的。因此當一個人被要求保證某事一定會如何時，可以用「做媒人無包生囝」來回答對方，意思是說不能保證事情一定會達到滿意的程度。

對應華語 師父領進門，修行在各人。

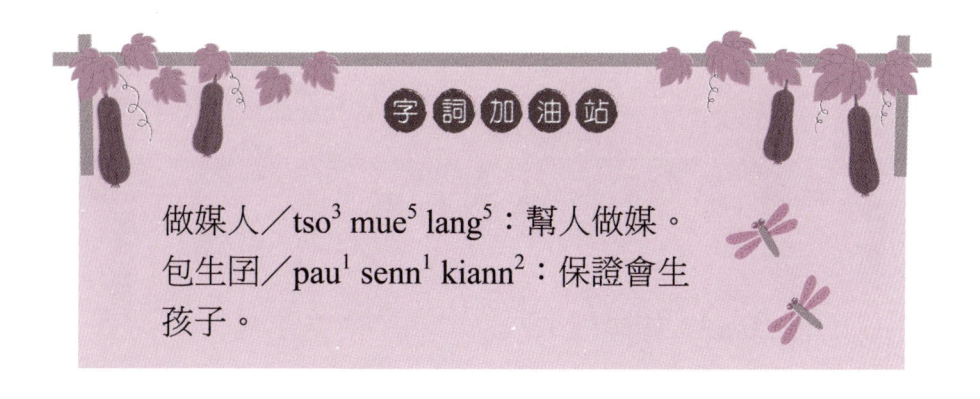

字詞加油站

做媒人／tso³ mue⁵ lang⁵：幫人做媒。
包生囝／pau¹ senn¹ kiann²：保證會生孩子。

190 做龜無尾，做鹿無角

tso³ ku¹ bo⁵ bue² tso³ lok⁸ bo⁵ kak⁴

涵義 意謂人做什麼事都不像個樣子，沒有任何成就可言。

說明 烏龜的尾巴雖然短，但還是有尾巴，如果沒有尾巴就不像烏龜；鹿一定會長角，除非被人鋸掉，如果天生沒有長鹿角就不像鹿了。「做龜無尾，做鹿無角」是說做烏龜卻沒有長尾巴，做鹿卻沒有長角，用來形容做什麼不像什麼，高不成，低不就，毫無成就可言。

對應華語 高低不就、高不成，低不就。

字詞加油站

尾／bue²：指尾巴。

191 娶某大姊坐金交椅

tshua⁷ boo² tua⁷ tsi² tse⁷ kim¹ kau¹ i²

涵義 形容老妻少夫的婚姻，生活比較美滿。

說明 這句話是媒人為了撮合女大男小的婚姻，常用的推銷詞。年紀比丈夫大的女人，因為歷練較多，思想也比較成熟，所以懂得如何去照顧丈夫，讓丈夫過更舒適的生活。

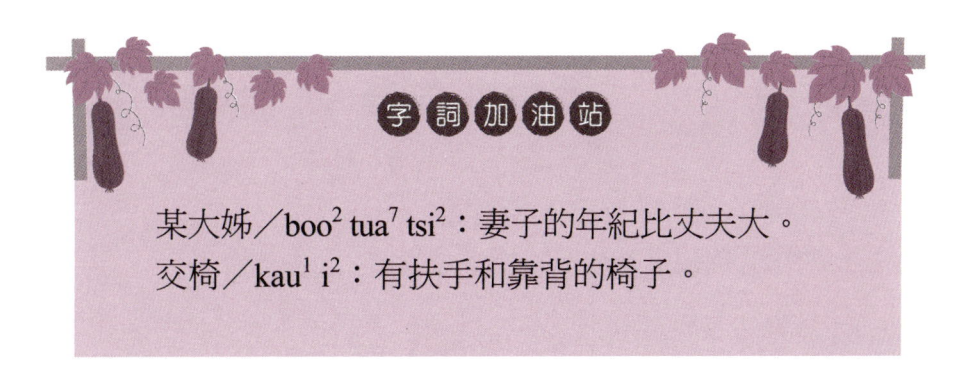

字詞加油站

某大姊／boo² tua⁷ tsi²：妻子的年紀比丈夫大。
交椅／kau¹ i²：有扶手和靠背的椅子。

192 tshua⁷ boo² tsing⁵　senn¹ kiann² au⁷
娶某前，生囝後

涵義 戲稱男人在接近婚期或初為人父時，運氣特別昌旺。

說明 民間盛傳，男人即將結婚或老婆剛生第一胎時，運氣最旺，此時賭博會贏，升遷有望，隨便買個彩券都會中獎，之所以會如此，可能是這段期間的喜氣較重，所以會替即將為人夫與初為人父者帶來好運。

對應華語 鴻運當頭、福星高照、時來運轉。

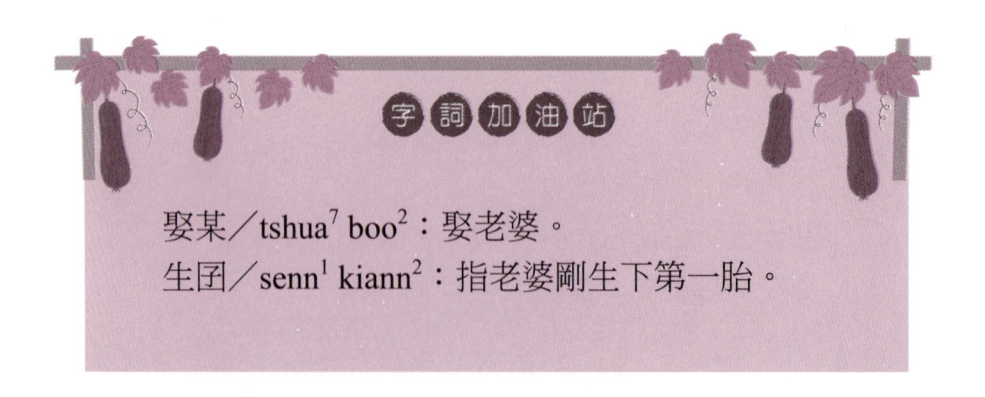

字詞加油站

娶某／tshua⁷ boo²：娶老婆。
生囝／senn¹ kiann²：指老婆剛生下第一胎。

193 tshua⁷ boo² ai³ khuann³ niu⁵ le²
娶 某 愛 看 娘 嬭

涵義 形容做任何事都要小心，並慎重選擇，才不會吃虧上當。

說明 娶媳婦時男方都希望選擇好女德的對象，但是以前的社會較封閉，女孩子多待在家裡，很難從左鄰右舍探聽到關於女孩子的事情，所以只好觀察她的母親，從她母親的一言一行來推測女兒的品德、個性，雖不近，亦不遠矣。

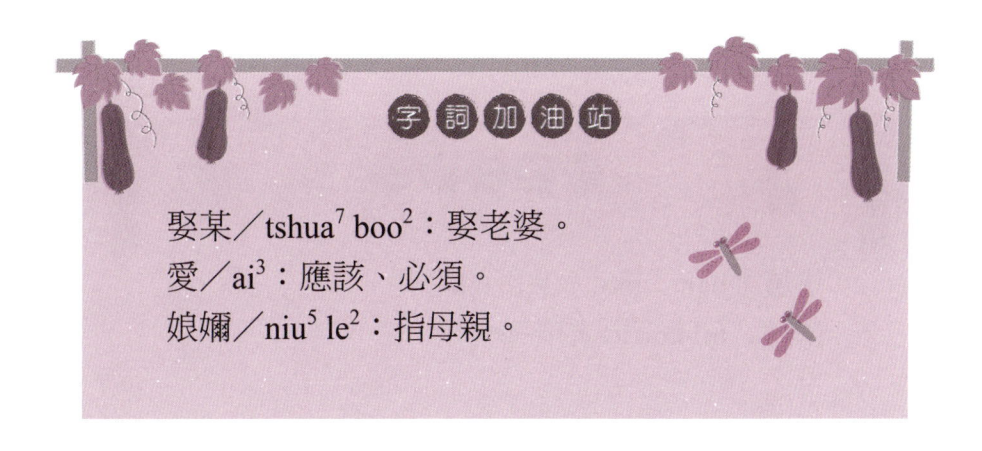

字詞加油站

娶某／tshua⁷ boo²：娶老婆。
愛／ai³：應該、必須。
娘嬭／niu⁵ le²：指母親。

台語每日一句

194 娶著歹某，較慘三代無烘爐，四代無茶鈷

tshua⁷ tioh⁸ phainn² boo²　khah⁴ tsham² sann¹ tai⁷ bo⁵ hang¹ loo⁵　si³ tai⁷ bo⁵ te⁵ koo²

涵義 說明娶到不適宜的妻子，將會悽慘兮兮。

說明 「三代無烘爐，四代無茶鈷」是比喻一連好幾代都過著貧窮的生活。男人要是娶到不適合的老婆，不但不會幫忙持家，還成天往外跑，而且三天一小吵，五天一大吵，搞得雞犬不寧，絕對比貧窮好幾代還要痛苦，所以婚姻大事，絕對不可兒戲。

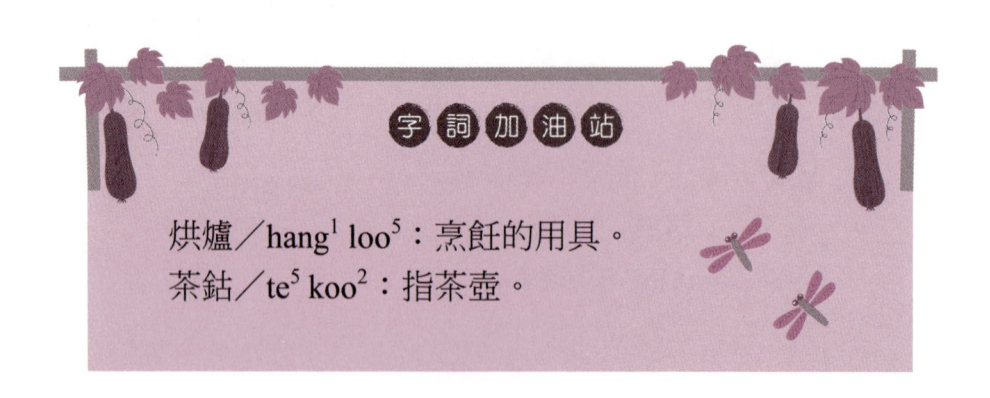

字詞加油站

烘爐／hang¹ loo⁵：烹飪的用具。
茶鈷／te⁵ koo²：指茶壺。

195 娶著好某，較好三个天公祖

tshua⁷ tioh⁸ ho² boo² khah⁴ ho² sann¹ e⁵ thinn¹ kong¹ tsoo²

涵義　說明娶妻將關係到自己的未來，不可不慎。

說明　男人娶到一位賢慧的老婆，不但會相夫教子，幫忙持家，還可以讓先生毫無後顧之憂的打拚事業，這是最幸福不過的事，遠比有三個玉皇大帝的保佑還要好，所以婚姻大事關係到自己的未來，一定要慎重、小心。

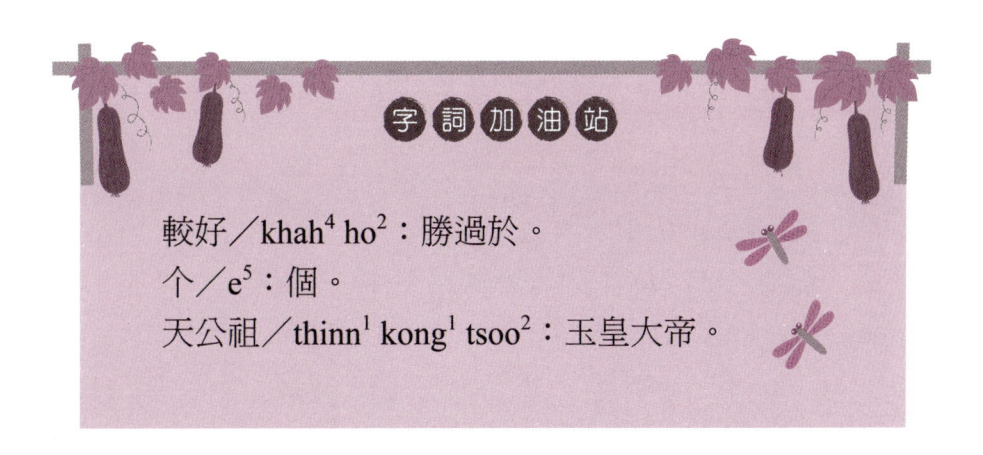

字詞加油站

較好／khah⁴ ho²：勝過於。
个／e⁵：個。
天公祖／thinn¹ kong¹ tsoo²：玉皇大帝。

196. 寄錢會減，寄話會加
kia³ tsinn⁵ e⁷ kiam² kia³ ue⁷ e⁷ ke¹

涵義 喻人說話喜歡加油添醋。

說明 本諺語的重點在後面一句。請人家帶錢去給某人，錢只會少不會多；但請人家代為傳話，內容只會多不會少，因為帶錢的人可能會偷藏一些錢，沒有全數拿出來給人；至於傳話的人，則會加油添醋，自己加一些內容，所以說：「寄話會加」。

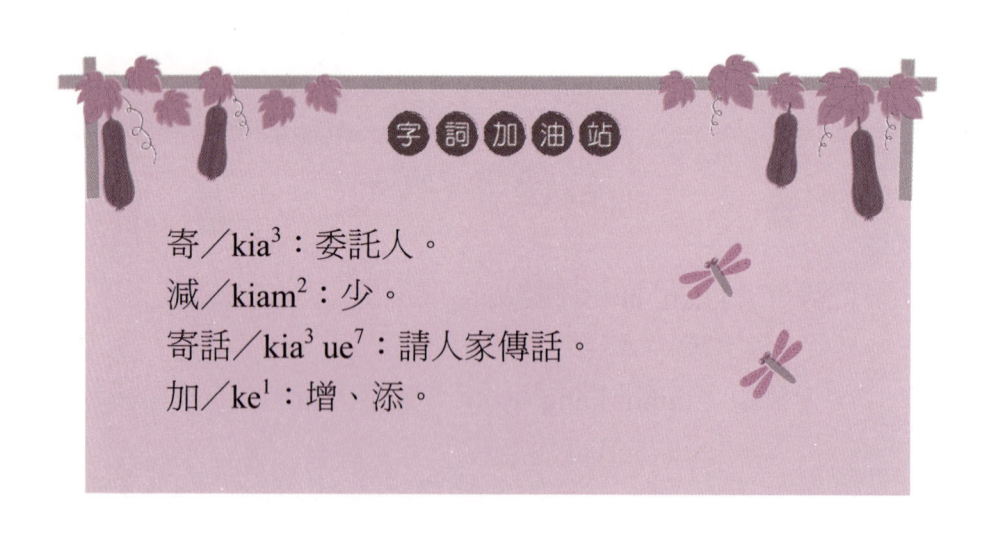

字詞加油站

寄／kia³：委託人。
減／kiam²：少。
寄話／kia³ ue⁷：請人家傳話。
加／ke¹：增、添。

197 徛厝著好厝邊，做田著好田邊

khia⁷ tshu³ tioh⁸ ho² tshu³ pinn¹, tso³ tshan⁵ tioh⁸ ho² tshan⁵ pinn¹

涵義 說明慎選鄰居的重要性。

說明 居家旁邊若住著好鄰居，有困難，他們會協助你，並且守望相助、互通有無；如果住著惡鄰，不但斤斤計較，甚至做出傷害對方的事來；田地旁若有一個好田邊，巡田水時可以幫忙看一下，農務忙碌時，也會互相幫助；若遇到惡田邊，不但會暗中破壞你所種植的作物，還不讓你從他的田邊走過。因此，慎選鄰居很重要！

字詞加油站

徛厝／khia⁷ tshu³：居家。

liah⁸ ku¹ tsau² pih⁴

掠龜走鱉

涵義 形容忙亂之中，無法同時兼顧事情。

說明 某人抓到了烏龜，卻讓得手的鱉給跑掉，因為他將所有的注意力都放在烏龜身上，忙亂中沒有將已經捉到的鱉關好，所以才會造成「抓到這個，卻跑了那個」的窘況。

對應華語 顧此失彼、二者不可兼得、葫蘆按倒瓢起來、顧得了三，顧不了四。

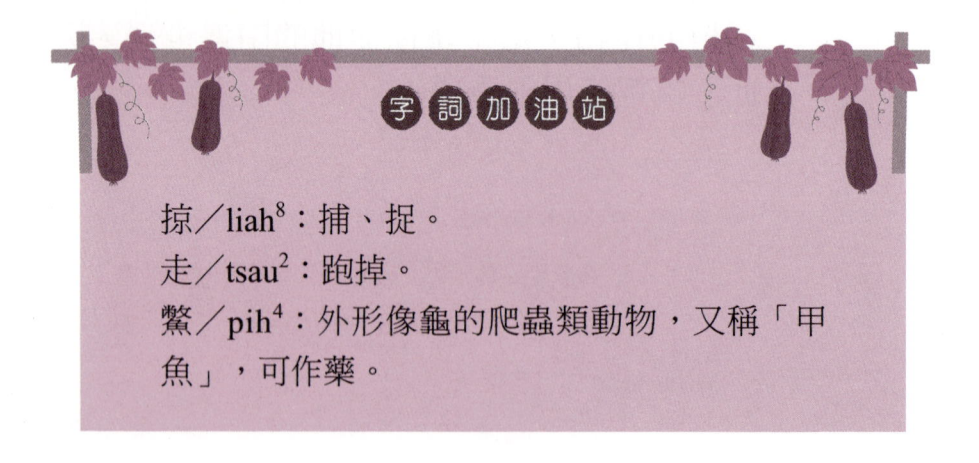

字詞加油站

掠／liah⁸：捕、捉。
走／tsau²：跑掉。
鱉／pih⁴：外形像龜的爬蟲類動物，又稱「甲魚」，可作藥。

199 教囝學泅，毋通教囝距樹

ka³ kiann² oh⁸ siu⁵　m⁷ thang¹ ka³ kiann² peh⁴ tshiu⁷

涵義 說明父母應教導小孩有用的技能，不要教導他們無用或有害身心的技能。

說明 學習游泳不但可以自救，也可以救人，所以是一種有用的技能；爬樹是一種危險的動作，萬一不小心從高處摔下來，不死也剩半條命。前人說這一句話主要是提醒所有的父母，教育小孩應當謹慎，好的技能才教，不好的技能（如爬樹、賭博、偷竊……）千萬不要讓小孩子學習或碰觸。

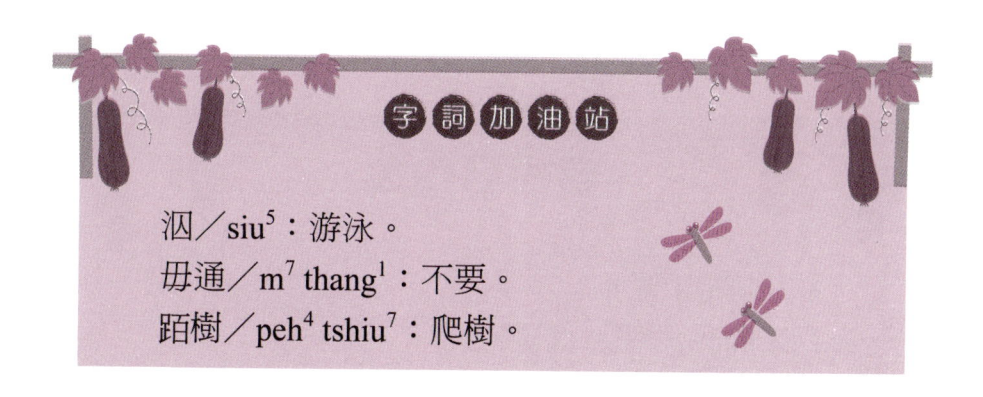

字詞加油站

泅／siu⁵：游泳。
毋通／m⁷ thang¹：不要。
距樹／peh⁴ tshiu⁷：爬樹。

台語每日一句

200

beh⁴ thai⁵ ia⁷ tioh⁸ tsiah⁸ tsit⁸ tng³ pa²
欲刣也著食一頓飽

涵義 說明諸事沒有吃飯重要，當人家在吃飯時，不應該受到打擾。

說明 不管古代或現代，死囚在斬首或槍決之前，牢方都會準備豐盛的飯菜，讓死囚吃飽最後一餐，然後再押赴刑場執刑，足見吃飯對人有多重要，連要死之前都不忘做這一件事，所以吃飯皇帝大，當人家在進食的時候，最好不要去打擾到人家。

對應華語 吃飯皇帝大。

字詞加油站

欲／beh⁴：要。
刣／thai⁵：宰殺、殺頭。

201

se^3　se^3　a^2　hoo^7　loh^8　ku^2　　$thoo^5$　ia^7　e^7　tam^5

細細仔雨落久，塗也會澹

涵義 說明人對事物不可嫌其少，只要涓滴積累，終有「積少成多」的一天。

說明 毛毛細雨的雨勢雖小，但只要持續下一段時間，地面依然會溼透；這就好比存錢一樣，雖然剛開始存的不多，但只要持續不斷的積累，時間久了也會變成大富翁，所以人不可以輕忽小的力量，因為積少會變多，總有一天也會成為大的力量。

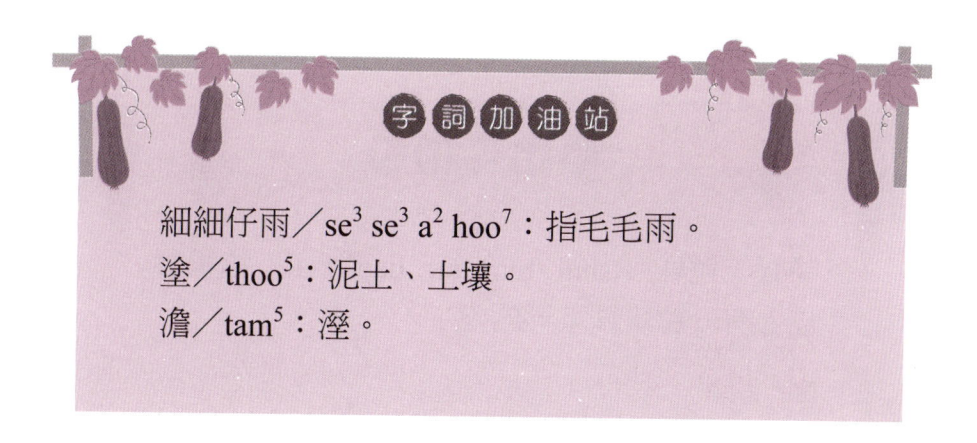

字詞加油站

細細仔雨／se^3 se^3 a^2 hoo^7：指毛毛雨。
塗／$thoo^5$：泥土、土壤。
澹／tam^5：溼。

202. 喙脣一粒珠，相罵毋認輸

tshui³ tun⁵ tsit⁸ liap⁸ tsu¹　sio¹ me⁷ m⁷ jin⁷ su¹

涵義　與人爭辯時，認為自己說的都對，別人說的都錯。

說明　就面相來說，人的嘴脣上有一粒珠形的肉，表示此人是能言善道的人，他喜歡用言語跟人家爭道理，凡事都要爭贏，不肯認輸，所以整句話有死鴨子嘴硬，死都不肯認錯的意思。

對應華語　頑固不化、死鴨子嘴硬。

字詞加油站

喙脣一粒珠／tshui³ tun⁵ tsit⁸ liap⁸ tsu¹：指嘴脣皮上有一粒「珠」形的肉。
毋／m⁷：不。

203 tshui³ tun⁵ phue⁵ a² sio¹ khuan² thai⁷
喙脣皮仔相款待

涵義 形容人用嘴巴來做表面應付的工夫。

說明 客人來訪，只是用兩片嘴脣來款待對方，雖然禮貌周到，表現出誠意，但沒有請人家吃東西、喝飲料，說穿了只是用嘴巴做表面應付的工夫，口惠而實不至。

字詞加油站

喙脣皮仔╱tshui³ tun⁵ phue⁵ a²：指嘴巴上下兩片嘴脣。

相款待╱sio¹ khuan² thai⁷：盛情相待。

台語每日一句

204 mue⁵ lang⁵ tshui³　　hoo⁵ lui³ lui³
媒人喙，糊瘰瘰

涵義 譏諷人信口開河，說了誇大不實的話。

說明 媒人婆為了賺取豐厚的謝禮，總會將對方的小優點吹噓成大優點，沒有的優點也會無中生有，自己想辦法加上去，而缺點則隻字不提，總之，會將對方形容得很好，以博取另一方的好印象，但這其中有許多誇大不實的言論，所以不能盡信。

對應華語 信口雌黃、信口開河、胡說八道。

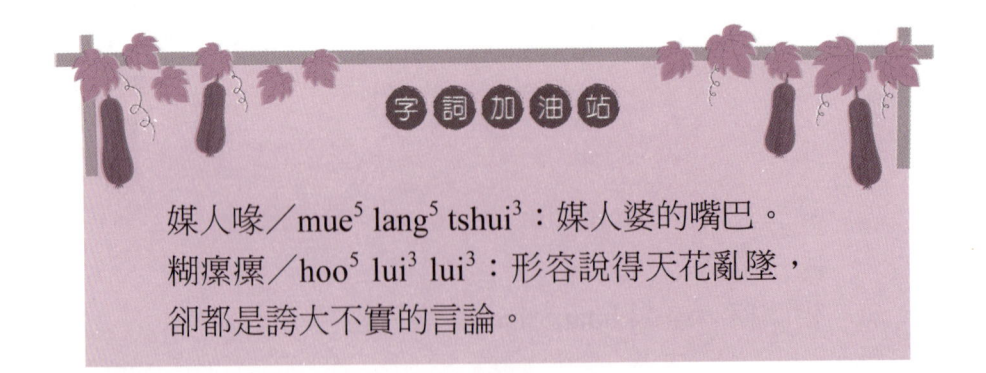

字詞加油站

媒人喙／mue⁵ lang⁵ tshui³：媒人婆的嘴巴。
糊瘰瘰／hoo⁵ lui³ lui³：形容說得天花亂墜，卻都是誇大不實的言論。

205 媠䆀在肢骨，不在梳妝三四齣

sui² bai² tsai⁷ ki¹ kut⁴　put⁴ tsai⁷ se¹ tsng¹ sann¹ si³ tshut⁴

涵義　說明人的美醜是內在重於外在。

說明　「媠䆀在肢骨，不在梳妝三四齣」是說人或物的美或醜，主要是看其內在，而不是外表打扮。這句話多被用來安慰長得醜的人，奉勸他不要將外表看得太重，因為外表不是衡量一個人美醜的絕對標準。

字詞加油站

肢骨／ki¹ kut⁴：原指人的身材，此處指內涵、內在。

齣／tshut⁴：原是戲劇的計量單位，此處指妝扮的次數。

206 富的富上天，窮的斷寸鐵

pu³ e⁰ pu³ tsiunn⁷ thinn¹　king⁵ e⁰ tng⁷ tshun³ thih⁴

涵義 指貧富之間的差距懸殊。

說明 「富的富上天，窮的斷寸鐵」是說富有的人很富有，錢多到花不完，貧窮的人很貧窮，連值錢的東西都沒有，可用來形容貧富分配不均或相差懸殊。

對應華語 朱門酒肉臭，路有餓死骨、貧富懸殊。

字詞加油站

富的富上天／pu³ e⁰ pu³ tsiunn⁷ thinn¹：指富有的人很富有。
窮的／king⁵ e⁰：貧窮的人。
斷寸鐵／tng⁷ tshun³ thih⁴：指身邊連一點值錢的東西也沒有。

207

hu³ tsai⁷ tshim¹ san¹　iu² uan² tshin¹　　pin⁵ tsai⁷ kin⁷
富在深山有遠親，貧在近
lin⁵ bo⁵ sio¹ jin⁷
鄰無相認

涵義 說明人很現實，完全以錢來衡量社會價值。

說明 富有人家即使住在深山裡，遠地的親戚或朋友還是會去探望他，因為大家都想巴結他，看能不能得到好處；而貧窮人家，即使與親戚朋友比鄰而居，也沒有人敢與他打交道，因為大家都怕他開口借錢，全句是說世態炎涼，人完全向「錢」看，現實到不行。

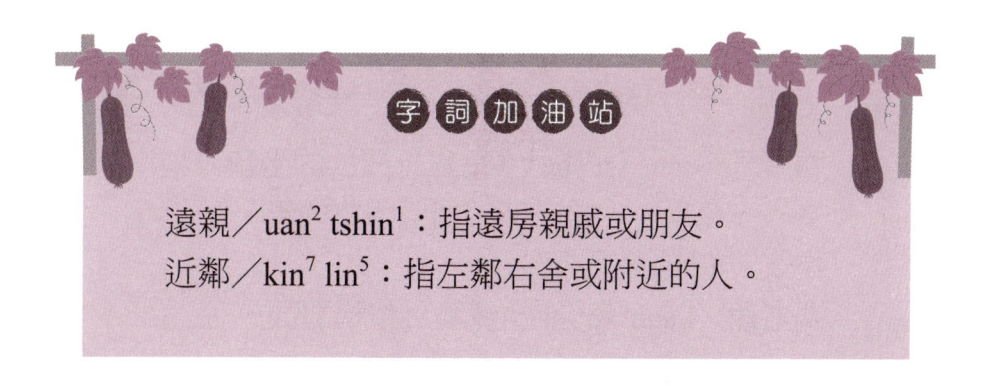

字詞加油站

遠親／uan² tshin¹：指遠房親戚或朋友。
近鄰／kin⁷ lin⁵：指左鄰右舍或附近的人。

台語每日一句

208. 惡馬惡人騎，胭脂馬拄著關老爺

ok⁴ be² ok⁴ lang⁵ khia⁵　ian¹ tsi¹ be² tu² tioh⁸ kuan¹ lo² ia⁵

涵義 形容再怎麼凶惡的人，還是會遇上制得了他的人。

說明 凶猛不馴的馬，要凶猛勇敢的人才騎得上去，就好像胭脂馬一定要遇到關公才會乖乖聽話一樣。因此，一物剋一物，任人再怎麼凶惡，還是會遇上制得了他的人。

字詞加油站

胭脂馬／ian¹ tsi¹ be²：相傳為關公的坐騎，稱為「赤兔馬」，是一匹凶猛且善跑的馬。
拄著／tu² tioh⁸：遇到。
關老爺／kuan¹ lo² ia⁵：關羽，俗稱關公。

209 揀後注，毋通揀大富

king² au⁷ tu³　　m⁷ thang¹ king² tua⁷ pu³

涵義 說明挑選丈夫或任用人要選擇未來有發展潛力者，不要只看眼前的假象。

說明 挑選女婿的時候，有些人喜歡「揀大富」，結果對方可能是個花花公子或是揮霍無度、懦弱無能的人，嫁給這種人一點也不幸福；倒不如「揀後注」，挑個有人品、有潛力或有未來的人相守一生，這種人經得起吃苦，而且做事踏實，對另一半又忠誠，未來一定大有可為。（除了選擇女婿外，交友或任用人員也可以用這句話來做參考）

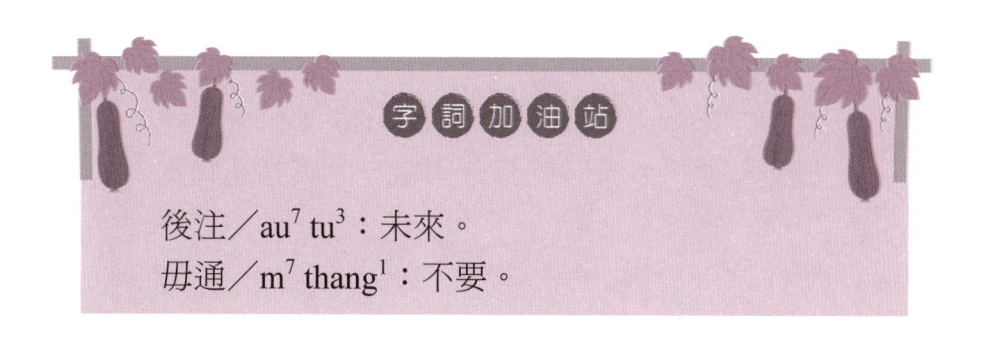

字詞加油站

後注／au⁷ tu³：未來。
毋通／m⁷ thang¹：不要。

210 提錢買奴才來做

theh⁸ tsinn⁵ be² loo⁵ tsai⁵ lai⁵ tso³

涵義 形容人自討苦吃，花錢買罪受。

說明 清末的時候，許多有錢人家為了當官，紛紛花錢替自己買一個官位，結果做了官才知道這是一份苦差事，因為隨時要被職位更大的官爺差遣、使喚，活像個奴才一樣，這就是前人所說的「提錢買奴才來做」，也就是花錢買罪受的意思。

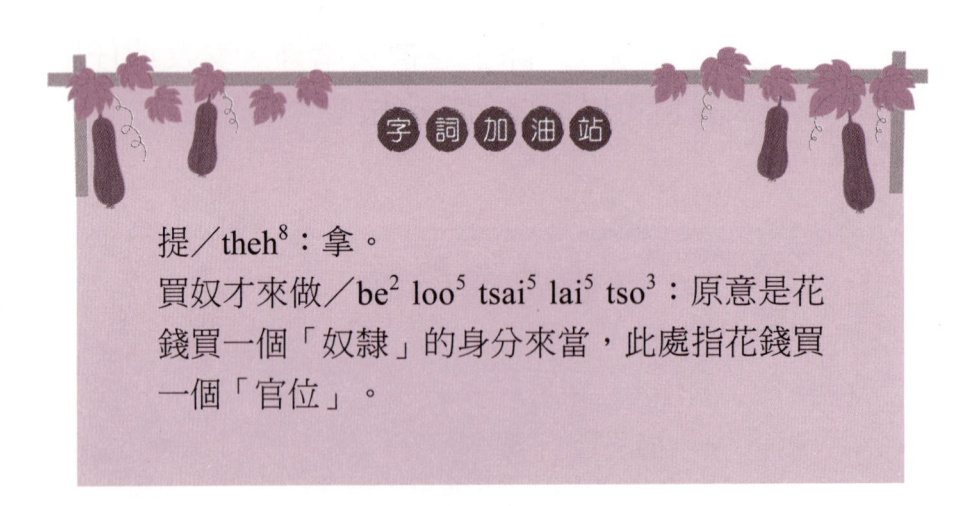

字詞加油站

提／theh⁸：拿。
買奴才來做／be² loo⁵ tsai⁵ lai⁵ tso³：原意是花錢買一個「奴隸」的身分來當，此處指花錢買一個「官位」。

211 提薑母拭目墘
theh⁸ kiunn¹ bo² tshit⁴ bak⁸ kinn⁵

涵義 形容人虛情假意，不是出於真心的動作。

說明 用老薑擦拭眼睛周遭，眼睛一定會受到刺激而流出眼淚；這些眼淚並不是出自內心感動所流出來的，而是某人故意逼出來的，所以是虛情假意的眼淚。

對應華語 虛情假意、貓哭耗子，假慈悲。

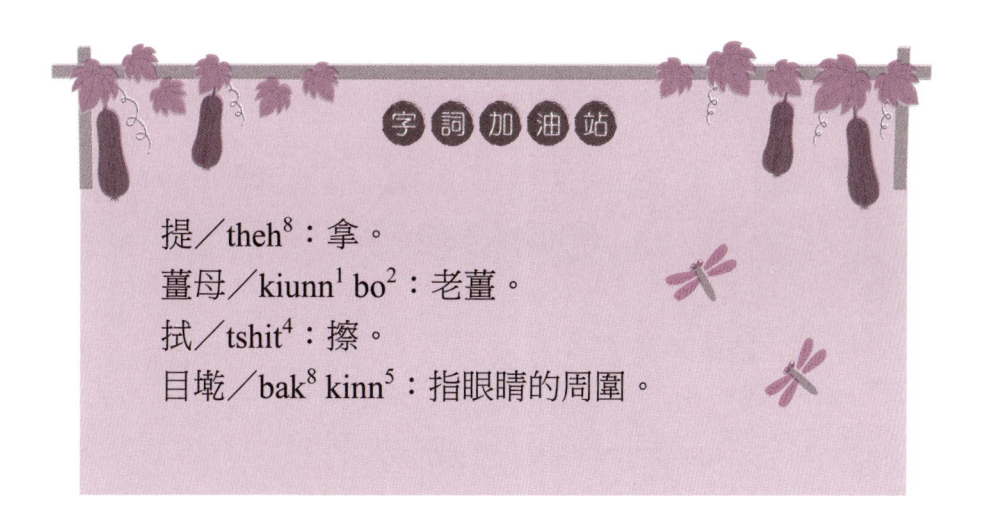

字詞加油站

提／theh⁸：拿。
薑母／kiunn¹ bo²：老薑。
拭／tshit⁴：擦。
目墘／bak⁸ kinn⁵：指眼睛的周圍。

212 kann² khui¹ png⁷ tiam³　to⁷　m⁷ kiann¹ tua⁷ tsiah⁸
敢開飯店，就毋驚大食

涵義 喻來者不善，善者不來。

說明 飯店本來就是讓人家吃飯的地方，既然要開飯店，就不要怕食量大的顧客光臨，因為吃得多，錢也會付得多，就算現在很多飯店都採歐式自助的方式經營，消費以人頭計算，但如果業者怕消費者吃太多，划不來，乾脆不要開業算了。「敢開飯店，就毋驚大食」是說敢開飯店，就不怕食量大的人光臨，用來比喻來者不善，善者不來。

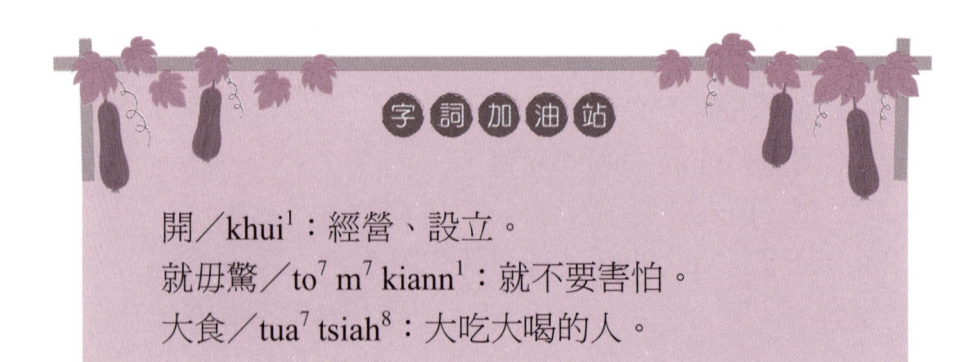

字詞加油站

開／khui¹：經營、設立。
就毋驚／to⁷ m⁷ kiann¹：就不要害怕。
大食／tua⁷ tsiah⁸：大吃大喝的人。

213 kuann¹ tsha⁵ kng¹ tsiunn⁷ suann¹　bo⁵ si² ma⁷ ai³ tai⁵
棺柴扛上山，無死嘛愛埋

涵義　形容事情已經做了，只能繼續做下去，不能停住或重新來過。

說明　依台灣殯葬習俗，棺材抬出門就不能再抬回來，否則會犯了大忌。既然棺材已經抬到墓地，要燒要埋總要擇一處理，即使死者突然活過來，也要將空的棺材處理掉，不能再搬回家，也不能退回棺材店，所以前人用這句話來形容事情做了，就只有繼續進行下去，不能停住或重新來過。

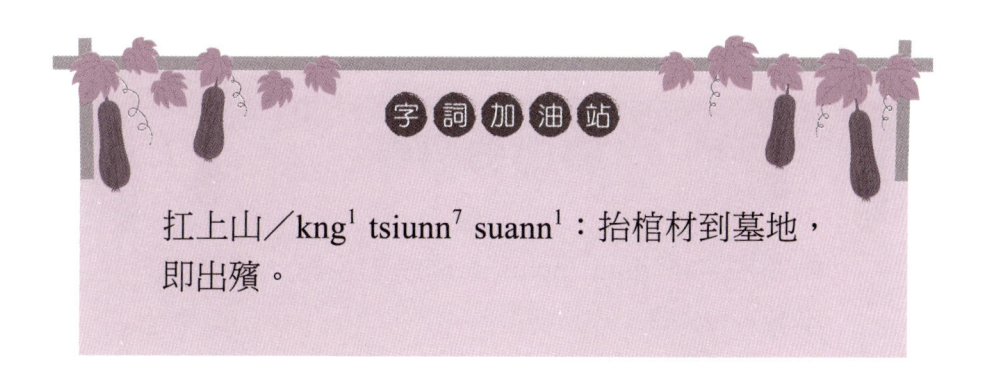

字詞加油站

扛上山／kng¹ tsiunn⁷ suann¹：抬棺材到墓地，即出殯。

台語每日一句

214. 無名無姓，問鋤頭柄
bo⁵ mia⁵ bo⁵ senn³　mng⁷ ti⁵ thau⁵ penn³

涵義　㈠責怪問者沒有禮貌，沒有事先客套的稱呼就想向人詢問事情。㈡說明問者沒有指名道姓，被問的人不知道如何指引他去找人。

說明　當問路或探聽某人住處時，沒有事先敬稱人家，一開口便說「喂！某條路要怎麼走」，對方有可能回他這句話，意謂這麼沒禮貌，乾脆去問鋤頭柄算了；另外，向人探聽某人住處，卻說不出他的真實姓名時，被問的人也可以回答這句話，意謂沒有指名道姓，怎麼回答，乾脆去問鋤頭柄好了。

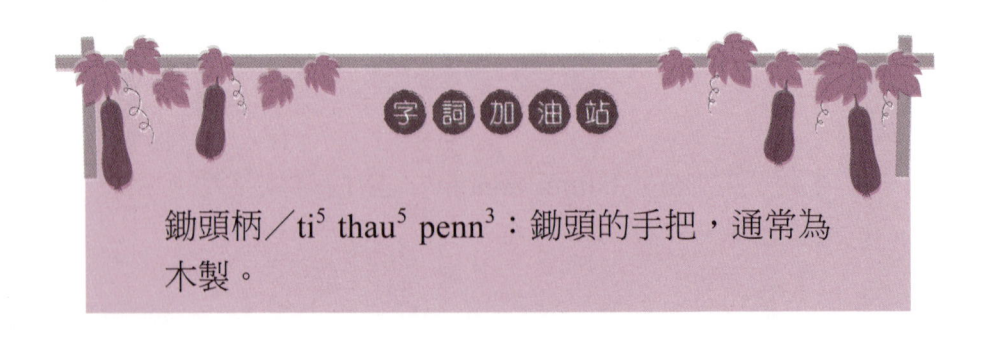

字詞加油站

鋤頭柄／ti⁵ thau⁵ penn³：鋤頭的手把，通常為木製。

215 bo⁵ su⁷ put⁴ ting¹ sam¹ po² tian⁷
無事不登三寶殿

涵義 形容沒事就不會登門拜訪,既然登門必定有事相求。

說明 台灣人若遇到時運不佳或諸事不順時,就會到廟裡求神拜拜。「三寶殿」是供奉三寶神的廟宇,人會登三寶殿,一定是有事相求,如果生活很平順,人就不會到廟裡拜佛了,所以說「無事不登三寶殿」是用來形容人沒事就不會登門拜訪,既然登門拜訪,就表示有事相求;通常不速之客到訪,開頭都會先說這一句話,以向主人表明來意。

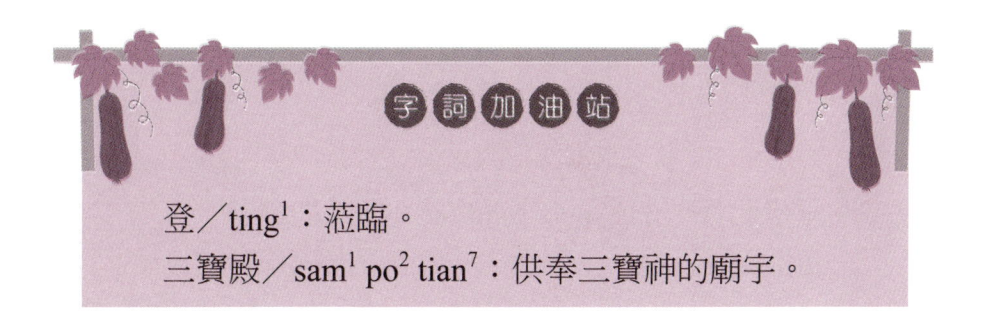

字詞加油站

登/ting¹:蒞臨。
三寶殿/sam¹ po² tian⁷:供奉三寶神的廟宇。

台語每日一句

216 無 兩 步 七 仔，毋 敢 過 虎 尾 溪
bo⁵ nng⁷ poo⁷ tshit⁴ a²　m⁷ kann² kue³ hoo² bue² khe¹

涵義 形容人若沒有兩把刷子，就不敢冒險去做某事。

說明 虎尾溪位於雲林縣境，只要過了這條河就進入西螺鎮。西螺自古以來便以「武術」聞名，最為人津津樂道的莫過於「西螺七崁」，當地的武術家、能人異士很多，但強盜也多，所以想要過虎尾溪，本身不懂一點武術，是很危險的事。

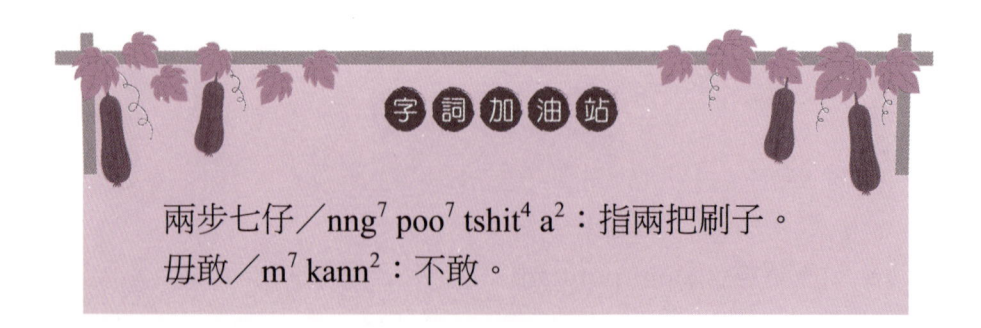

字詞加油站

兩步七仔／nng⁷ poo⁷ tshit⁴ a²：指兩把刷子。
毋敢／m⁷ kann²：不敢。

217 無彼號尻川，莫食彼號瀉藥

bo⁵ hit⁴ lo⁷ kha¹ tshng¹　mai³ tsiah⁸ hit⁴ lo⁷ sia³ ioh⁸

涵義 告誡人沒有某方面的本事就不要勉強行事。

說明 瀉藥是一種藥性極強的藥物，吃了可以讓人持續不斷的跑廁所，如果身體好的人，或許還受得了，但是身體虛弱的人吃了它，可能會負荷不了，所以要吃瀉藥之前，最好先衡量自己的身體狀況，「無彼號尻川，莫食彼號瀉藥」，沒有某方面的本事，最好不要勉強行事，才不會傷害到自己。

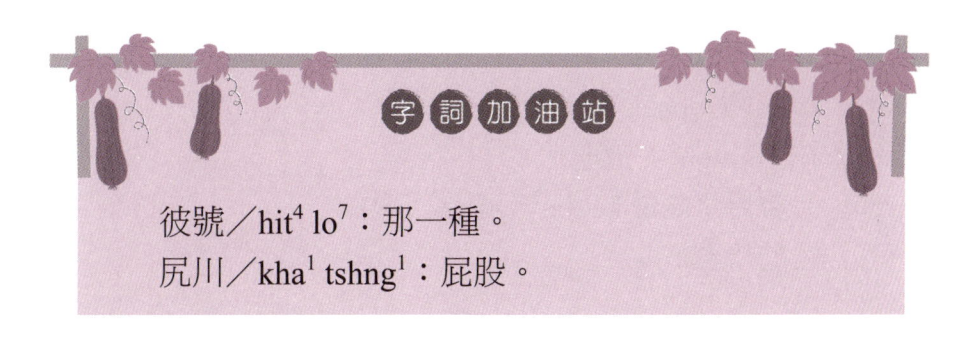

字詞加油站

彼號／hit⁴ lo⁷：那一種。
尻川／kha¹ tshng¹：屁股。

台語每日一句

218

puah⁸ tsit⁸ to²　khioh⁴ tioh⁸ tsit⁸ tsiah⁴ kim¹ ke¹ bo²
跋 一 倒，抾 著 一 隻 金 雞 母

涵義　喻人因禍得福，意外獲得更大的福分。

說明　走路跌倒對一個人來說原本是一件禍事，卻因為這樣而意外拾獲一隻會下金蛋的母雞，變成一件喜事。整句話是說人因禍得福，意外得到更大的福分。

對應華語　因禍得福、亡羊得牛、失之東隅，收之桑榆、塞翁失馬，焉知非福。

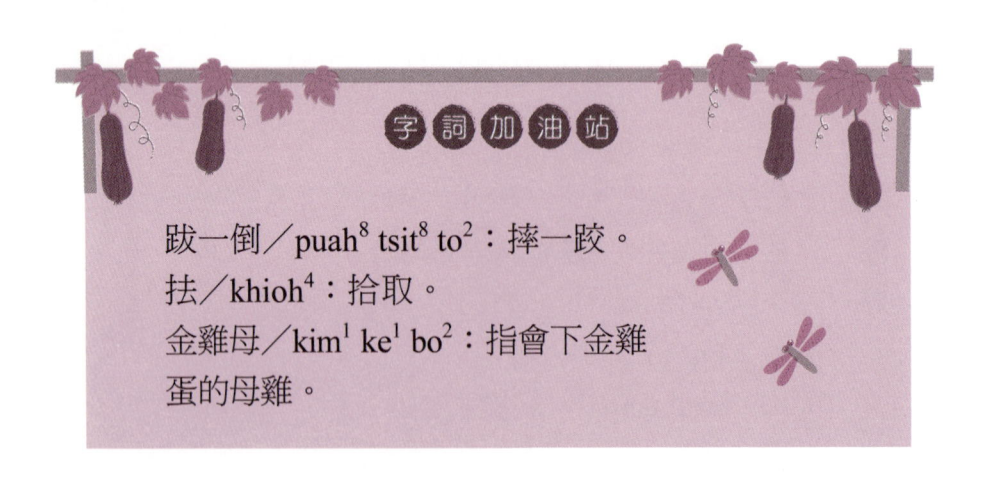

字詞加油站

跋一倒／puah⁸ tsit⁸ to²：摔一跤。
抾／khioh⁴：拾取。
金雞母／kim¹ ke¹ bo²：指會下金雞蛋的母雞。

項羽有千斤力,毋值劉邦四兩命
hang⁷ u² u⁷ tshian¹ kin¹ lat⁸ m⁷ tat⁸ lau⁵ pang¹ si³ niu² mia⁷

涵義 ㈠說明很多事命中註定,強求不來。㈡比喻空有才能卻無時運的無奈。

說明 根據歷史記載,項羽是一個力大無窮的人,可以三起三落千斤鼎,武功勝過劉邦甚多,但因劉邦具有真命天子的命格,最後終於統一天下,成為歷史上第一位「平民皇帝」。

字詞加油站

項羽／hang⁷ u²:秦末下相人,名籍字羽,力能扛千斤鼎,而且三起三落。

劉邦／lau⁵ pang¹:即後來的漢高祖,是歷史上著名的「平民皇帝」。

220　khin⁵ khuai³　khin⁵ khuai³　u⁷ png⁷ koh⁴ u⁷ tshai³
勤 快，勤 快，有 飯 閣 有 菜

涵義　勉人只要肯做，三餐溫飽絕對沒問題。

說明　人只要做事認真、不偷懶，即使沒有什麼一技之長，也不會餓死。例如某人終其一生皆靠拾荒為業，結果省吃儉用，依然可以存下幾千萬的積蓄。由此可知，一個人只要肯做，不管任何行業都好，絕對不會餓到肚子。

對應華語　勤有功，嬉無益。

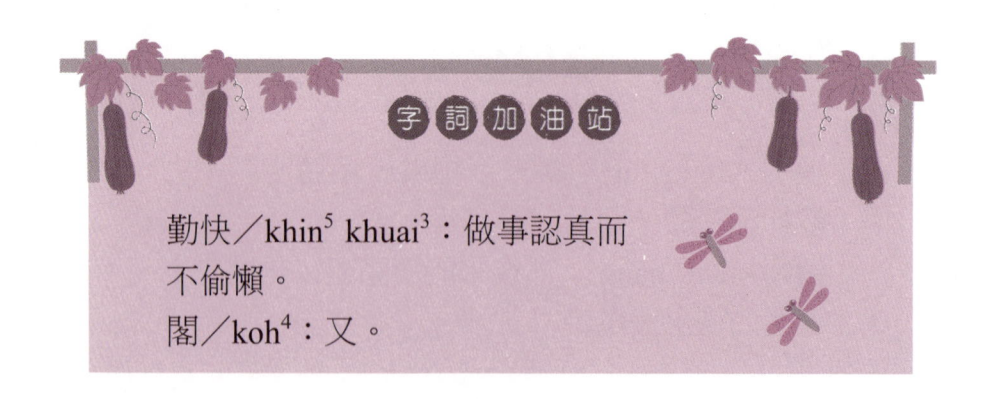

字詞加油站

勤快／khin⁵ khuai³：做事認真而不偷懶。
閣／koh⁴：又。

221 圓人會扁，扁人會圓

inn⁵ lang⁰ e⁷ pinn² ， pinn² lang⁰ e⁷ inn⁵

涵義 說明人生的榮枯無常，富貴者也有衰敗時，而貧窮、失意者也有鹹魚翻身的時候。

說明 人一旦有錢就會亂花，例如賭博、上聲色場所或一擲千金，很少有人可以守成，所以幾年後就會衰敗；而貧窮人家為了三餐溫飽想辦法努力賺錢，總有一天也會鹹魚翻身，成為有錢人，所以說人生的榮枯無常，每個人的機運都會有起有落。

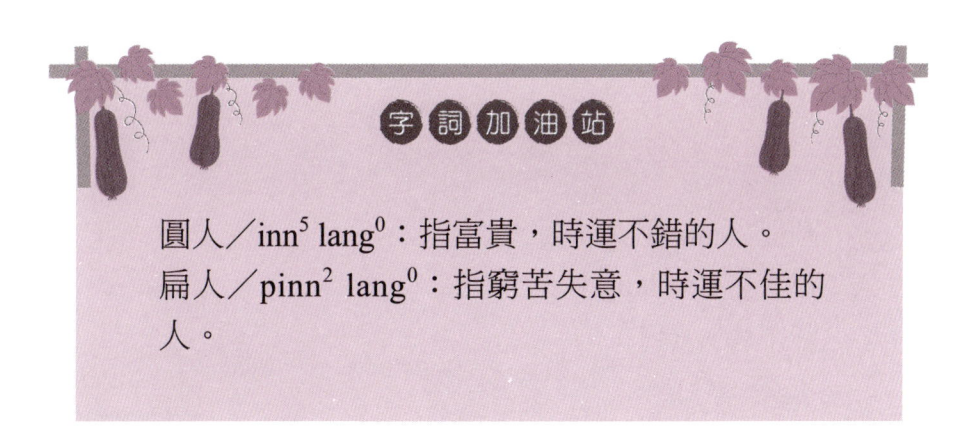

字詞加油站

圓人／inn⁵ lang⁰：指富貴，時運不錯的人。
扁人／pinn² lang⁰：指窮苦失意，時運不佳的人。

台語每日一句

222 圓仔在人挲
inn⁵ a² tsai⁷ lang⁵ so¹

涵義 喻人對事情可以隨心掌控，想要怎樣就怎樣。

說明 依習俗，每一戶人家在冬至前夕都會「搓圓仔」來吃，由於圓仔是用手搓出來的，要大或小、要圓或扁都隨搓者的喜好，所以可以隨心所欲地做出想要的「圓仔」，全句是形容人對某事可以隨心掌控，想怎麼做就怎麼做。

字詞加油站

圓仔／inn⁵ a²：湯圓。
在人／tsai⁷ lang⁵：隨人家。
挲／so¹：搓揉。

223　愛拚才會贏
ai³ piann³ tsiah⁴ e⁷ iann⁵

涵義　說明人想要成功，唯有靠努力。

說明　人想要成功、勝利或有所成就，一定要接受挑戰；只有接受挑戰，打敗所有的競爭對手，成功與勝利才會到來，而想要打敗所有的競爭對手，唯一的方法就是要「拚」。這句現代諺語是從民國七十七年開始流傳，原來是寶島歌王——葉啟田所唱的歌曲名稱，後來因為朗朗上口，外加歌詞具有勵志涵義，成為人們經常掛在嘴邊講的一句話。

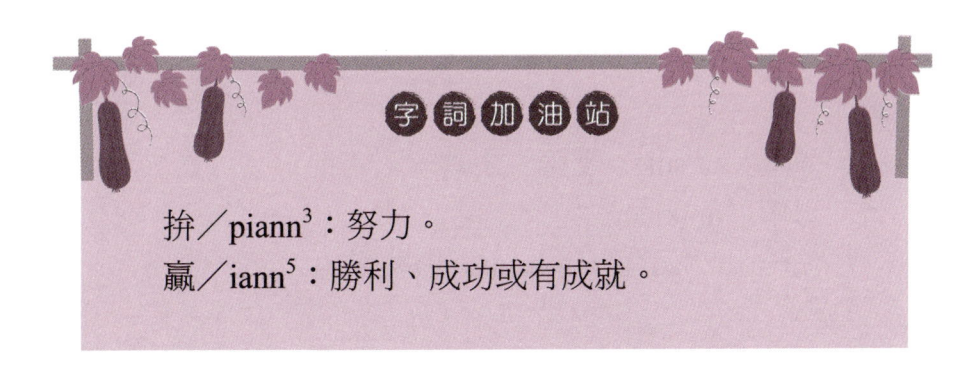

字詞加油站

拚／piann³：努力。
贏／iann⁵：勝利、成功或有成就。

224 ai³ sui² m⁷ kiann¹ lau⁵ phinn⁷ tsui²
愛媠毋驚流鼻水

涵義 說明女孩子為了漂亮,即使付出感冒的代價都願意。

說明 許多年輕的女孩子,為了要展現好身材,即使天氣冷颼颼,也不會把自己的身體包起來,依然穿著單薄的衣服,就算感冒也要秀出傲人的身材,讓自己看起來更吸引人,所以「愛媠毋驚流鼻水」是形容女孩子為了漂亮,就算付出一點代價也願意。

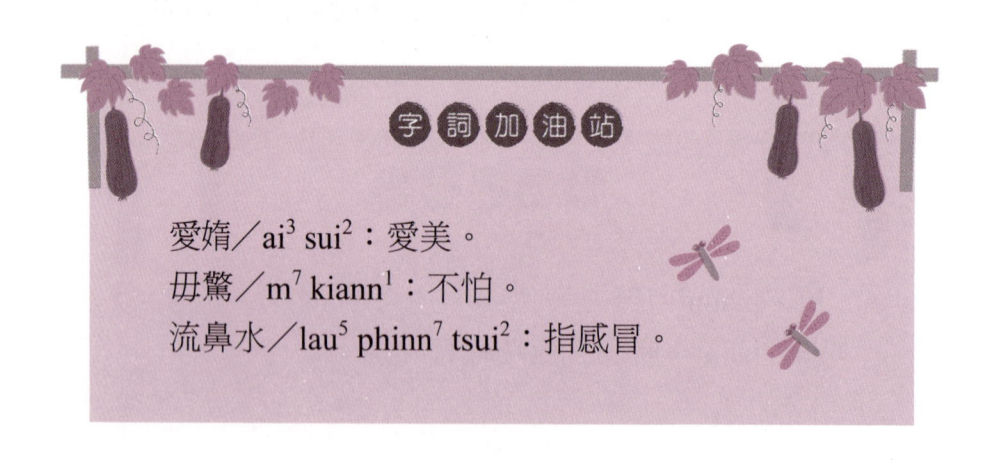

字詞加油站

愛媠／ai³ sui²:愛美。
毋驚／m⁷ kiann¹:不怕。
流鼻水／lau⁵ phinn⁷ tsui²:指感冒。

惹熊惹虎，毋通惹著刺查某

jia² him⁵ jia² hoo² m⁷ thang¹ jia² tioh⁸ tshiah⁴ tsa¹ boo²

涵義 誰都可以惹，就是不能惹凶悍、潑辣的女人。

說明 男人如果槓上男人，頂多打一架，輸的人摸摸鼻子走人；但如果槓上凶悍的女人，她不理你便罷，如果發起雌威，抓得你滿身傷痕或是跟你沒完沒了，而你又不能打她，那真的吃不完兜著走，所以惹上「刺查某」絕對是麻煩的事。

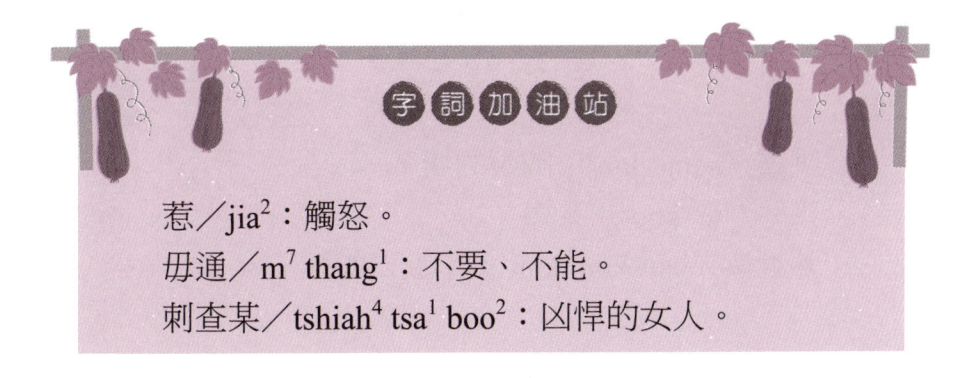

字詞加油站

惹／jia²：觸怒。
毋通／m⁷ thang¹：不要、不能。
刺查某／tshiah⁴ tsa¹ boo²：凶悍的女人。

226 新烘爐，新茶鈷，熱滾滾

sin¹ hang¹ loo⁵　sin¹ te⁵ koo²　jiat⁸ kun² kun²

涵義　形容新婚夫妻，濃情蜜意，熱情如火。

說明　以前的人多將茶壺放在「烘爐」上燒開水，所以提到「烘爐」就會聯想到「茶鈷」，同理，說到「茶鈷」就會讓人聯想到「烘爐」，兩者形影不離。「新烘爐，新茶鈷，熱滾滾」是說將新的茶壺放到新的陶爐上燒煮，水很快就滾燙了，用來形容新婚夫妻，形影不離，舉止親暱、熱情。

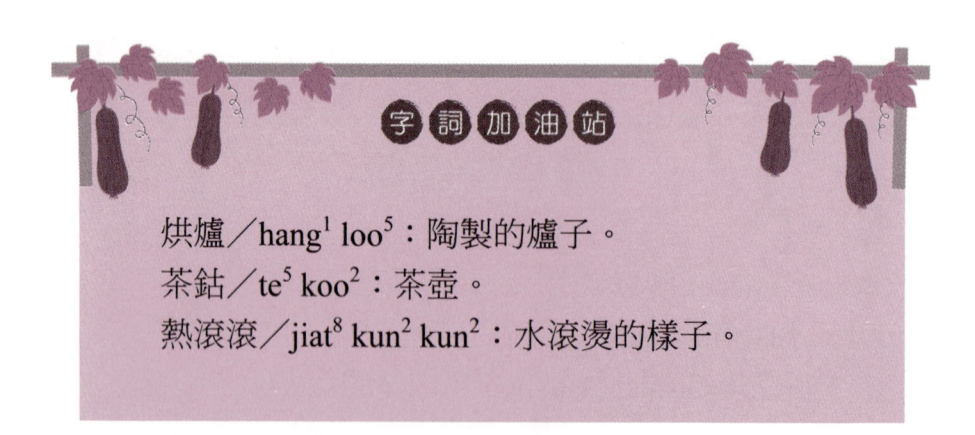

字詞加油站

烘爐／hang¹ loo⁵：陶製的爐子。
茶鈷／te⁵ koo²：茶壺。
熱滾滾／jiat⁸ kun² kun²：水滾燙的樣子。

227 暗頓減食一口，活到九十九

am³ tng³ kiam² tsiah⁸ tsit⁸ khau², uah⁸ kau³ kau² tsap⁸ kau²

涵義 說明晚餐吃得少，才能長命百歲。

說明 就人體的機能而言，晚上是各種器官休息的時間，運作的速度都會減緩下來，此時若吃太多食物，會加重身體機能的負擔，影響健康。前人會說這句諺語，顯示他們非常注重養生，知道晚餐不能吃太多；這種觀念與現代人強調的「早餐要吃得像皇帝，午餐要吃得像平民，晚餐要吃得像乞丐」有著異曲同工之妙。

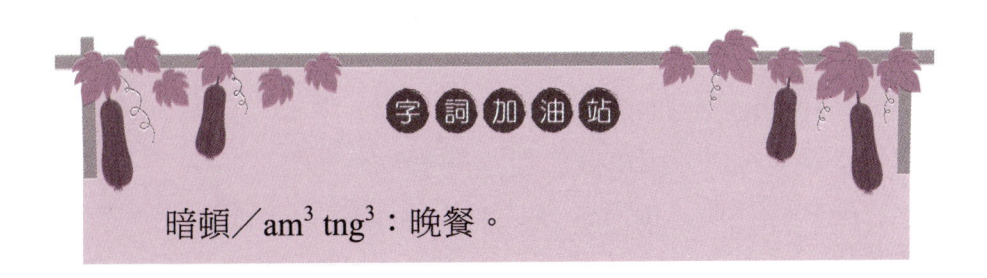

字詞加油站

暗頓／am³ tng³：晚餐。

台語每日一句

228

e⁷ koo³ tit⁴ tsun⁵　be⁷ koo³ tit⁴ tsai³
會 顧 得 船 ，袂 顧 得 載

涵義　形容事情常不能同時兼顧，有時顧得了甲就顧不了乙。

說明　跑船的人如果在汪洋大海中遭遇到大風浪，通常會捨棄貨物而保住船，因為如果捨船救貨，船沉了，人跟貨物都會跟著沉下去，如果捨貨救船，至少船跟船員都還存在，所以全句是說明事情常不能同時兼顧。

對應華語　顧此失彼、顧得了三，顧不了四。

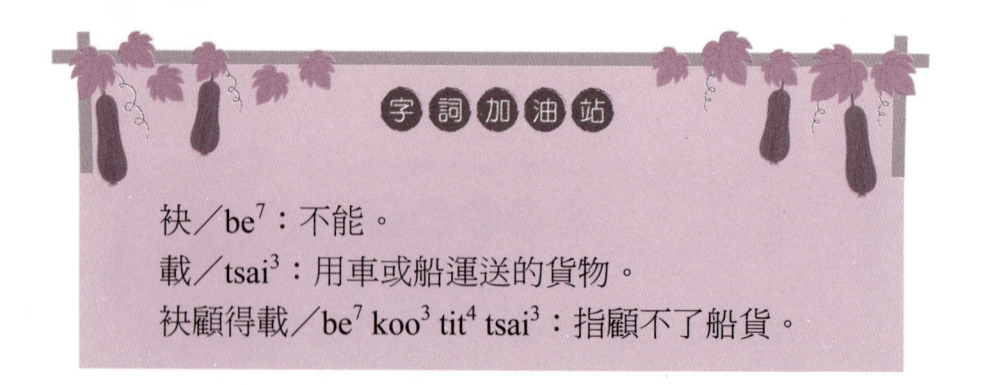

字詞加油站

袂／be⁷：不能。
載／tsai³：用車或船運送的貨物。
袂顧得載／be⁷ koo³ tit⁴ tsai³：指顧不了船貨。

229 溜溜瞅瞅，食兩蕊目睭

liu¹ liu¹ tshiu¹ tshiu¹ tsiah⁸ nng⁷ lui² bak⁸ tsiu¹

涵義 說明人在社會上闖蕩，眼光要銳利，隨時要懂得察言觀色。

說明 人在社會上闖蕩，最重要的是擁有一雙銳利的眼睛，只有懂得察言觀色，才能分辨好人與壞人、是非與對錯，也才能抓住良機，獲取最大的利益。

字詞加油站

溜溜瞅瞅／liu¹ liu¹ tshiu¹ tshiu¹：眼睛靈活有神。
蕊／lui²：計算眼睛的單位。
目睭／bak⁸ tsiu¹：眼睛。
食兩蕊目睭／tsiah⁸ nng⁷ lui² bak⁸ tsiu¹：以眼睛來取勝。

230 khe¹ lin⁰ bo⁵ hi⁵　sam¹ kai³ niu⁵ a² ui⁵ ong⁵
溪裡無魚，三界娘仔為王

涵義　喻沒有強者的時候，弱者就會出頭。

說明　溪水裡面有大魚的時候，小魚只能靠邊站，不敢造次，但當大魚都被捕捉完時，體型較小的「三界娘仔」就可以稱王，所以整句話用來形容強者不在或沒有強者時，弱者就會出頭。

對應華語　蜀中無大將，廖化作先鋒、山中無鳥，麻雀當王、山中無老虎，猴子稱大王、山中無好漢，猢猻稱霸王。

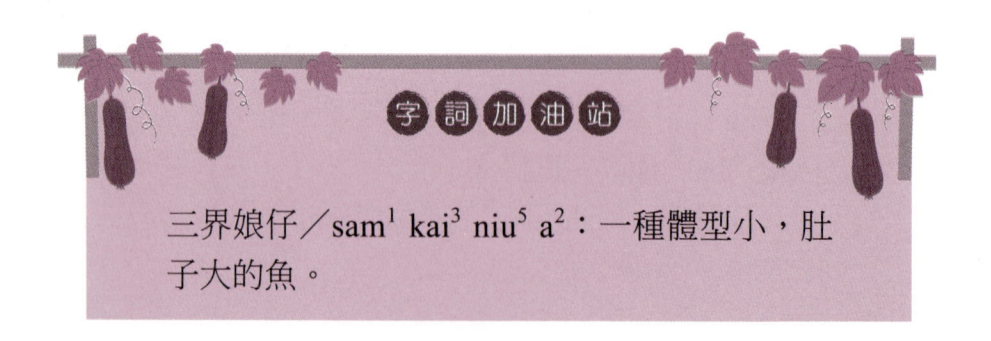

字詞加油站

三界娘仔／sam¹ kai³ niu⁵ a²：一種體型小，肚子大的魚。

231

ian¹ hue² ho² khuann³ bo⁵ jua⁷ ku²
煙　火　好　看　無　偌　久

涵義 奉勸人不要盲目追求虛榮，因為它只是短暫的，不可能持久。

說明 煙火是一種「喜氣」的象徵，通常只在特定節日施放。每當煙火劃過天際，那種絢爛的色彩與瞬間爆發的聲響，足以令人振奮許久，只是它出現的時間短暫，曇花一現便消逝了，所以說絢麗的時間只是短暫的，不可能持久。

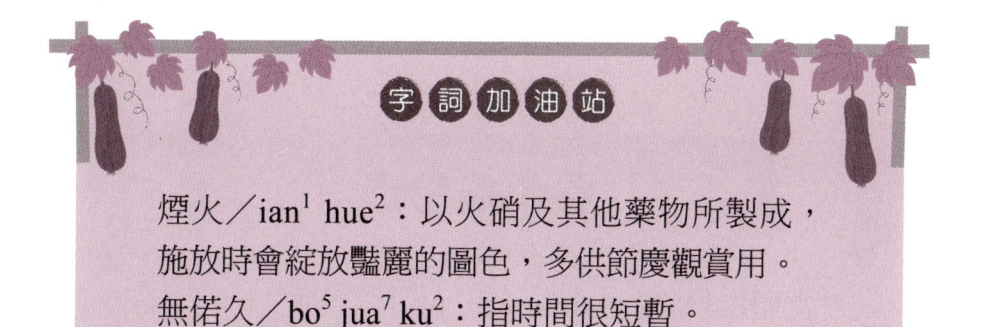

字詞加油站

煙火／ian¹ hue²：以火硝及其他藥物所製成，施放時會綻放豔麗的圖色，多供節慶觀賞用。
無偌久／bo⁵ jua⁷ ku²：指時間很短暫。

台語每日一句

232 tng¹ thau⁵ peh⁸ jit⁸ tshiunn² kuan¹ te³ bio⁷
當 頭 白 日 搶 關 帝 廟

涵義 形容人膽大如斗，竟敢在太歲爺面前放肆。

說明 關帝廟所奉祀的是關公，據說關公一生最厭惡邪惡，所以死後被封為三界伏魔大帝，專門對付邪惡之人，壞人看到祂，大都會嚇得要死。「當頭白日搶關帝廟」是說某人在光天化日下，竟然跑到關帝廟內搶奪財物，比喻人膽大包天，竟敢在太歲頭上動土。

對應華語 膽大如斗、膽大妄為、膽大包天、橫行無忌、太歲頭上動土。

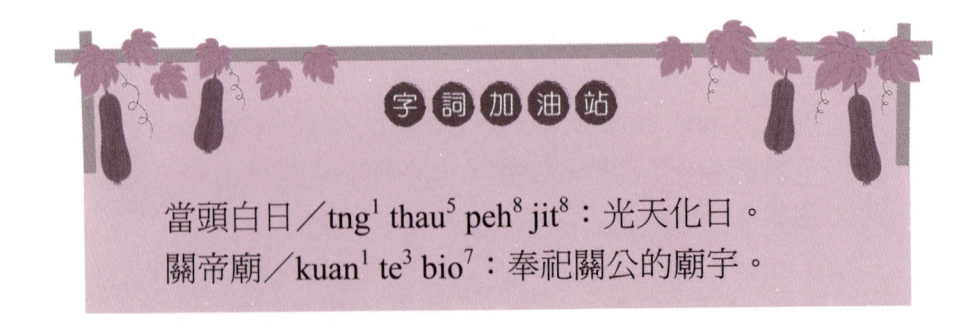

字詞加油站

當頭白日／tng¹ thau⁵ peh⁸ jit⁸：光天化日。
關帝廟／kuan¹ te³ bio⁷：奉祀關公的廟宇。

233 萬事不由人計較，算來攏是命安排

ban⁷ su⁷ put⁴ iu⁵ lang⁵ ke³ kau³　sng³ lai⁰ long² si⁷ mia⁷ an¹ pai⁵

涵義 形容命運早由天定，由不得人改變，所以好壞都不要太過介意。

說明 中國人講求宿命論。人一生的命運好壞，其實天命早已安排好，由不得人算計，所以過得好也好，過得不好也好，都不要過於埋怨，畢竟那是改變不了的事實。

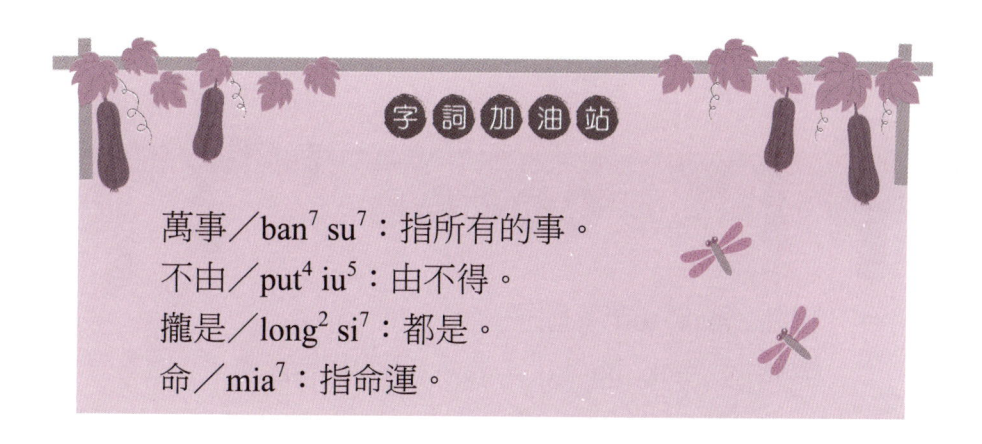

字詞加油站

萬事／ban⁷ su⁷：指所有的事。
不由／put⁴ iu⁵：由不得。
攏是／long² si⁷：都是。
命／mia⁷：指命運。

台語每日一句

234 腹肚內擠無膏
pak⁴ too² lai⁷ tsik⁴ bo⁵ ko¹

涵義 形容人沒有內涵、學問或才能。

說明 「腹肚內擠無膏」是說肚子內擠不出什麼內容來。既然人z的肚子內擠不出內容，表示該人胸無點墨，沒有內涵，知識與見識都非常貧乏。

對應華語 不學無術、不識之無、胸無點墨。

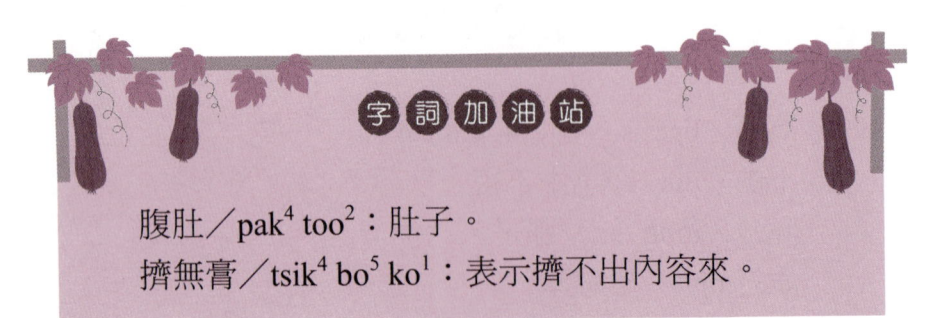

字詞加油站

腹肚／pak⁴ too²：肚子。
擠無膏／tsik⁴ bo⁵ ko¹：表示擠不出內容來。

235　落塗時，八字命

loh⁸ thoo⁵ si⁵　peh⁴ ji⁷ mia⁷

涵義　形容人一生的命運，出生時就已經註定好，好壞都不要怨尤。

說明　中國人認為一個人的生辰決定一生命運的好壞，其實這種說法並無科學根據，因為好過與不好過，後天的努力很重要，「落塗時，八字命」充其量只能當做參考，或拿來安慰那些命運乖舛的人，實在不能盡信。

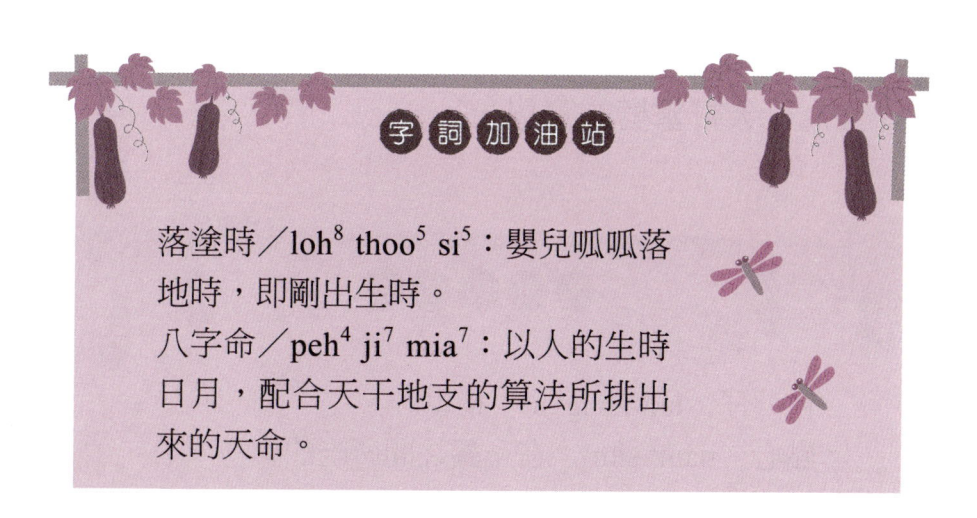

字詞加油站

落塗時／loh⁸ thoo⁵ si⁵：嬰兒呱呱落地時，即剛出生時。

八字命／peh⁴ ji⁷ mia⁷：以人的生時日月，配合天干地支的算法所排出來的天命。

236 lui⁵ kong¹ a² tiam² sim¹
雷公仔點心

涵義 詛咒或責罵人應遭天譴。（通常用於不孝、無情無義及忘恩負義者居多）

說明 相傳雷公專打不孝、無情無義、忘恩負義與作姦犯科一類的人。「雷公仔點心」是一句詛咒人的諺語，意謂希望某人成為雷公的點心，亦即詛咒人家遭天打雷劈的意思。

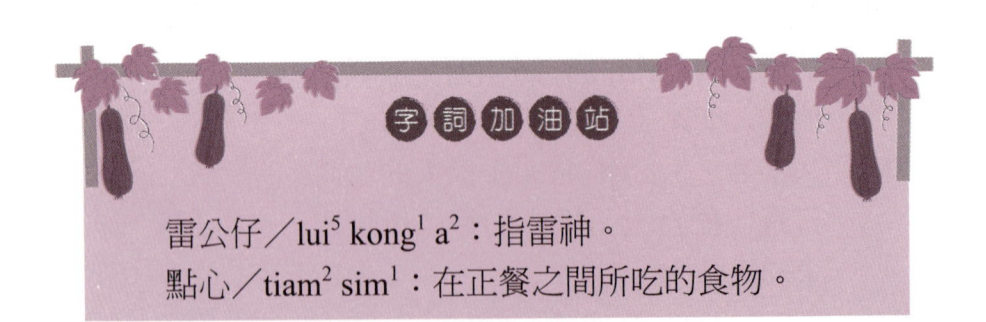

字詞加油站

雷公仔／lui⁵ kong¹ a²：指雷神。
點心／tiam² sim¹：在正餐之間所吃的食物。

237 飽穗的稻仔，頭犁犁

pa² sui⁷ e⁵ tiu⁷ a² thau⁵ le⁵ le⁵

涵義 喻越有學問、本事及才能的人越懂得謙卑，而越膚淺、越沒本事的人，就越喜歡誇耀自己。

說明 稻穗尚未飽和是朝上成長的，越接近收成時間，會因為飽和使重量增加而下垂，所以用「飽穗的稻仔，頭犁犁」來形容擁有真才實學的人，行事謙卑、低調，不會到處宣揚，而膚淺、沒有真本領的人，反而喜歡到處誇耀自己。

字詞加油站

飽穗／pa² sui⁷：穀穗飽滿。
頭犁犁／thau⁵ le⁵ le⁵：頭部往下看，比喻人低調、謙卑。

台語每日一句

238 摜籃仔假燒金 kuann⁷ na⁵ a² ke² sio¹ kim¹（「摜」又寫作「捾」）

涵義 形容人用虛偽的動作做幌子，藉以掩飾自己真正的行為與動機。

說明 以前的家庭主婦或小姐到廟裡燒香拜拜，手裡都會挽著一個放有金紙、香或水果之類的籃子，這是當時的一種習慣，所以有些人就「摜籃仔假燒金」，表面上假裝要到廟裡拜拜，其實是去私會情夫或情郎，所以前人便以此句話形容人以假動作做幌子，其實別有居心。

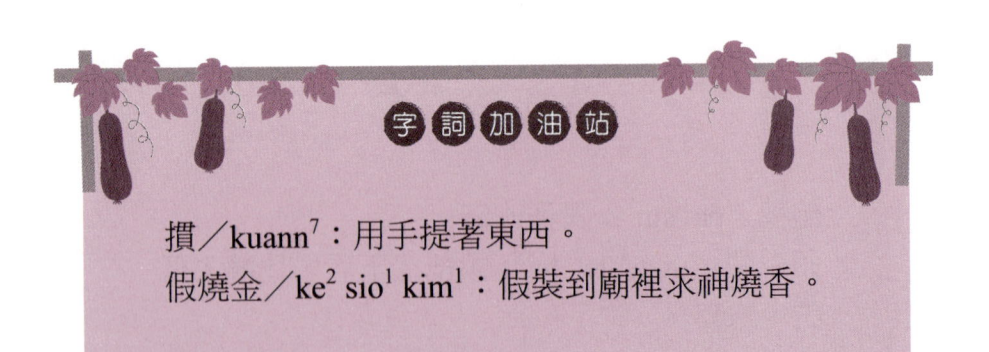

字詞加油站

摜／kuann⁷：用手提著東西。
假燒金／ke² sio¹ kim¹：假裝到廟裡求神燒香。

239　mua² thinn¹ tsuan⁵ kim¹ tiau⁵　　beh⁴ sa¹ bo⁵ puann³ tiau⁵
滿天全金條，欲捎無半條

涵義 形容人眼冒金星，頭暈目眩。

說明 當人頭昏眼花、眼冒金星的時候，眼睛所看到的景象都是虛假的，即使是「金條」也是一樣，所以伸手去抓，當然連一條都抓不到。

對應華語 眼冒金星、兩眼昏花、頭昏眼花、頭昏腦脹、頭暈目眩。

字詞加油站

滿天／mua² thinn¹：整個天空。
金條／kim¹ tiau⁵：金塊。
捎／sa¹：抓取。
無半條／bo⁵ puann³ tiau⁵：沒有一項。

台語每日一句

240 mua² bin⁷ tsuan⁵ tau⁷ hue¹
滿面全豆花

涵義 形容把事情搞砸了，被人數落得狼狽不堪。

說明 「滿面全豆花」是說滿臉都是豆花，比喻面子很難看。當人把事情搞砸了，被罵得整個臉都是口水，就好像被噴得滿臉都是豆花一樣，因此戲稱為「滿面全豆花」。

對應華語 狗血淋頭、狗血噴頭、臭罵一頓。

字詞加油站

滿面／mua² bin⁷：整個臉部。

241 au³ tshau² a² hue¹ ia⁷ u⁷ mua² khui¹ si⁵
漚草仔花也有滿開時

涵義 勉勵人不可自暴自棄,只要肯努力耕耘,小人物也有飛黃騰達的一天。

說明 鄉野間有許多不知名的野草,平時不會有人多看一眼,但總有一天它會滿地開花,到那時候,不但人們會停下來欣賞,蜜蜂與蝴蝶也會停在上面採蜜。這句話套用在人身上是說不起眼的小人物,只要肯努力,總有一天也會走運,嘗到成功的滋味。

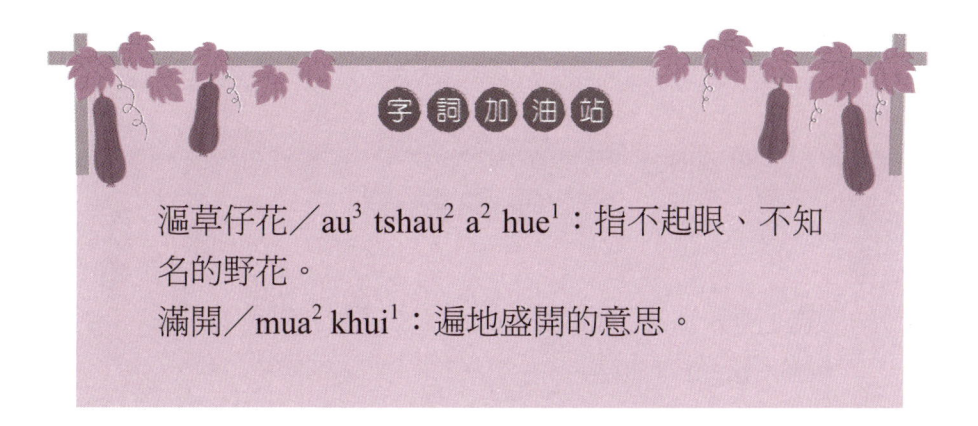

字詞加油站

漚草仔花／au³ tshau² a² hue¹:指不起眼、不知名的野花。
滿開／mua² khui¹:遍地盛開的意思。

台語每日一句

242　tsin⁷ sim¹ tshiunn³　hiam⁵ bo⁵ siann¹
盡心 唱，嫌無聲

涵義　形容自己已經盡心在做一件事，還是被其他人嫌得一無是處，用來形容人做了吃力不討好的事情。

說明　「盡心唱，嫌無聲」是說自己已經使力的唱，還被人家嫌聲音太小，例如在軍中唱歌答數，明明已經用最大的聲音唱出軍歌，班長仍說：「沒聽到」，這種情況就可用此句話來形容。

對應華語　徒勞無功、枉費心力、吃力不討好。

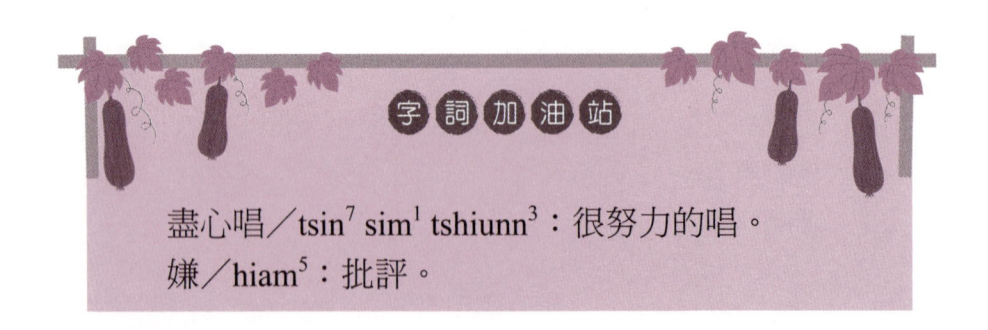

字詞加油站

盡心唱／tsin⁷ sim¹ tshiunn³：很努力的唱。
嫌／hiam⁵：批評。

243 管伊喙鬚留佗一爿

kuan² i¹ tshui³ tshiu¹ lau⁵ to² tsit⁸ ping⁵

涵義 說明人還是管好自己的事，不要管別人的閒事。

說明 別人的鬍鬚要留長或留短，要留左邊或右邊，人家自有定見，誰都沒有權力去規定該怎麼留。「管伊喙鬚留佗一爿」是說管人家鬍鬚要留哪一邊，比喻人家要怎麼處事，自有定見，我們還是少管為妙。

對應華語 自掃門前雪，莫管他人瓦上霜。

字詞加油站

伊／i¹：第三人稱的「他」。
喙鬚／tshui³ tshiu¹：鬍鬚。
佗一爿／to² tsit⁸ ping⁵：哪一邊。

台語每日一句

244

sng³ mia⁷　na⁷　u⁷　ling⁵　se³　kan¹　bo⁵　san³　lang⁵
算命若有靈，世間無散人

涵義 說明江湖術士所講的話，不可盡信。

說明 算命師如果都很靈驗，算得出人的前世今生，也算得出一個人命運的好壞，那算命師一定有能力改變命運，讓命運不好的人都能變好，這麼一來，世間不就沒有窮人了，但事實不然，所以算命師講的話，聽聽就好，還是不要盡信的好。

對應華語 術士之言，不可盡信。

字詞加油站

若有靈／na⁷ u⁷ ling⁵：如果有靈驗。
世間／se³ kan¹：世俗社會。
散人／san³ lang⁵：貧窮的人。

245 精的食戇，戇的食天公

tsing¹ e⁰　tsiah⁸ gong⁷　gong⁷ e⁰　tsiah⁸ thinn¹ kong¹

涵義 形容傻人自有傻福。

說明 社會一般現象，通常是精明與聰明的人佔不精明與愚笨者的便宜，而不精明、愚笨的人因為相傳是「天公仔囝」，是老天爺的子女，所以老天爺自然會暗中保佑他們。

對應華語 傻人有傻福。

字詞加油站

精的／tsing¹ e⁰：聰明、精明的人。
食／tsiah⁸：欺侮、佔便宜。
戇／gong⁷：愚笨、傻傻的或智慧低的人。
食天公／tsiah⁸ thinn¹ kong¹：會得到老天爺保佑。

台語每日一句

246

kin² kiann⁵ bo⁵ ho² poo⁷　kin² tsau² bo⁵ ho² loo⁷
緊行無好步，緊走無好路

涵義 勸人處事要冷靜，不可操之過急，以免忙中出錯。

說明 人如果走太快，步伐不穩容易跌倒，這就是所謂的「緊行無好步」；如果跑太快，會因為來不及思考而走錯路，這就是所謂的「緊走無好路」，所以做事不可操之過急，否則容易有閃失，出現差錯。

字詞加油站

緊行／kin² kiann⁵：快速行走。
無好步／bo⁵ ho² poo⁷：指步伐不穩，姿勢不優美。
緊走／kin² tsau²：快速跑步。
無好路／bo⁵ ho² loo⁷：指走錯路。

247 澎湖菜瓜，雜唸

phenn⁵ oo⁵ tshai³ kue¹　tsap⁸ liam⁷

涵義 形容人嘮嘮叨叨，嘴巴唸個不停。

說明 澎湖菜瓜的外表非常奇特，細細長長的，而且每一條都長有十個稜線，一般人稱為「十捻」。由於「十捻」與「雜唸」的台語諧音，而「雜唸」是嘮叨的意思，所以這句歇後語多用來形容人嘮叨、多話。

字詞加油站

菜瓜／tshai³ kue¹：絲瓜。
雜唸／tsap⁸ liam⁷：嘮叨、多話。

248 sik⁸ sai⁷ lang⁵ kiann⁵ senn¹ hun⁷ le²
熟似人行生份禮

涵義 喻大家都是熟人,不必那麼客氣!

說明 熟悉到不行的朋友,相處起來會比較隨便,如果「熟似人行生份禮」,像個陌生人一樣的行禮或饋贈禮物,反而令人覺得不習慣,所以遇到這種狀況,受禮的人就會客氣地跟行禮或贈禮的朋友說這一句話,表明大家都是熟人,就不要這麼客氣了!

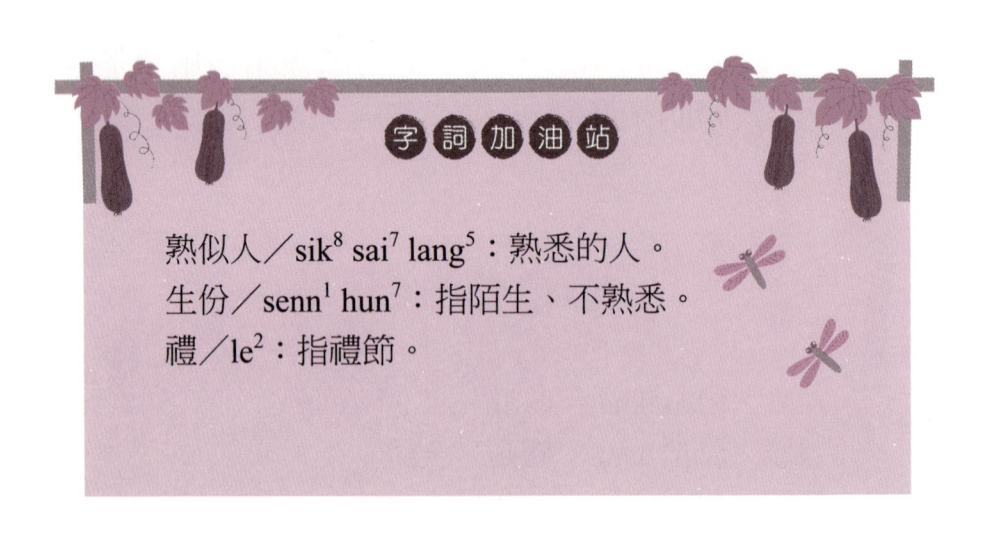

字詞加油站

熟似人╱sik⁸ sai⁷ lang⁵:熟悉的人。
生份╱senn¹ hun⁷:指陌生、不熟悉。
禮╱le²:指禮節。

249 san² kau² sia³ tsu² lang⁵
瘦狗卸主人

涵義 形容人的表相太寒酸,其長輩或直屬單位會失去面子。

說明 「瘦狗卸主人」是說狗養得太瘦,會讓主人丟面子。其實這句話是將狗比喻成人,意思是說人的表相太寒酸,其長輩或上級單位會失去面子,例如小孩子面黃肌瘦,別人會認為是家長沒有盡心扶養小孩,所以會丟家長的面子;某家公司的出差員工住五星級飯店,而另一家住一般的旅館,別人會認為後者的老闆對員工苛刻。

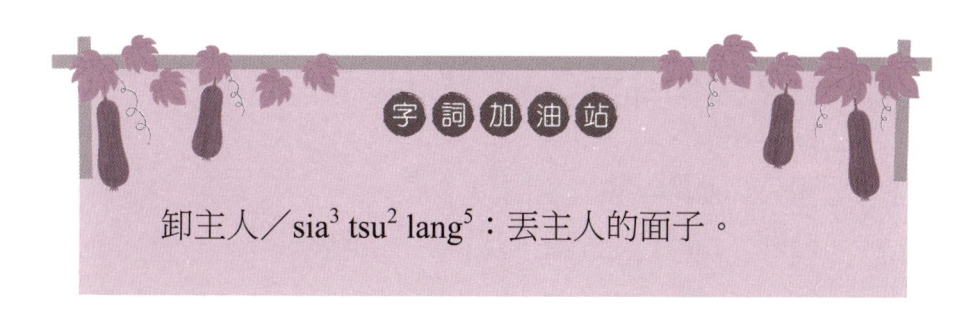

字詞加油站

卸主人／sia³ tsu² lang⁵:丟主人的面子。

台語每日一句

250 khap⁸ be⁷ tioh⁸ to⁷ sai¹ kong¹ ma² i⁵
磕袂著就司公媽姨

涵義 形容只是小事一樁，卻當成大事來處理。

說明 一般人會請道士或尪姨幫忙，一定是遇上自己解決不了的困難，才會央求他們幫忙解決。「磕袂著就司公媽姨」是說動不動就要請道士或尪姨來幫忙；連小事情都要請道士或尪姨幫忙，未免太小題大作了！

對應華語 小題大作。

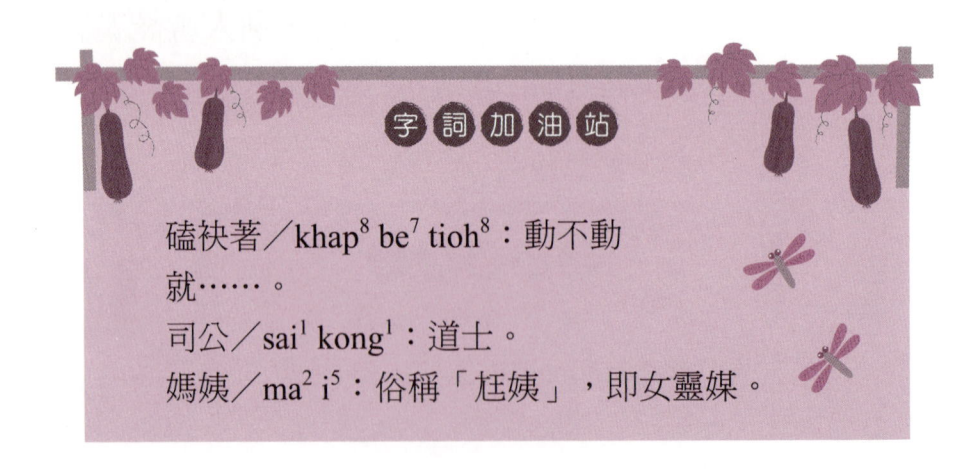

字詞加油站

磕袂著／khap⁸ be⁷ tioh⁸：動不動就……。
司公／sai¹ kong¹：道士。
媽姨／ma² i⁵：俗稱「尪姨」，即女靈媒。

251 tshua³ pik⁴ kai¹　pai³ pat⁸ lang⁵ e⁵ bong⁷
蔡伯喈，拜別人的墓

涵義　形容一個人忘本。

說明　蔡伯喈就是蔡邕，東漢著名的文人，他的雙親過世時伯喈已錄取功名，只是不能回家奔喪，一切喪葬還仰賴趙五娘剪自己的頭髮變賣，才能換得棺木入殮下葬。後來伯喈回老家祭拜雙親，怕人家知道他原本的家境，所以故意找一個好看一點的墳墓祭拜，後人認為此舉根本是數典忘祖的行為。

對應華語　叛祖忘宗、數典忘祖。

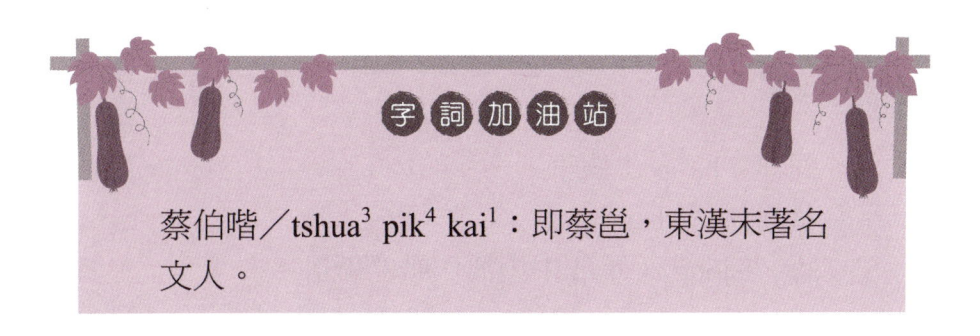

字詞加油站

蔡伯喈／tshua³ pik⁴ kai¹：即蔡邕，東漢末著名文人。

台語每日一句

252 he⁵ a² ping¹ tshau² meh⁴ a² tsiong³
蝦仔兵，草蜢仔將

涵義 喻本領低，不具威脅性的團體或軍隊。

說明 蝦子與草蜢都是不堪一擊的生物，其生命力脆弱，以牠們來當小兵與將領，力量會變得很薄弱，所以「蝦仔兵，草蜢仔將」形容一群缺乏戰鬥力的團體，起不了任何作用。

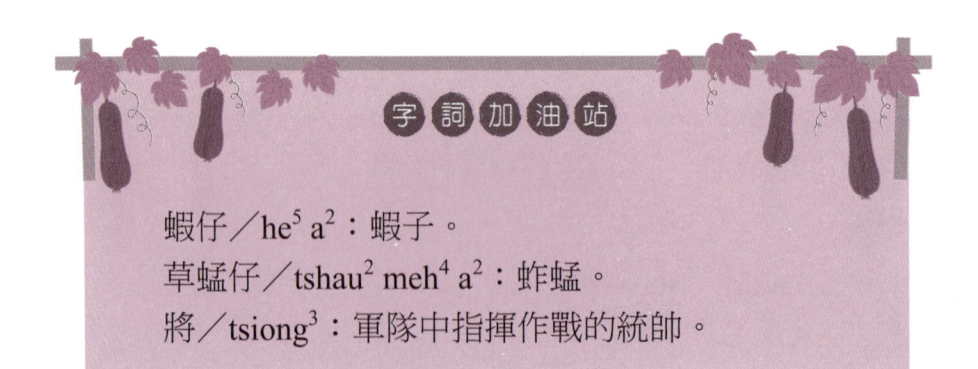

字詞加油站

蝦仔／he⁵ a²：蝦子。
草蜢仔／tshau² meh⁴ a²：蚱蜢。
將／tsiong³：軍隊中指揮作戰的統帥。

253 蝦仔看著倒彈，毛蟹看著浡瀾

he⁵ a² khuann³ tioh⁰ to³ tuann⁷　moo⁵ he⁷ khuann³ tioh⁰ phu⁷ nua⁷

涵義 形容人見人厭，到處都不受歡迎的人。

說明 連蝦子看到都要「倒彈」離開，毛蟹看到都要從嘴巴冒出口沫。其實蝦子本來就是「倒彈」行動，而毛蟹本來就會從嘴巴冒出口沫，這是牠們的本能，只不過前人將「倒彈」與「浡瀾」用來比喻「退避三舍」與「吐口水」之意，意謂見到某人令人退避三舍，甚至會對他吐口水。

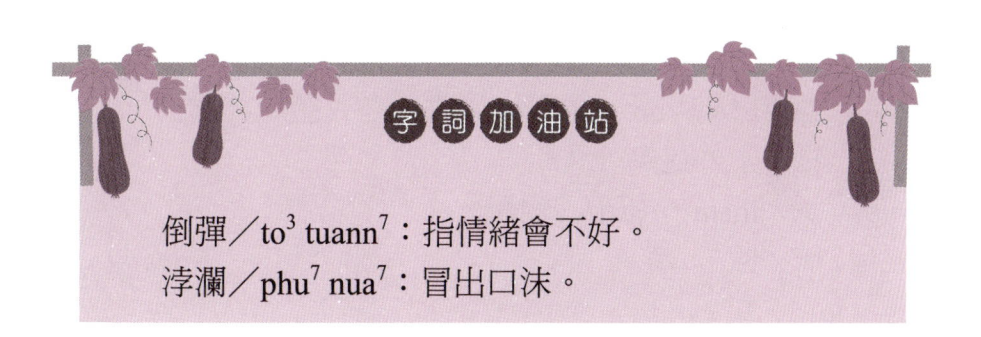

字詞加油站

倒彈／to³ tuann⁷：指情緒會不好。
浡瀾／phu⁷ nua⁷：冒出口沫。

台語每日一句

254

sat⁴ bo² hiam⁵ tse⁷　　tsinn⁵ bo⁵ hiam⁵ tse⁷
蝨母嫌濟，錢無嫌濟

涵義 形容錢越多越好，永遠不厭其多。

說明 蝨子多了會對身體造成不適感，所以沒有人願意長蝨子；至於錢，當然是越多越好，因為錢多，生活過得好，想買什麼就可以買什麼，永遠不會有人嫌多。

對應華語 多多益善、越多越好、韓信點兵，多多益善。

字詞加油站

蝨母／sat⁴ bo²：蝨子，為寄生在人體或其他動物身上的昆蟲。
嫌／hiam⁵：厭惡、討厭。
濟／tse⁷：多。

255

tshiann² ma² tsoo² tho² tua⁷ tsoo¹
請媽祖討大租

涵義 形容處理小事卻勞師動眾，以致所得利益不敷成本，划不來。

說明 以前的大地主田地多，自己耕種不了這麼多田地，索性將部分田地租給人家耕種，然後定時向租地的人收取田租。「請媽祖討大租」是說請媽祖幫忙催討田租。由於動用媽祖必須花費很多錢，如果這些錢多過於田租，那就算把田租收回來也「得不償失」。

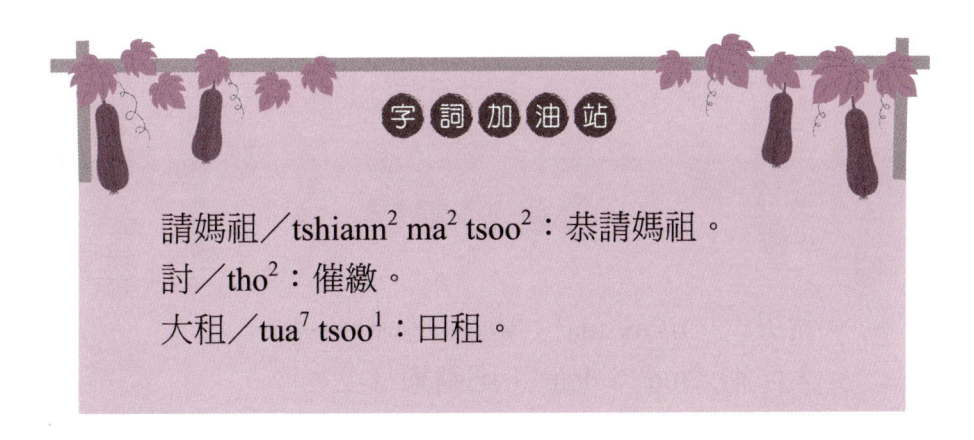

字詞加油站

請媽祖／tshiann² ma² tsoo²：恭請媽祖。
討／tho²：催繳。
大租／tua⁷ tsoo¹：田租。

256 豬毋大，大佇狗

ti^1 m^7 tua^7　tua^7 ti^7 kau^2

涵義 感嘆希望有成就者沒有成就，而不冀望會有成就者，卻大放異彩。

說明 以前為人父母者，或多或少有「重男輕女」的觀念，所以投注在兒子身上的時間與金錢總是多過於女兒，他們都期待兒子能夠成材，但有時候卻事與願違，反而女兒比兒子還成材，於是有人就會感嘆「豬毋大，大佇狗」。

對應華語 劣幣驅逐良幣。

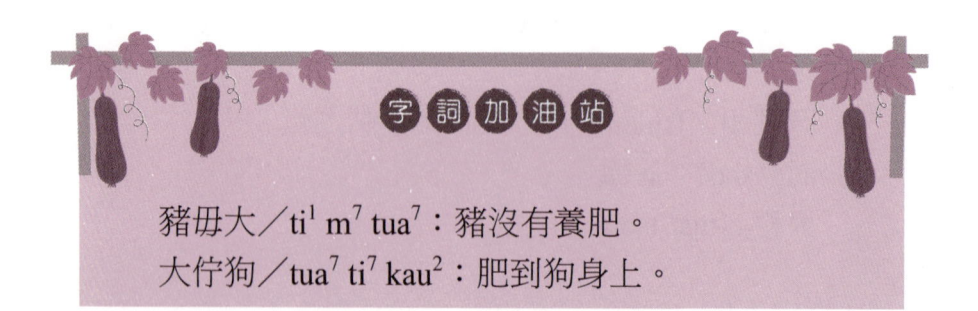

字詞加油站

豬毋大／ti^1 m^7 tua^7：豬沒有養肥。
大佇狗／tua^7 ti^7 kau^2：肥到狗身上。

257 ti¹ bah⁴ bo⁵ tsuann³　　be⁷ tshut⁴ iu⁵
豬肉無炸，袂出油

涵義 形容人沒有事先經過痛苦的磨練，無法享受成功的果實。

說明 在「植物油」尚未普及之前，台灣人煮食東西都使用「豬油」。所謂「豬油」就是肥豬肉（含皮）經高溫油炸而慢慢釋出的油脂，豬肉如果沒有經過這樣的處理，是不會出油的，整句話是說人沒有經過煎熬與磨練，是無法闖出一番成就的。

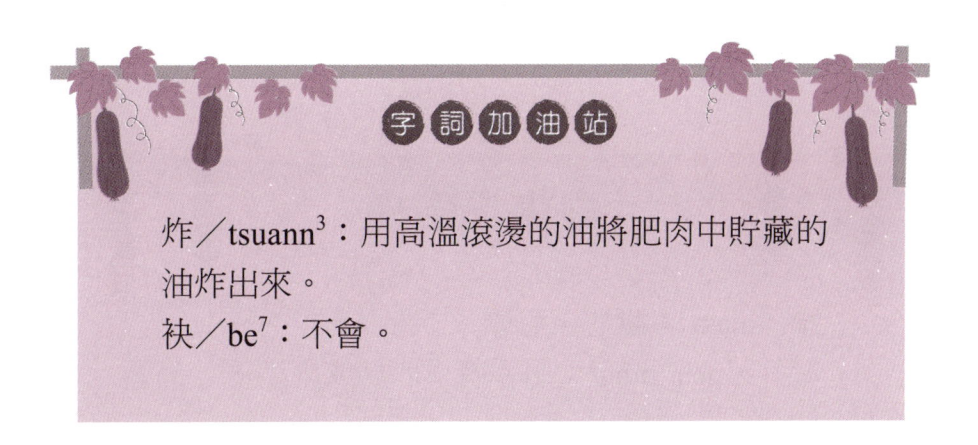

字詞加油站

炸／tsuann³：用高溫滾燙的油將肥肉中貯藏的油炸出來。
袂／be⁷：不會。

豬肝煮湯嫌無菜，蔭豉擘
ti¹ kuann¹ tsu² thng¹ hiam⁵ bo⁵ tshai³　im³ sinn⁷ peh⁴
爿你就知
ping⁵ li² to⁷ tsai¹

涵義 譏諷人身在福中不知福，不懂得知足，仍對現狀感到不滿意。

說明 豬肝對以前的人來說，是高營養價值的補品，只有生產或特別節日才能吃到，一般人想吃還不一定吃得起。「豬肝煮湯嫌無菜，蔭豉擘爿你就知」是說某人有豬肝湯可喝，還嫌沒有菜下飯，等到哪天連蔭豉仔都要剖半來吃，就知道困苦的滋味。

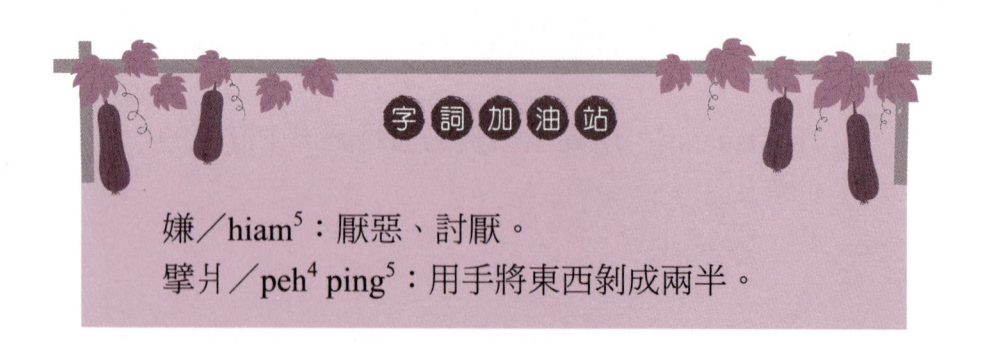

字詞加油站

嫌／hiam⁵：厭惡、討厭。
擘爿／peh⁴ ping⁵：用手將東西剝成兩半。

259 賣鴨卵的捙倒擔,看破

be⁷ ah⁴ nng⁷ e⁰ tshia¹ to² tann³　　khuann³ phua³

涵義 形容人對事情不再抱任何希望,看開了。

說明 這是一句歇後語。鴨蛋容易破,如果賣鴨蛋的生意人不小心打翻擔子,只能眼睜睜地看著鴨蛋破掉,這就是華語「看破」的原意;但台語所謂的「看破」是說對事情已經絕望,不再抱任何期待。

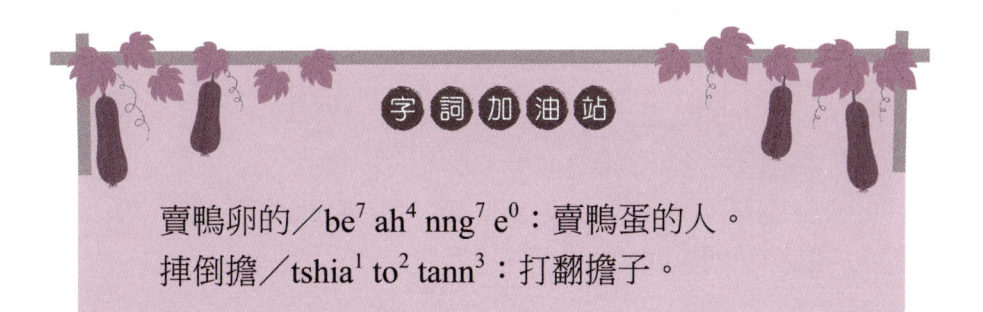

字詞加油站

賣鴨卵的／be⁷ ah⁴ nng⁷ e⁰:賣鴨蛋的人。
捙倒擔／tshia¹ to² tann³:打翻擔子。

台語每日一句

260 oh⁸ ho² ku¹ peh⁴ piah⁴　　oh⁸ phainn² tsui² pang¹ khiah⁴
學好龜跲壁，學歹水崩隙

涵義 形容一個人要學好很難，但要學壞卻很容易。

說明 烏龜要爬山壁，既困難又費力；而大水只要有一點點裂縫，便會快速地從縫隙傾洩而下。「學好龜跲壁，學歹水崩隙」意謂要學好就像烏龜爬山壁一樣，既慢又難，但要學壞，只要有一點點小小的誘惑，就會令人誤入歧途。

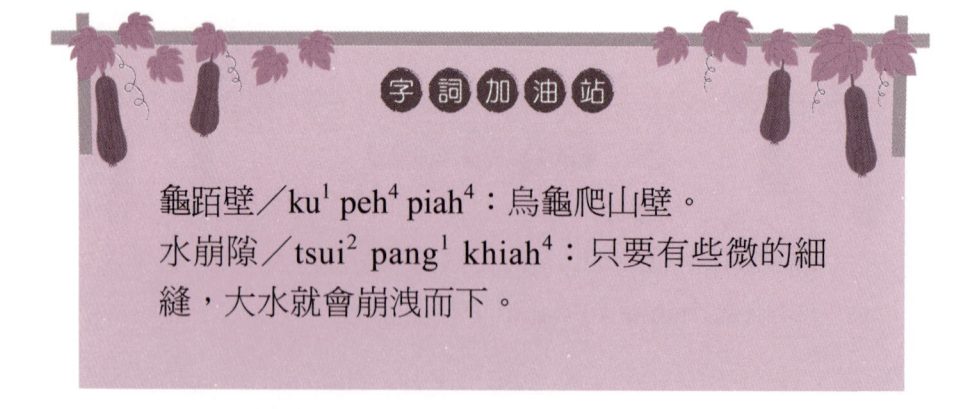

字詞加油站

龜跲壁／ku¹ peh⁴ piah⁴：烏龜爬山壁。
水崩隙／tsui² pang¹ khiah⁴：只要有些微的細縫，大水就會崩洩而下。

261 橫柴攑入灶

huainn⁵ tsha⁵ giah⁸ jip⁸ tsau³

涵義 說明人做了違反常理的事情。

說明 以前的台灣人多用「灶」來燒煮東西,而「灶」必須用木柴來生熱,通常木柴都是直著放進去「灶」裡面焚燒,如果橫著放,灶口太小反而不好放進去,所以「橫柴攑入灶」是違反常理的一種做法。

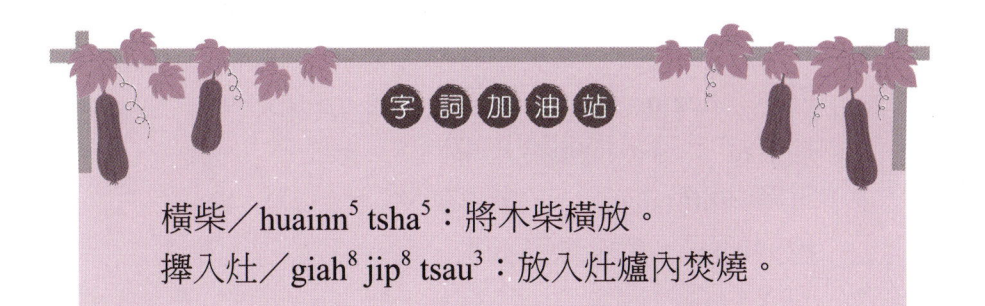

字詞加油站

橫柴/huainn⁵ tsha⁵:將木柴橫放。
攑入灶/giah⁸ jip⁸ tsau³:放入灶爐內焚燒。

262 huainn⁵ tshau² bo⁵ ni¹　tit⁸ tshau² bo⁵ liam³
橫草無拈，直草無捻

涵義　形容人的廉潔，對於不屬於自己的財與物皆不貪取。

說明　「橫草無拈」是說看到折斷且橫躺於地面上的草，不會想要拾取；「直草無捻」是說看到直立的草，不會想要折斷它，整句話用來形容人一介（芥）不取，不會貪求不屬於自己的東西。

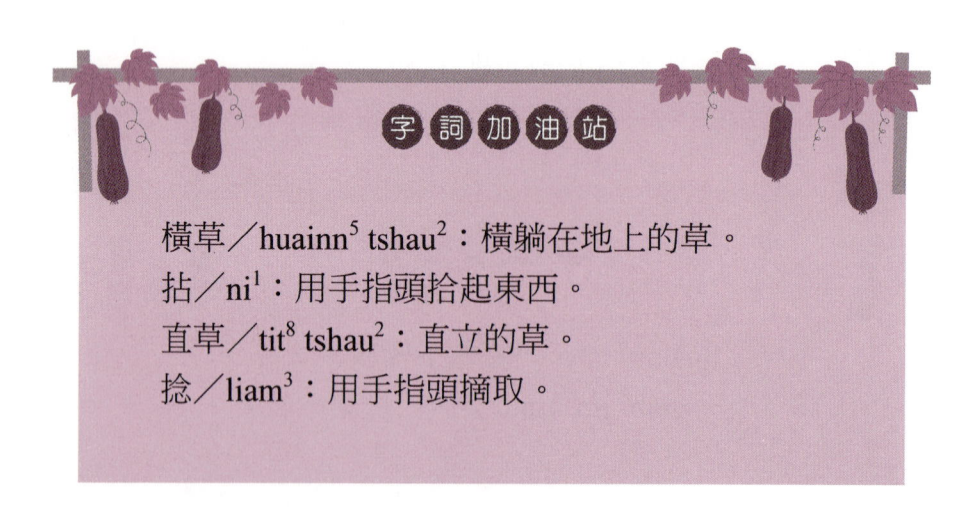

字詞加油站

橫草／huainn⁵ tshau²：橫躺在地上的草。
拈／ni¹：用手指頭拾起東西。
直草／tit⁸ tshau²：直立的草。
捻／liam³：用手指頭摘取。

263 tshiu⁷ tua⁷ tioh⁸ pun¹ ue¹　lang⁵ tua⁷ tioh⁸ pun¹ ke¹
樹大著分椏，人大著分家

涵義　形容子女長大成人後，自立門戶是很自然的事。

說明　樹木小的時候沒有分枝，但隨著時間增長就會慢慢長出枝條，這就是「樹大著分椏」；小時候，兄弟姊妹沒有養活自己的能力，所以家庭每個成員都生活在一起，但等到大家有了各自的家庭或事業，就會紛紛向父母求去，自立門戶，這就是「人大著分家」。

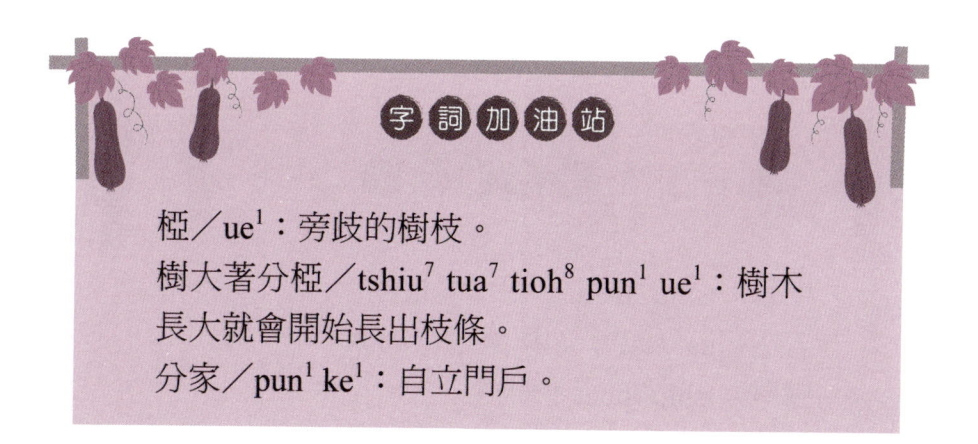

字詞加油站

椏／ue¹：旁歧的樹枝。
樹大著分椏／tshiu⁷ tua⁷ tioh⁸ pun¹ ue¹：樹木長大就會開始長出枝條。
分家／pun¹ ke¹：自立門戶。

台語每日一句

264．樹頭若在，毋驚樹尾做風颱

tshiu⁷ thau⁵ na⁷ tsai⁷，m⁷ kiann¹ tshiu⁷ bue² tso³ hong¹ thai¹

涵義：形容人只要行得正，做事光明磊落，就不怕他人的中傷或冤枉。

說明：樹根紮得深表示樹身穩固，不怕颱風、地震；樹根紮得淺，表示樹身不穩固，遇颱風或地震就會傾倒；人也是一樣，只要自己行得正，做得正，別人抓不到把柄，所有的中傷都是空穴來風，根本無須害怕。

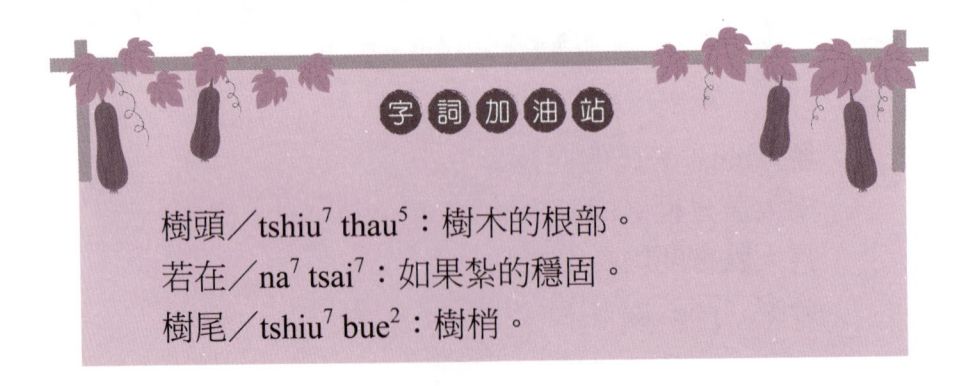

字詞加油站

樹頭／tshiu⁷ thau⁵：樹木的根部。
若在／na⁷ tsai⁷：如果紮的穩固。
樹尾／tshiu⁷ bue²：樹梢。

265 mua⁵ senn¹ lang⁵ bak⁸　tap⁴ si² lang⁵ in¹
瞞生人目，答死人恩

涵義　諷刺人在父母活著時不孝，待其死後才做個假象，讓人誤以為他是個孝順的人。

說明　很多不孝的子女，父母在世都不知道孝順，等到他們往生了，為了在親友面前表現自己是個孝順的子女，不是將喪禮辦得很盛大，就是哭得死去活來，其實這一切行為都是假象，只是故意表演給親友們看罷了！這就是前人所說的「瞞生人目，答死人恩」。

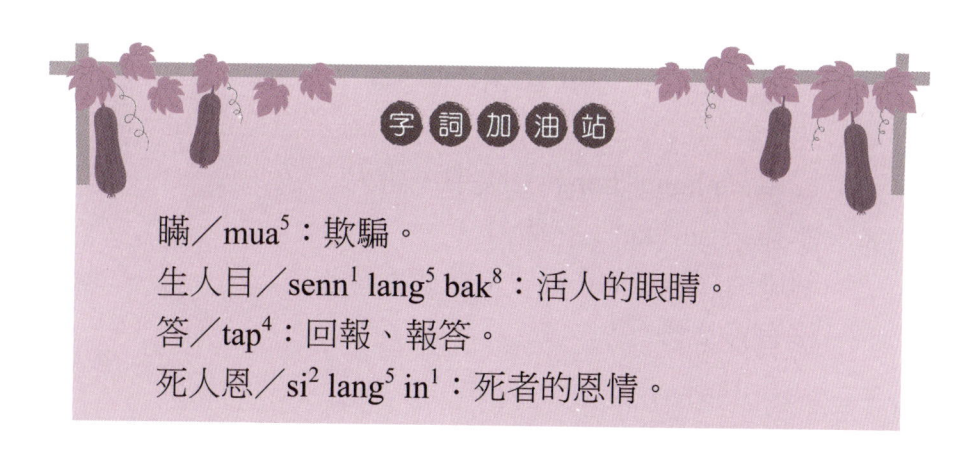

字詞加油站

瞞／mua⁵：欺騙。
生人目／senn¹ lang⁵ bak⁸：活人的眼睛。
答／tap⁴：回報、報答。
死人恩／si² lang⁵ in¹：死者的恩情。

台語每日一句

266 phong³ hong¹ tsui² ke¹ thai⁵ bo⁵ bah⁴
膨風水雞刣無肉

涵義　說明人沒有真本事卻又喜歡吹牛，就算吹得再大也沒用。

說明　青蛙有一種天生的本能，就是能鼓起肚子使自己看起來比實體大上許多，但實際上肚子裡面都是空氣，如果將牠抓來宰殺，也沒有多少肉，所以稱「刣無肉」，全句用來形容人沒能耐卻愛吹牛，就算吹得再大也沒用。

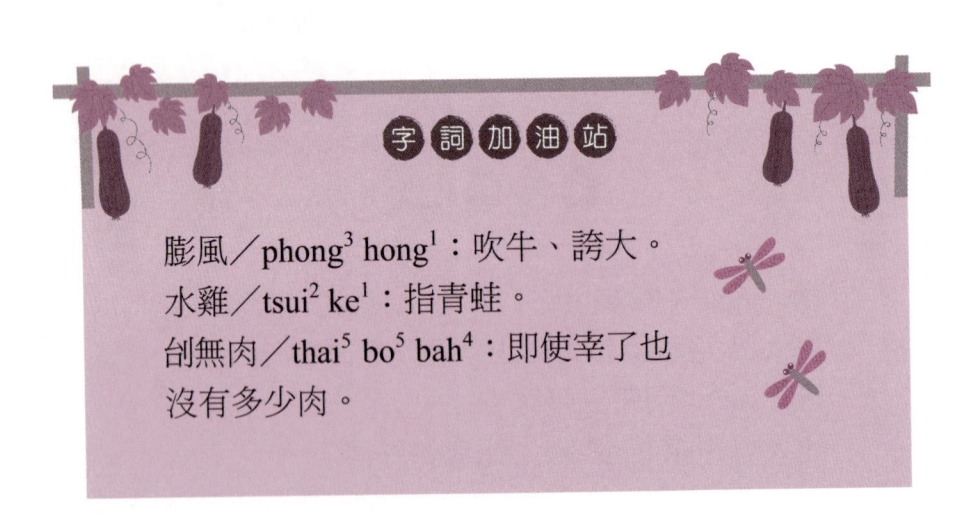

字詞加油站

膨風／phong³ hong¹：吹牛、誇大。
水雞／tsui² ke¹：指青蛙。
刣無肉／thai⁵ bo⁵ bah⁴：即使宰了也沒有多少肉。

267 褪赤跤的毋驚穿皮鞋的

thng³ tsiah⁴ kha¹ e⁰ m⁷ kiann¹ tshing⁷ phue⁵ e⁵ e⁰

涵義 形容中下階層者，自認爛命一條，敢與上流社會的人爭長短、拚死活。

說明 以前中下階層的人生活清苦，總認為自己爛命一條，遇到不公平的事，就算把命豁出去也要討回公道；而平時穿皮鞋的上流人士，自小嬌生慣養，總認為自己的命很值錢，所以比較怕事，就因為如此，前人才說「褪赤跤的毋驚穿皮鞋的」。

字詞加油站

褪赤跤的／thng³ tsiah⁴ kha¹ e⁰：原意是打赤腳的人，此處指中下階層的勞動者。

穿皮鞋的／tshing⁷ phue⁵ e⁵ e⁰：原意指穿皮鞋的人，此處指有錢、有地位的人。

268 khoo³ tua³ kat⁴ sio¹ lian⁵
褲帶結相連

涵義 喻形影不離，交情很好的朋友。

說明 「褲帶結相連」是說腰帶繫在一起。兩個人的腰帶會繫在一起，表示關係十分親密，做什麼事都形影不離，感情好的不得了。

對應華語 焦不離孟，孟不離焦。

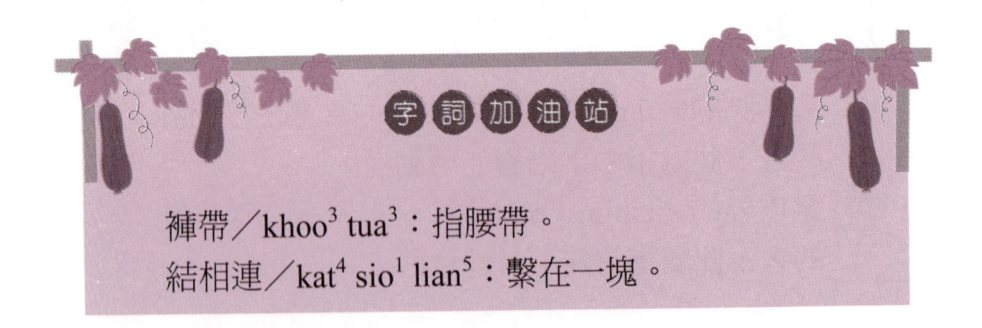

字詞加油站

褲帶／khoo³ tua³：指腰帶。
結相連／kat⁴ sio¹ lian⁵：繫在一塊。

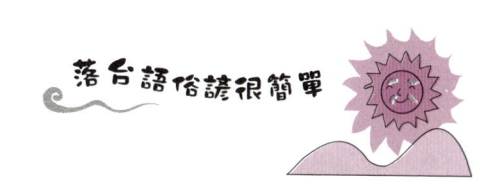

269 khoo³ te⁷ a² te⁷ tsiam¹ tuh⁸ lan⁷
褲袋仔袋針，揬羼

涵義 ㈠指男子的生殖器官被褲子口袋裡的針刺傷。㈡形容人的心裡面很不爽。

說明 這是一句歇後語。男人的褲袋裡如果放一根細針，一不小心就會刺到男性的生殖器官，謂之「揬羼」。所謂「揬羼」，在台語裡代表兩種意思，一種如上所述，另一種則是表示心裡很不高興的意思。

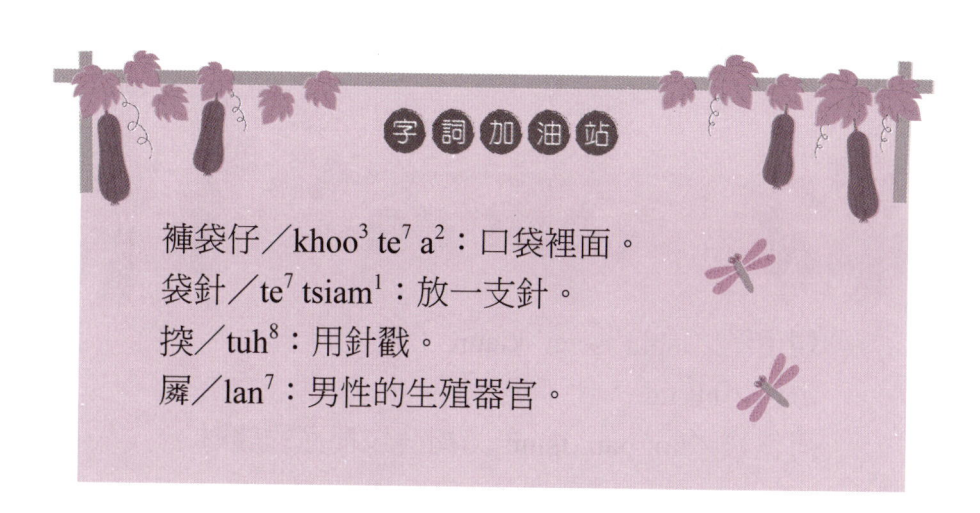

字詞加油站

褲袋仔／khoo³ te⁷ a²：口袋裡面。
袋針／te⁷ tsiam¹：放一支針。
揬／tuh⁸：用針戳。
羼／lan⁷：男性的生殖器官。

台語每日一句

270 tshin¹ senn¹ kiann² m⁷ tat⁸ ho⁵ pau¹ tsinn⁵
親生囝毋值荷包錢

涵義 說明為人父母者身邊留一點錢，比依賴子女奉養、看子女臉色過活來得實在。

說明 雖說親生子女奉養父母是一種義務，但很多父母都不喜歡這樣，因為如此一來，凡事都要向人伸手，倒不如自己身邊存一點錢，想做什麼事都可以，也不用看人家的臉色，這就是前人說的「親生囝毋值荷包錢」。

對應華語 有錢萬事足。

字詞加油站

親生囝／tshin¹ senn¹ kiann²：親生的子女。
毋值／m⁷ tat⁸：比不上。
荷包錢／ho⁵ pau¹ tsinn⁵：指荷包裡面的錢財。

271. 輸人毋輸陣，輸陣歹看面

su¹ lang⁵ m⁷ su¹ tin⁷, su¹ tin⁷ phainn² khuann³ bin⁷

涵義 意謂人好勝心強，凡事不願落於人後。

說明 人不是全能之士，難免在某些方面會輸給表現傑出的人；輸給少數幾個傑出的人還有話說，若連群體大眾都比不上，那就真的太遜了，舉例說明，廟會辦桌，大家會比誰家辦的桌數多，如果這一家辦十桌，那一家在「輸人毋輸陣，輸陣歹看面」的心態作祟下，也許會辦十五桌來充場面，反正大家都不願屈居人後，否則面子會掛不住。

字詞加油站

陣／tin⁷：群體、社會大眾。
歹看面／phainn² khuann³ bin⁷：很難看、很沒面子。

台語每日一句

272 tsinn⁵ bo⁵ nng⁷ gin⁵ be⁷ tan⁵
錢 無 兩 銀 袂 霆

涵義　㈠若有爭端，事出必有因，兩造雙方不能只怪單方面。㈡形容單靠一個人的力量辦不成某事，必須有人幫助才行。

說明　以前的錢幣是用金、銀或銅所製成的，只要兩個相互碰撞就會發出聲響，若只有一個，當然就不會有聲音。如果將這句話套用在人身上可以說，吵架要兩個人才吵得起來、戀愛要兩個人才能迸出火花……。

對應華語　孤掌難鳴、一個巴掌拍不響。

字詞加油站

兩銀／nng⁷ gin⁵：兩枚。
霆／tan⁵：發出聲響。

273 tsinn⁵ tang⁵　tsa¹ boo² ling¹　m⁷ thang¹ bong¹
錢筒，查某奶，毋通摸

涵義　提醒人為了避免引起不必要的糾紛，某些地方還是不要碰得好。

說明　錢筒與女人的身體都是碰不得的，因為觸摸別人的錢筒會被誤會是賊，觸摸女人的胸部會被誤會是性騷擾，這兩件事都是麻煩事，一旦觸犯，將會吃不完兜著走。

對應華語　是非之地、瓜李之嫌、瓜田李下。

字詞加油站

錢筒／tsinn⁵ tang⁵：存錢筒，也就是所謂的「撲滿」。
查某奶／tsa¹ boo² ling¹：指女人的胸部。
毋通／m⁷ thang¹：不可以。

錢銀幾萬千，毋值囝孫出人前

tsinn⁵ gin⁵ kui² ban⁷ tshian¹ m⁷ tat⁸ kiann² sun¹ tshut⁴ lang⁵ tsian⁵

涵義　子孫出人頭地，比擁有家財萬貫更重要。

說明　有的人雖然賺了很多錢，卻疏忽對孩子的教育，讓他們變成為非作歹的人，到處惹事生非，就算父母擁有家財萬貫，也高興不起來；如果父母能多花點心思來教育孩子，等哪一天他們出人頭地，父母得到的成就感絕對比擁有幾千萬的家產更令人雀躍。

字詞加油站

囝孫／kiann² sun¹：子孫。
出人前／tshut⁴ lang⁵ tsian⁵：出人頭地，有成就。

275 錢銀纏半腰,免驚銀紙無人燒
tsinn⁵ gin⁵ tinn⁵ puann³ io¹ bian² kiann¹ gin⁵ tsua² bo⁵ lang⁵ sio¹

涵義 告誡老年人身邊一定要存點錢,否則不會有人願意照顧他。

說明 老年人只要身邊有一點錢,就會有人去服侍他,而且死後也會有人燒紙錢給他花用,因為那些人是為了得到老人的身後錢,所以不得不討好他;如果老人是個身無分文的人,除了孝子之外,恐怕不會有人管他的死活。

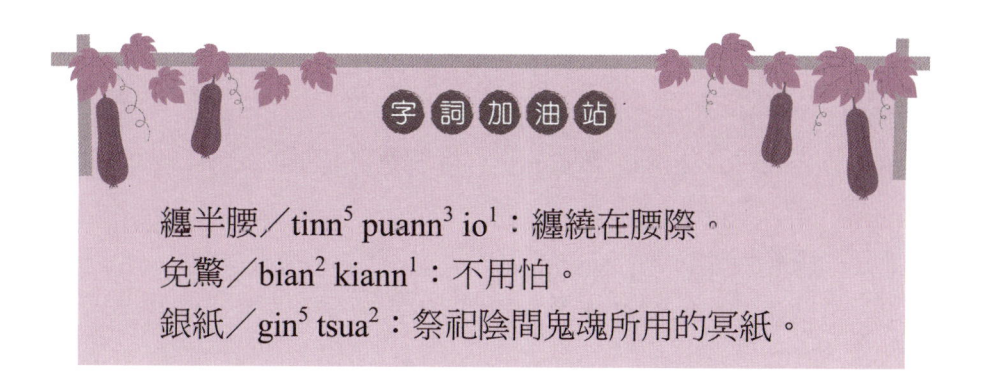

字詞加油站

纏半腰／tinn⁵ puann³ io¹:纏繞在腰際。
免驚／bian² kiann¹:不用怕。
銀紙／gin⁵ tsua²:祭祀陰間鬼魂所用的冥紙。

台語每日一句

276. 閻羅王開酒店，毋驚死的做你來

giam⁵ lo⁵ ong⁵ khui¹ tsiu² tiam³　m⁷ kiann¹ si² e⁰ tso³ li² lai⁵

涵義　意謂不怕死的就來。

說明　這是一句歇後語。閻羅王開酒店當然是開在陰間，活人不可能到這裡消費，只有死人才有機會去消費，所以說不怕死的就來。

對應華語　閻王做生意，鬼也沒得上門。

字詞加油站

閻羅王／giam⁵ lo⁵ ong⁵：掌管陰間的神祇。
開／khui¹：開設、經營。
毋驚死的／m⁷ kiann¹ si² e⁰：不怕死的人。
做你來／tso³ li² lai⁵：儘管放馬過來。

iam¹ ke¹　　than³ hong⁷ pue¹
277 閹雞，趁鳳飛

涵義 譏笑人的身分、能力或外表不如人，卻想要模仿他人。

說明 「閹雞，趁鳳飛」是說去勢的公雞想要模仿鳳凰飛舞的姿態。閹雞不管在外表、地位或飛翔的能力均不如鳳凰，所以一直想要模仿牠，這就是華語所稱的「東施效顰」。

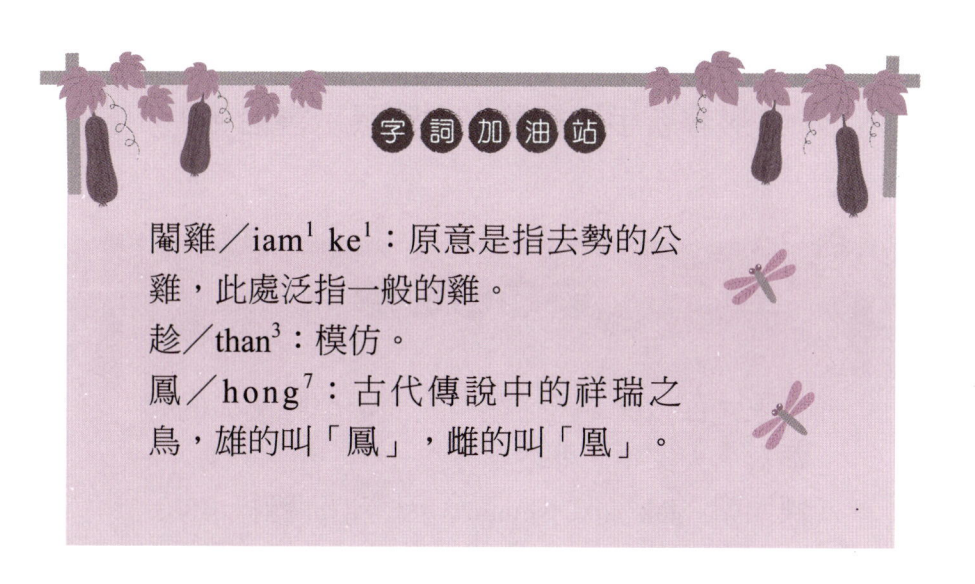

字詞加油站

閹雞／iam¹ ke¹：原意是指去勢的公雞，此處泛指一般的雞。
趁／than³：模仿。
鳳／hong⁷：古代傳說中的祥瑞之鳥，雄的叫「鳳」，雌的叫「凰」。

台語每日一句

275 頭一擺做大家，跤手肉慄慄掣

thau⁵ tsit⁸ pai² tso³ ta¹ ke¹, kha¹ tshiu² bah⁴ lak⁸ lak⁸ tshuah⁴

涵義 形容生平第一次做某事，沒有經驗，會緊張、害怕。

說明 第一次做婆婆的人，面對親家的到訪，既高興又緊張，一時間不知如何調適自己的身分，也不知道如何去款待親家才不會失禮，所以緊張到手腳不聽使喚，前人便用這句話形容新手沒經驗，會緊張、害怕。

字詞加油站

大家／ta¹ ke¹：媳婦在別人面前稱呼丈夫的媽媽為「大家」，即婆婆。

慄慄掣／lak⁸ lak⁸ tshuah⁴：因害怕而顫抖。

279 頭大面四方，肚大居財王

thau⁵ tua⁷ bin⁷ su³ hong¹　too² tua⁷ ki¹ tsai⁵ ong⁵

涵義　形容人長得一臉福相。

說明　以前的人認為「頭大」與「肚子大」是一種福相，因為「頭大」表示人有智慧，「肚大」表示人可以聚財，都是好的體相，所以前人就用這句話來形容一個人很有福相。

對應華語　方面大耳、方頭大耳、面如方田、龍眉鳳目、燕頷虎頸。

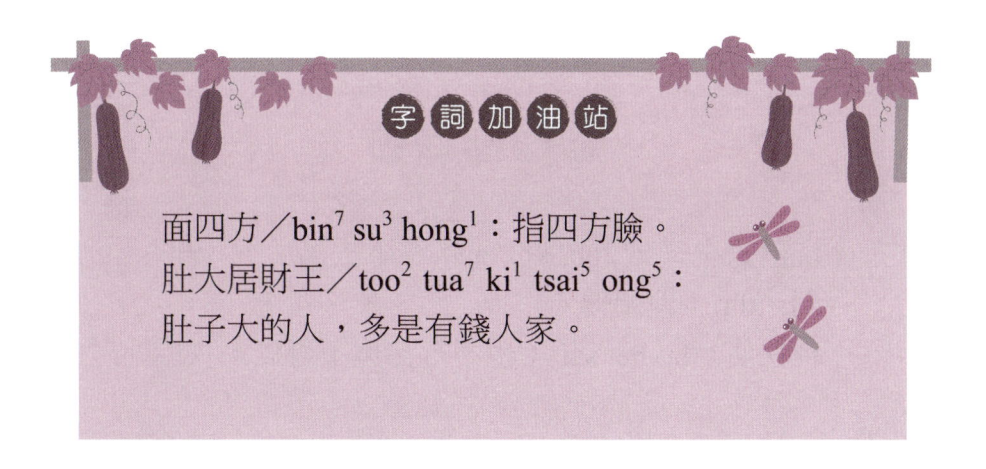

字詞加油站

面四方／bin⁷ su³ hong¹：指四方臉。
肚大居財王／too² tua⁷ ki¹ tsai⁵ ong⁵：肚子大的人，多是有錢人家。

280. 頭洗落去矣,無剃也袂使

thau⁵ se² loh⁰ khi⁰ a⁰　bo⁵ thi³ ia⁷ be⁷ sai²

涵義　說明事情都已經著手做了,豈有中途喊停的道理。

說明　以前的理髮師為了好「剃頭」,會先幫客人簡單洗個頭,使髮絲變得柔軟,方便理髮。「頭洗落去矣,無剃也袂使」是說頭已經洗了,滿頭都是泡沫,不剃也不行了(就算不剃也得付錢);比喻事情都已經開始著手做了,沒有中途喊停的道理。

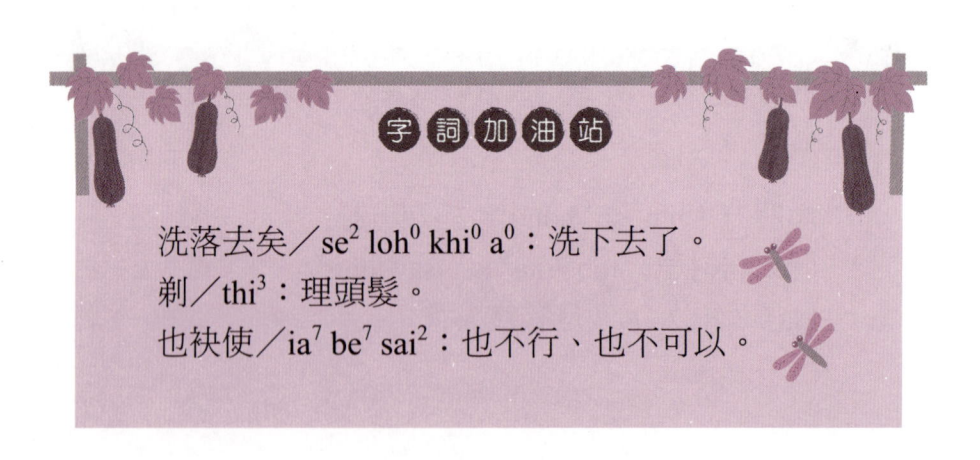

字詞加油站

洗落去矣／se² loh⁰ khi⁰ a⁰：洗下去了。
剃／thi³：理頭髮。
也袂使／ia⁷ be⁷ sai²：也不行、也不可以。

281

ah⁴　a²　　kue³ khe¹　　bo⁵ liau⁵
鴨仔過溪，無聊

涵義 ㈠形容人的精神空虛、愁悶。㈡責罵人的言行舉止沒有意義。

說明 這是一句歇後語。鴨子是用游泳的方式過河，與人類蹽（以腳踩著水底，涉水而過）過河的方式不一樣，所以稱「無蹽」；由於「蹽」與「聊」諧音，前人便將「鴨仔過溪」比喻做「無聊」。

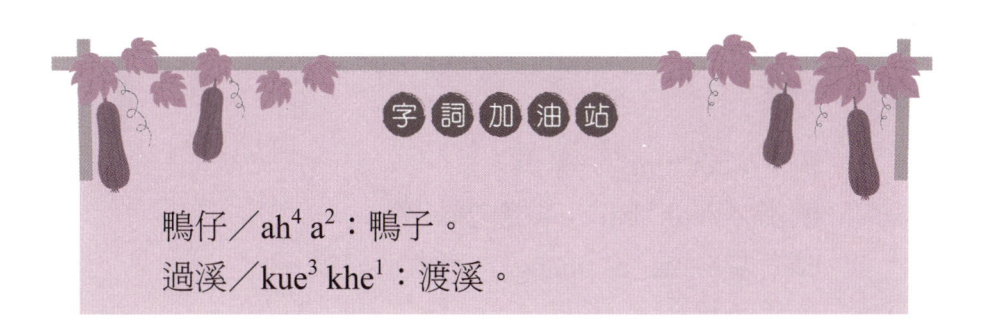

字詞加油站

鴨仔／ah⁴ a²：鴨子。
過溪／kue³ khe¹：渡溪。

台語每日一句

282 鴨卵較密嘛有縫
ah⁴ nng⁷ khah⁴ bat⁸ ma⁷ u⁷ phang⁷

涵義　形容事情再怎麼保密，終究還是會被別人知道。

說明　鴨蛋的外表雖然看起來緊密，但在高倍數的顯微鏡底下還是可以看出縫隙，這是蛋殼裡面的小生命得以存活的原因之一，所以前人才說「鴨卵較密嘛有縫」；比喻百密總有一疏，事情再怎麼保密，還是會洩漏出去。

對應華語　紙包不住火、百密總有一疏。

字詞加油站

鴨卵／ah⁴ nng⁷：鴨蛋。
較密／khah⁴ bat⁸：再怎麼緊密。
嘛有縫／ma⁷ u⁷ phang⁷：也會有縫隙。

283 龍一尾，較贏過杜蚓一畚箕

liong⁵ tsit⁸ bue² khah⁴ iann⁵ kue³ too⁷ kun² tsit⁸ pun³ ki¹

涵義 形容有用的一個就夠了，沒用的就算有一大堆也沒用處。

說明 「龍」在中國人的心目中，既尊且貴，牠能行雨，又是「皇帝命」的象徵；至於蚯蚓，只不過是一介小蟲，即使有「一畚箕」那麼多，也比不上一條龍尊貴，整句話用來指兵貴精而不貴多，有用的一個就夠了，沒用的就算一堆也沒有用。

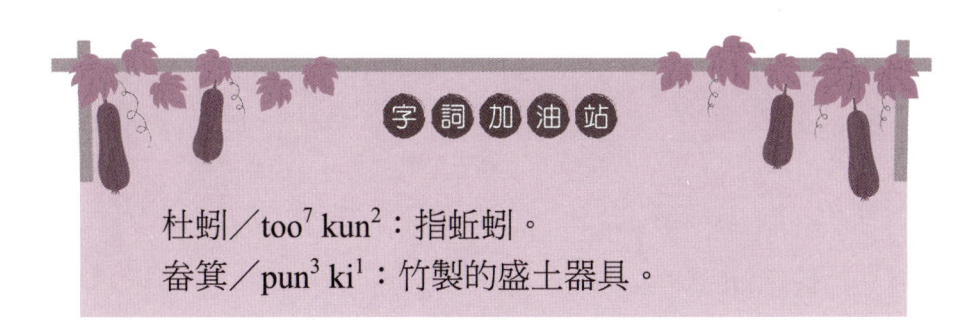

字詞加油站

杜蚓／too⁷ kun²：指蚯蚓。
畚箕／pun³ ki¹：竹製的盛土器具。

台語每日一句

284 hi³ penn⁵ kha¹ khia⁷ ku² to⁷ lang⁵ e⁵
　　戲 棚 跤 徛 久 就 人 的

涵義 凡事能堅持到底的人，最後的勝利就會屬於他。

說明 以前鄉下地方沒什麼娛樂，一旦遇到廟會有野台戲的表演，大家都會一窩蜂跑去看，結果先到的人就把好的位置佔走，而後到的人只能站在視野不佳的地方觀賞；如果想要有個好位置看戲，就必須耐心的等待，因為時間久了，有人會因腳酸而提早離開，如此一來，便可以接替他的位置，那戲棚下最佳的觀賞位置就是你的。

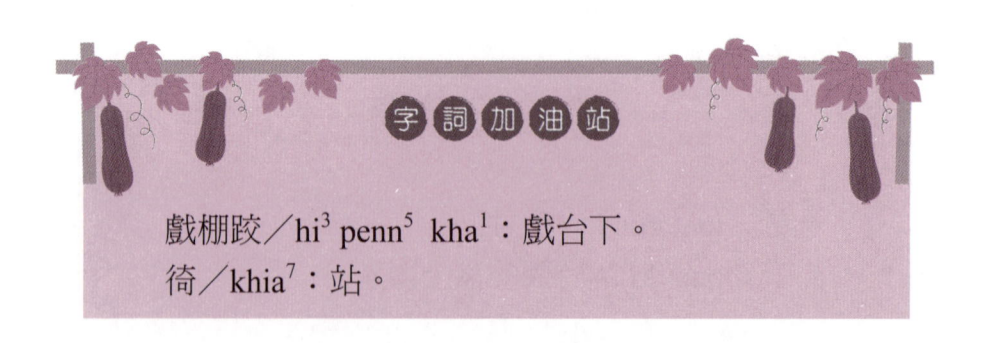

字詞加油站

戲棚跤／hi³ penn⁵ kha¹：戲台下。
徛／khia⁷：站。

285　tse⁷　gu⁵　tah⁸　bo⁵　pun³　　tse⁷　boo²　bo⁵　te³　khun³
濟牛踏無糞，濟某無地睏

涵義　說明人多不一定好辦事。

說明　牛除了幫助農家耕種外，還能製造堆肥。堆肥的製造方法是將質地較軟的植物丟到牛舍中，讓牛拉屎拉尿，並加以踩踏，待其發酵就可以當肥料。如果牛舍住太多牛隻，堆肥都黏到牛的腳上，自然「踏無糞」；男人如果娶太多妻妾，她們彼此會爭寵，一旦擺不平，大家都把怨氣出到丈夫的身上，他晚上就沒有房間可睡了。

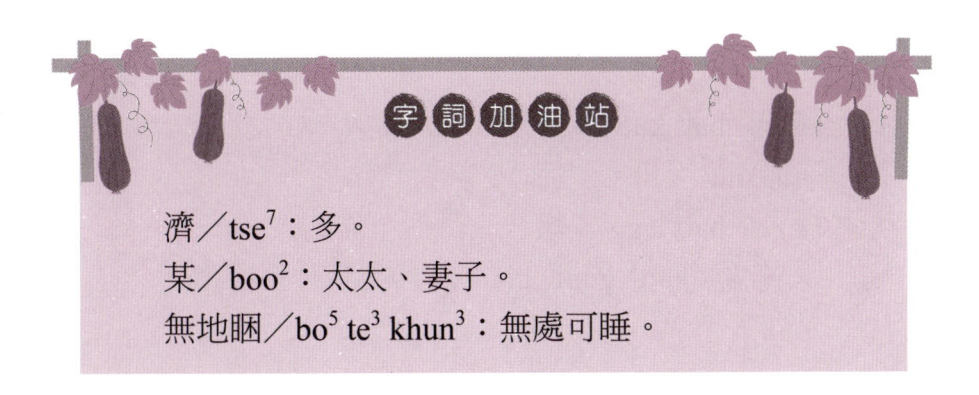

字詞加油站

濟／tse⁷：多。
某／boo²：太太、妻子。
無地睏／bo⁵ te³ khun³：無處可睡。

286 bai² kue¹ kau⁷ tsi²　bai² lang⁵ kau⁷ gian⁵ gi²
穤瓜厚子，穤人厚言語

涵義 勸人不要談論別人的是非，興風作浪，以免討人厭。

說明 瓜果籽太多時要一邊吃果肉，一邊吐籽，相當麻煩，加上甜度低，吃起來的口感不好，就稱為「穤瓜厚子」；人的品行如果不好，一會兒道人長短，一會兒胡言亂語，就稱為「穤人厚言語」。

字詞加油站

穤瓜／bai² kue¹：品種不好的瓜類。
厚／kau⁷：多。
穤人／bai² lang⁵：壞人、品行不佳的人。
厚言語／kau⁷ gian⁵ gi²：形容多話，喜歡道人是非。

287 䆀查某愛照鏡，歹命人愛相命

bai² tsa¹ boo² ai³ tsio³ kiann³ phainn² mia⁷ lang⁵ ai³ siong³ mia⁷

涵義 多被人用來譏笑沒事就愛照鏡子或喜愛算命的人。

說明 人不管長得好不好看，都喜歡照鏡子，但長得醜的女人特別愛照鏡子，因為希望從鏡中看到自己一天比一天美麗。人不管命好不好，都喜歡算命，但人生坎坷、不順利的人，就越喜歡探求自己命運好壞、前途的吉凶。

字詞加油站

䆀查某／bai² tsa¹ boo²：醜女人。

255 bai² bai² a² ang¹ tsiah⁸ be⁷ khang¹
穤穤仔翁食袂空

涵義 勸誡女人不要以貌擇偶，有時其貌不揚的男人反而安全可靠，能成為長期的飯票。

說明 長相英俊的男人，女孩子爭著要，即使他結了婚還是有人願意倒貼，因此嫁了這樣的丈夫，每天都要擔心他被其他女人搶走，實在沒有安全感；而長相平凡的男人比較沒有異性緣，女人比較不會去勾引他，嫁給這樣的丈夫安全可靠，不用擔心這，擔心那，反而是比較穩固的長期飯票。

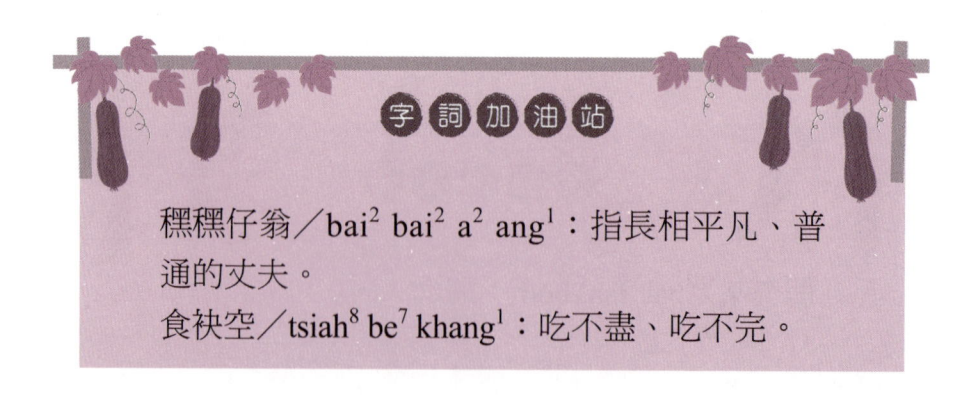

字詞加油站

穤穤仔翁／bai² bai² a² ang¹：指長相平凡、普通的丈夫。
食袂空／tsiah⁸ be⁷ khang¹：吃不盡、吃不完。

289 聳勢,無落魄的久

sang² se³　bo⁵ lok⁸ phik⁴　e⁵ ku²

涵義 勸人不要太驕傲,神氣的日子不會過得太久。(帶有詛咒的味道)

說明 有些人一得意,便開始猖狂、驕傲,到處欺侮人;有人因為不能忍受他囂張的氣焰,所以當著他的面說:「聳勢,無落魄的久」意思是說神氣不會比落魄的時間久。這句話帶有詛咒的意味,即希望對方趕快「衰敗」之意。

對應華語 神氣沒有落魄久。

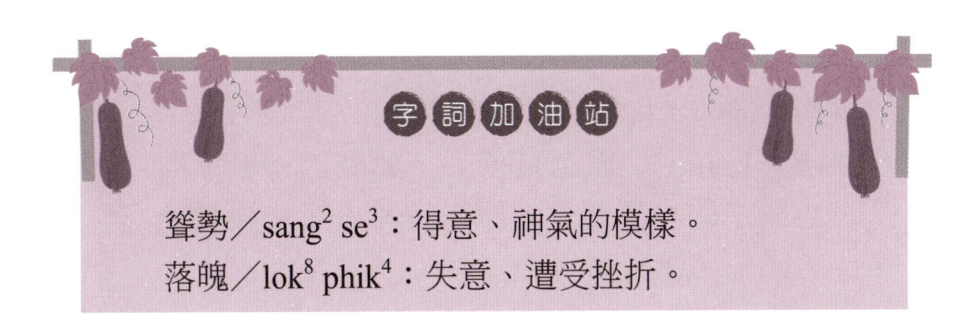

字詞加油站

聳勢／sang² se³:得意、神氣的模樣。
落魄／lok⁸ phik⁴:失意、遭受挫折。

台語每日一句

290 kong² tsit⁸ e⁵ iann² senn¹ tsit⁸ e⁵ kiann²
講 一 个 影 ， 生 一 个 囝

涵義 形容人還沒有完全明白人家講的話意，便將錯誤的訊息傳達出去。

說明 「影」與「囝」的台語音很相近，但意思卻是南轅北轍。某人講一個「影」，但聽者卻聽成「囝」，並到處散播，這就是所謂的「講一个影，生一个囝」，亦即捕風捉影，以訛傳訛的意思。

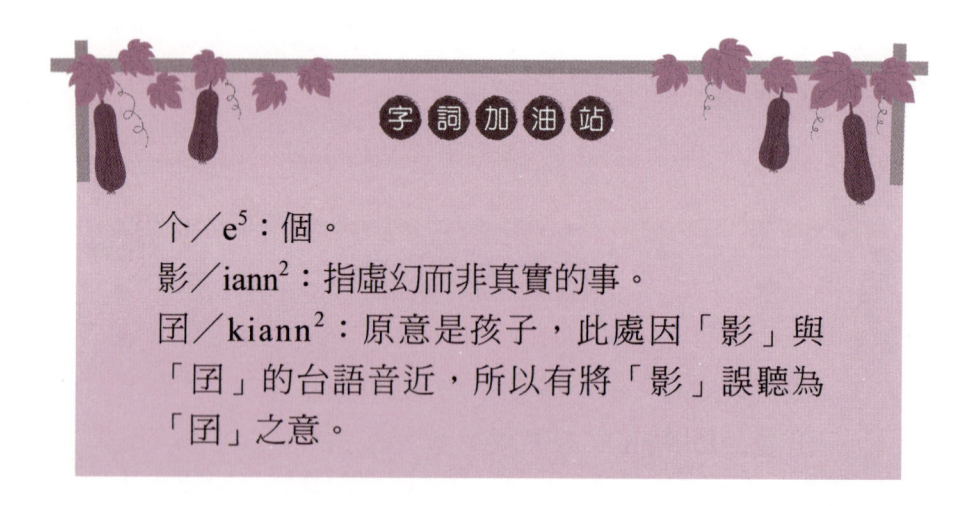

字詞加油站

个／e⁵：個。
影／iann²：指虛幻而非真實的事。
囝／kiann²：原意是孩子，此處因「影」與「囝」的台語音近，所以有將「影」誤聽為「囝」之意。

291 講十三天外
kong² tsap⁸ sann¹ thinn¹ gua⁷

涵義 形容人說了沒建設性又沒事實根據的話。

說明 道教的理論將天地人三界分得很清楚。上界天有十三層，一層有三萬里，所以「十三天外」是一個未知的地方。某人說了「十三天外」的事情，這些話根本無從證實，也沒有根據，等於是無稽之談。

對應華語 不經之談、齊東野語、無稽之談、無稽讕言、天馬行空。

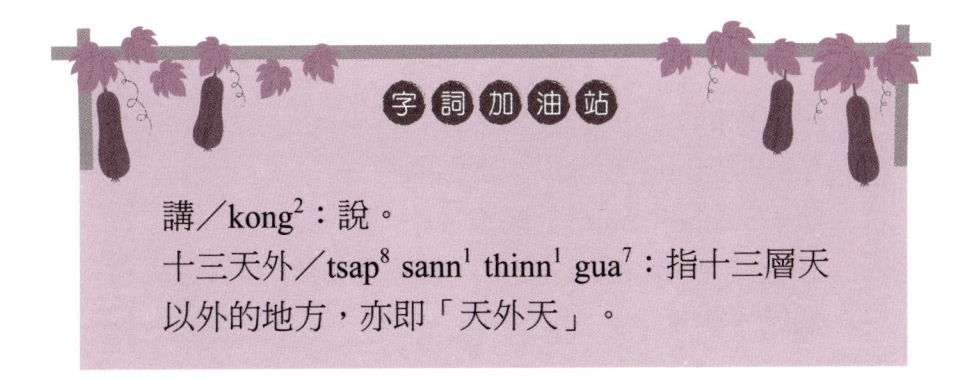

字詞加油站

講／kong²：說。
十三天外／tsap⁸ sann¹ thinn¹ gua⁷：指十三層天以外的地方，亦即「天外天」。

台語每日一句

292

kong² kah⁴ hoo⁷ li² bat⁴　tshui³ tshiu¹ ho² phah⁴ kat⁴
講甲予你捌，喙鬚好拍結

涵義 形容話要說到對方聽得懂，得花好長的時間。

說明 這句諺語有「輕視」人的味道。「講甲予你捌，喙鬚好拍結」是說講到你聽得懂，我的鬍鬚都長到可以打結了，用來形容某件事或某句話要說到讓人家完全明白，得花好長的時間。

字詞加油站

甲／kah⁴：到……程度。
予你捌／hoo⁷ li² bat⁴：讓你明白。
喙鬚／tshui³ tshiu¹：鬍鬚。
好拍結／ho² phah⁴ kat⁴：指鬍鬚很長，可以打個結了。

293 kong² peh⁸ tshat⁸ bo⁵ khioh⁴ sue³ kim¹
講白賊無抾稅金

涵義 諷刺人經常編織謊言來欺騙人。

說明 「講白賊無抾稅金」是說講謊話不用課稅金。講謊話本來就不用繳稅給政府，所以有人經常講，反正又課不到稅金；比喻人經常編織謊言來騙人。

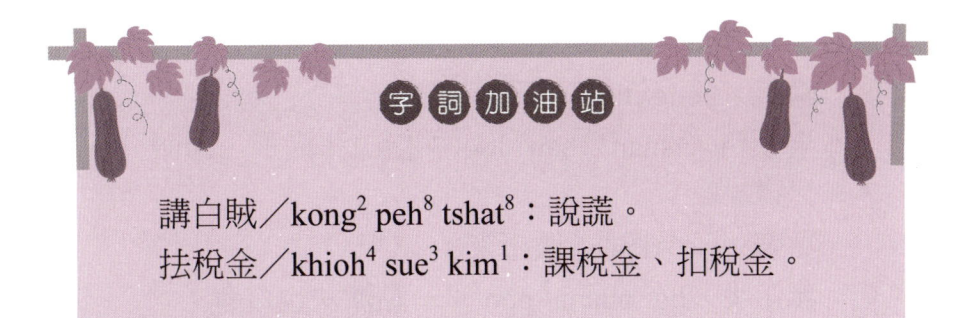

字詞加油站

講白賊／kong² peh⁸ tshat⁸：說謊。
抾稅金／khioh⁴ sue³ kim¹：課稅金、扣稅金。

294

kong² tioh⁰ tsuan⁵ thau⁵ loo⁷　tso³ tioh⁰ bo⁵ puann³ poo⁷
講著全頭路，做著無半步

涵義　形容人嘴巴說得頭頭是道，但真要他去做，根本就辦不到。

說明　有些人，嘴巴說得頭頭是道，什麼道理都懂，但真要他親自去做，卻什麼也做不出來，所以整句話用來形容人用嘴巴說的都懂，但要他實際去執行，卻無能為力，有「眼高手低」的意思。

字詞加油站

講著／kong² tioh⁰：說起來。
全頭路／tsuan⁵ thau⁵ loo⁷：指口沫橫飛、頭頭是道。
做著／tso³ tioh⁰：做起來。
無半步／bo⁵ puann³ poo⁷：一點辦法也沒有。

295 tshiu² sin¹ pu⁷ tsong² si⁷ ai³ kinn³ ta¹ ke¹ kuann¹
醜新婦總是愛見大家倌

涵義 勸人遇事要勇敢面對現實,不可逃避。

說明 不管是相親或是自由戀愛,醜媳婦終究要見公婆一面,這是一種禮貌。如果因為長得醜而不敢見未來的公婆,公婆一定會覺得有問題,搞不好會對她產生不好的印象,所以事情來了還是要勇敢面對,千萬不可以逃避。

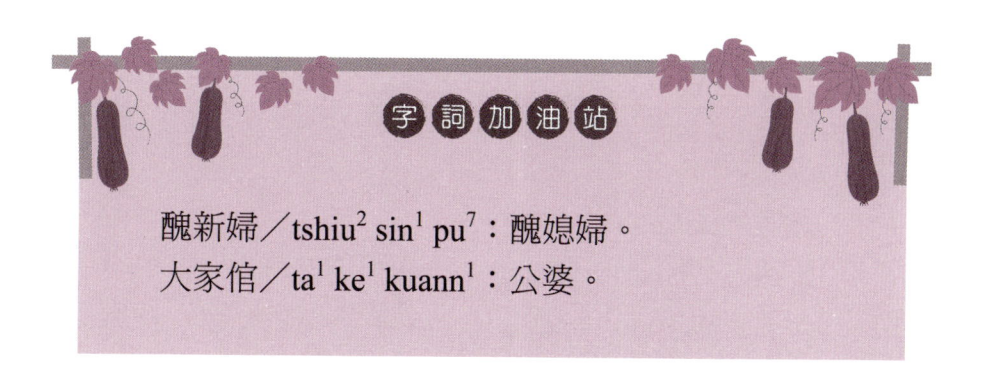

字詞加油站

醜新婦╱tshiu² sin¹ pu⁷:醜媳婦。
大家倌╱ta¹ ke¹ kuann¹:公婆。

296 闊喙查埔食四方,闊喙查某食嫁粧

khuah⁴ tshui³ tsa¹ poo¹ tsiah⁸ si³ hong¹ khuah⁴ tshui³ tsa¹ boo² tsiah⁸ ke³ tsng¹

涵義 說明以往男尊女卑的不平等觀念。

說明 依命相學的說法,男孩子如果嘴巴大,表示有吃福,走到哪吃到哪,一輩子不愁吃穿;女孩子嘴巴大,表示她會吃嫁妝,值錢的東西都會被她帶到夫家,娘家就會損失慘重。雖然這是一種迷信的觀念,但也說明了以往「男尊女卑」的不平等觀念。

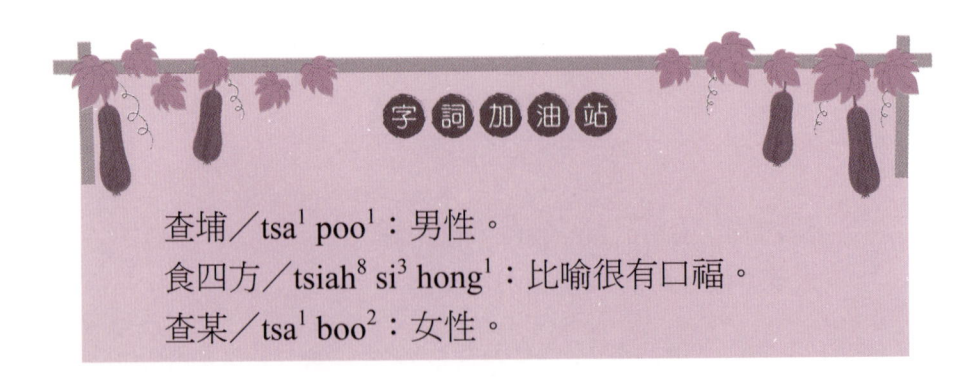

字詞加油站

查埔/tsa¹ poo¹:男性。
食四方/tsiah⁸ si³ hong¹:比喻很有口福。
查某/tsa¹ boo²:女性。

297 隱痀的放屁，彎彎曲曲

un² ku¹ e⁰ pang³ phui³　uan¹ uan¹ khiau¹ khiau¹

涵義 形容人說話或做事不乾脆。

說明 這是一句歇後語。由於駝背的人身體不能直立，所以大家認為他們放的屁不能直著出來，而是彎曲的出來，亦即放「彎彎曲曲」的屁，所以整句話用來形容人說話或做事不直截了當，總是拐彎抹角地繞來繞去。

對應華語 拐彎抹角、隱晦曲折。

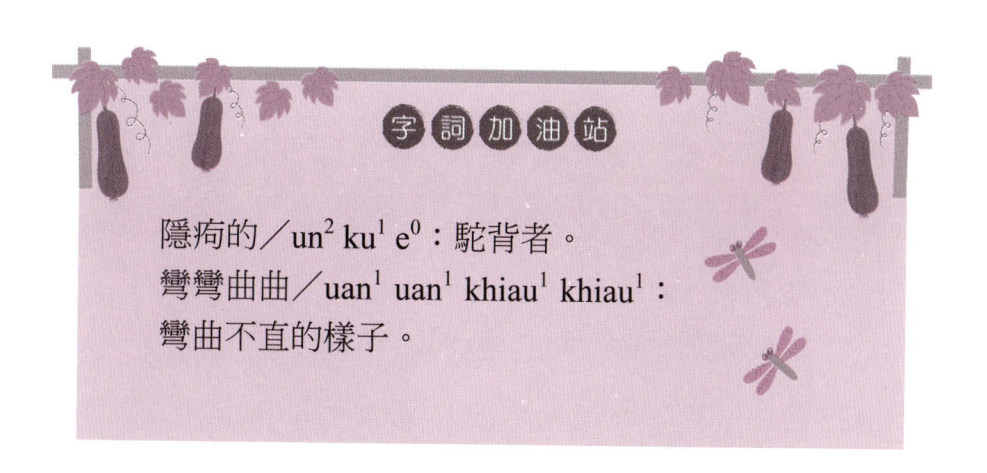

字詞加油站

隱痀的／un² ku¹ e⁰：駝背者。
彎彎曲曲／uan¹ uan¹ khiau¹ khiau¹：
彎曲不直的樣子。

擲刀仔予人相刣

tan³ to¹ a² hoo⁷ lang⁵ sio¹ thai⁵

涵義 責罵搬弄是非，製造衝突，唯恐天下不亂者。

說明 一般人看到糾紛事件，都會勸雙方「和氣生財」，無奈某人不但不勸和，還丟刀子讓他們互相砍殺，這根本是「火上加油」、「搬弄是非」。

對應華語 火上加油、挑撥離間、搬弄是非。

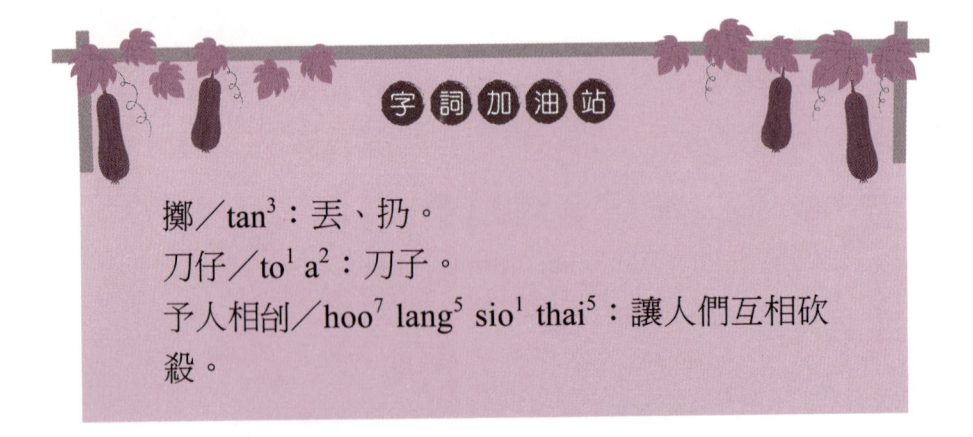

字詞加油站

擲／tan³：丟、扔。
刀仔／to¹ a²：刀子。
予人相刣／hoo⁷ lang⁵ sio¹ thai⁵：讓人們互相砍殺。

甕仔喙毋縛，醃缸喙縛無路

ang³ a² tshui³ m⁷ pak⁸　　am¹ kng¹ tshui³ pak⁸ bo⁵ loo⁷

涵義 說明問題小的時候要馬上解決，否則等到問題變大就很難解決了。

說明 甕是一種「嘴小肚大」的用品，而醃缸不但比甕大很多，入口也比甕大。「甕仔喙毋縛，醃缸喙縛無路」是說甕嘴那麼小不綁，卻要綁大的醃缸，當然沒有辦法綁住；比喻問題剛發生時不想辦法解決，等到問題變大才想要解決，困難性就會增加許多。

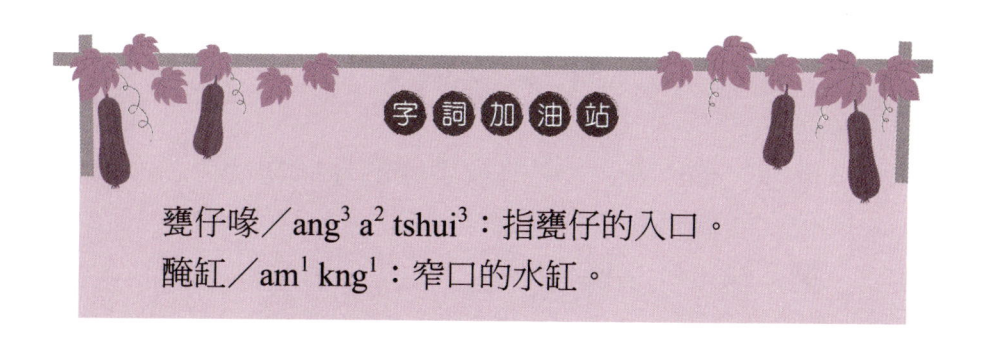

字詞加油站

甕仔喙／ang³ a² tshui³：指甕仔的入口。
醃缸／am¹ kng¹：窄口的水缸。

台語每日一句

siu³ kiu⁵ tshin¹ tshiu² phau¹
繡球親手拋

涵義 喻事情是自己選擇的，好壞都要自己承擔。

說明 「拋繡球」是古代女子結姻緣的方法之一，由於事先不知道誰會接到繡球，所以對方的長相、品德好壞根本無從知道。然而繡球是從自己手裡拋出去的，不管被誰接到，女孩子一概要接受，沒有說「不」的權利，因此，後果的好壞都要自行去承擔。

對應華語 自作自受、各人造業各人擔。

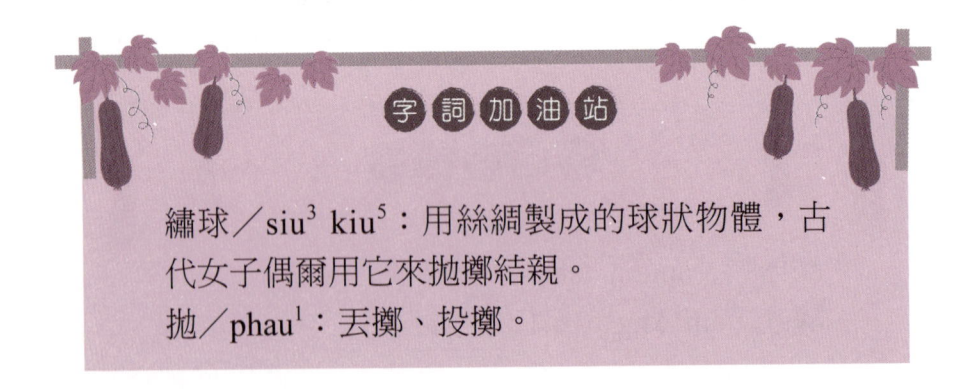

字詞加油站

繡球／siu³ kiu⁵：用絲綢製成的球狀物體，古代女子偶爾用它來拋擲結親。
拋／phau¹：丟擲、投擲。

301 臍蒂猶未落
tsai⁵ ti³ ia² bue⁷ lak⁴

涵義 嘲諷年輕人幼稚、無知。

說明 嬰兒生出母體時，醫生會將連接嬰兒與母體的臍帶剪掉，然後在嬰兒的肚臍處打個結，並覆上一塊小紗布，這個「結」就稱為臍蒂，通常臍蒂在嬰兒出生四週前後就會自動脫落。「臍蒂猶未落」是說某人的臍蒂還留在身上；比喻人乳臭未乾，是個年幼無知的人。

對應華語 口尚乳臭、乳臭小兒、乳臭未乾。

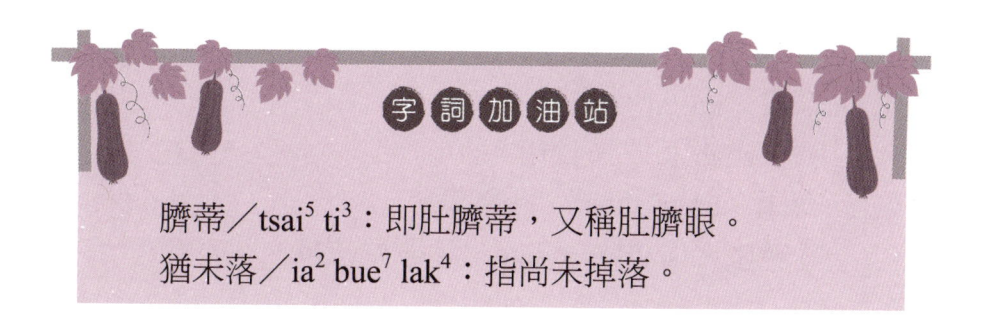

字詞加油站

臍蒂／tsai⁵ ti³：即肚臍蒂，又稱肚臍眼。
猶未落／ia² bue⁷ lak⁴：指尚未掉落。

台語每日一句

302 ku⁷ ni⁵ tsiah⁸ tshai³ thau⁵　kin¹ ni⁵ tsiah⁴ tng² sau³
舊年食菜頭，今年才轉嗽

涵義 譏諷人的反應太遲鈍。

說明 本諺語與「十二月食菜頭，六月才轉嗽」是同樣的意思。菜頭是一種「涼性」的蔬菜，身體虛弱的人吃了會咳嗽不停。「舊年食菜頭，今年才轉嗽」是說去年吃了菜頭，今年才開始咳嗽；比喻人的反應太遲鈍。

對應華語 反應遲緩、反應遲鈍。

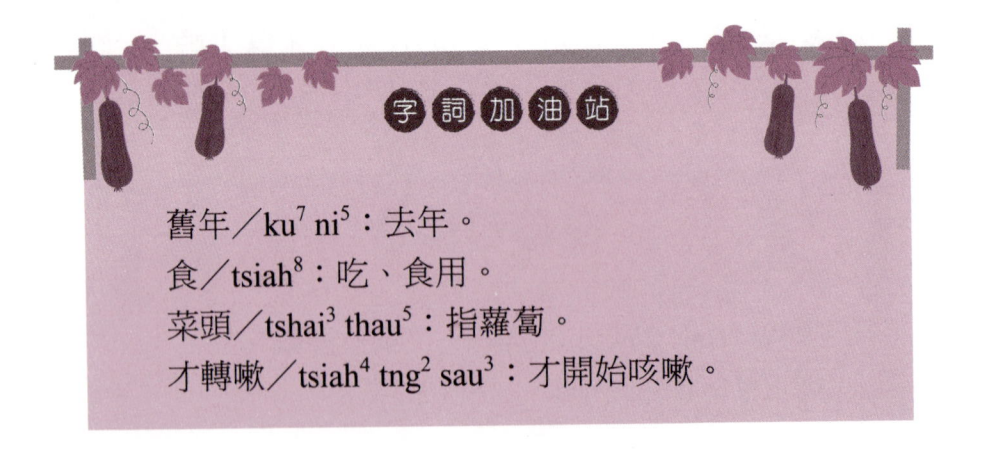

字詞加油站

舊年／ku⁷ ni⁵：去年。
食／tsiah⁸：吃、食用。
菜頭／tshai³ thau⁵：指蘿蔔。
才轉嗽／tsiah⁴ tng² sau³：才開始咳嗽。

303

tsim⁵ bo⁵ kha¹　be⁷ kiann⁵ loo⁷
蟳無跤，袂行路

涵義 說明人做事要有夥伴從旁協助，光靠自己的力量是成不了大事的。

說明 一隻螃蟹有八隻腳，如果將牠的腳拔除一半以上或全部，牠就會成為一隻殘障的螃蟹，想動也動不了，所以說人要做大事也是需要他人從旁協助，單靠自己的力量是不行的。

對應華語 獨木難支、獨木不成林。

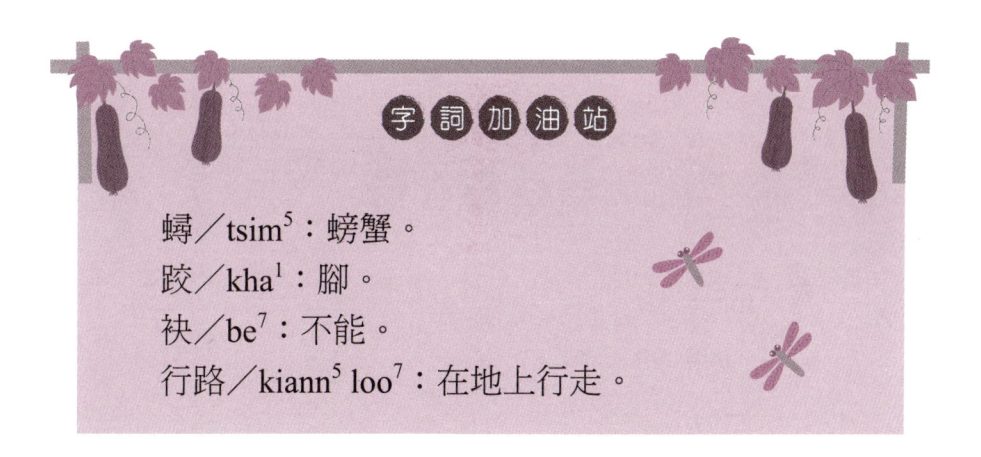

字詞加油站

蟳／tsim⁵：螃蟹。
跤／kha¹：腳。
袂／be⁷：不能。
行路／kiann⁵ loo⁷：在地上行走。

台語每日一句

304 tua³ hue⁵ siunn⁷ thau⁵ tshue⁷ sat⁴ bo²
蹛和尚頭揣蝨母

涵義 形容人白費力氣。

說明 蝨子主要寄生在人或動物的濃密毛髮上，和尚出家的時候就把頭髮剃光了，當然不會長出蝨子來，所以要在和尚的頭上找蝨子，根本是白費力氣。

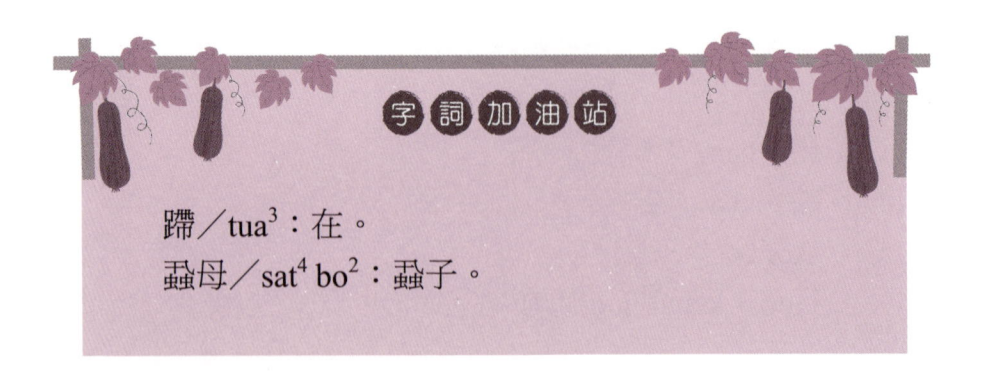

字詞加油站

蹛／tua³：在。
蝨母／sat⁴ bo²：蝨子。

305. 醫生能醫病，自病不能醫

i¹ sing¹ ling⁵ i¹ penn⁷ tsu⁷ penn⁷ put⁴ ling⁵ i¹

涵義 形容醫生善於醫人，卻拙於醫己。

說明 醫生診斷病人時，能夠平心靜氣，慢慢的找出病因，同時對症下藥，除非病人無藥可醫才會束手無策，否則都能醫治得好；但當醫生自己患病時，容易心浮氣躁，很難精確診斷出病因，而且用藥量也會有所顧忌，所以得病還是要請別的醫師幫忙才行。

對應華語 醫者善於醫人，拙於醫己。

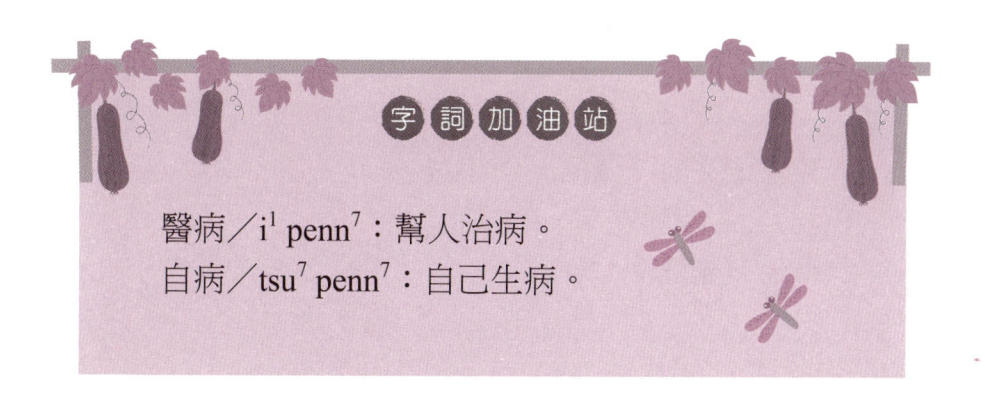

字詞加油站

醫病／i¹ penn⁷：幫人治病。
自病／tsu⁷ penn⁷：自己生病。

台語每日一句

306 ke¹ a² kiann² tue³ ah⁴ bo²
雞仔囝綴鴨母

涵義 喻跟錯了對象。

說明 小雞本來就應該跟隨在母雞的後面，一來受其保護，一來學習覓食，如果小雞跟隨在母鴨後面，那就是跟錯了對象。這句諺語主要說明某人押錯寶，跟錯了長官，以致升遷受到了影響。

對應華語 跟錯對象。

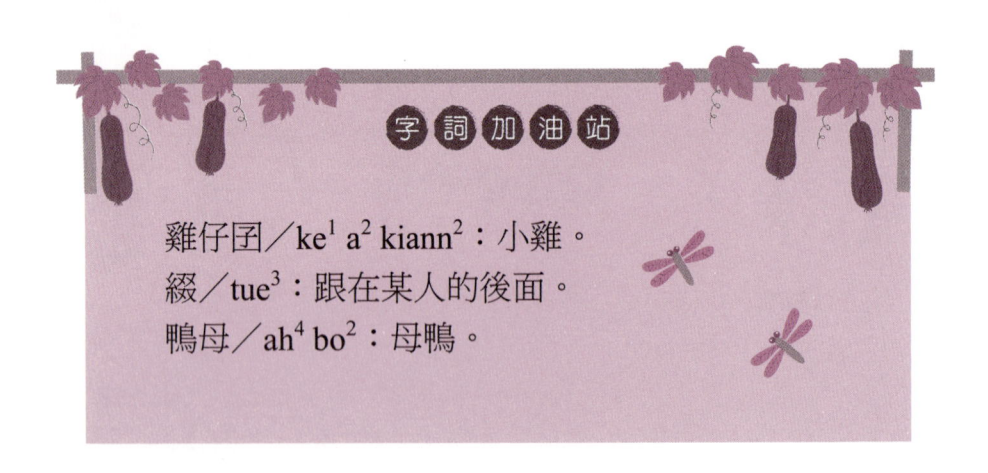

字詞加油站

雞仔囝／ke¹ a² kiann²：小雞。
綴／tue³：跟在某人的後面。
鴨母／ah⁴ bo²：母鴨。

307

ke¹ a² tng⁵　tsiau² a² too⁷
雞仔腸，鳥仔肚

涵義　形容某人的肚量小，喜歡與人斤斤計較。

說明　雞腸與鳥肚都是指「肚量」的意思。由於雞的腸子與鳥的胃都很小，所以「雞仔腸，鳥仔肚」是比喻一個人肚量小、心胸狹窄。

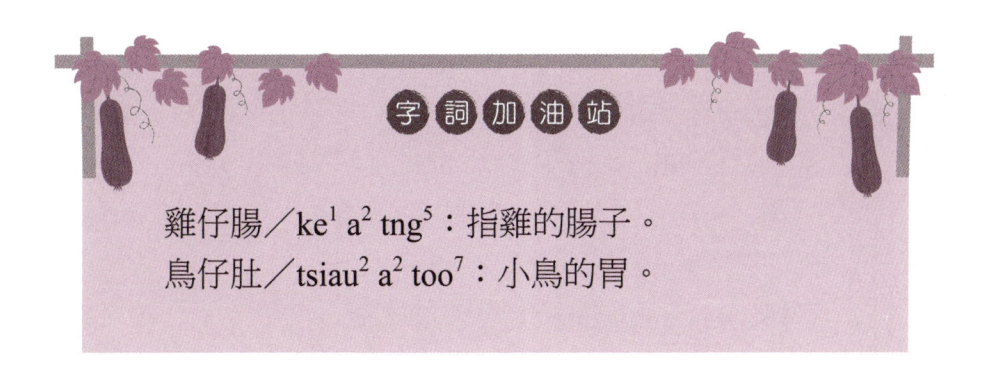

字詞加油站

雞仔腸／ke¹ a² tng⁵：指雞的腸子。
鳥仔肚／tsiau² a² too⁷：小鳥的胃。

台語每日一句

308

ke¹ bo² thiau³ tshiunn⁵　　ke¹　a² kiann²khuann³ iunn⁷
雞 母 跳 牆 ， 雞 仔 囝 看 樣

涵義 說明大人的一舉一動都是小孩的學習對象，應該做好榜樣讓他們學習。

說明 小雞跟隨在母雞的後面，除了可以受到保護外，也可以學習各種謀生的本能，所以當牠們看到母雞翻過牆，也會依樣跟著做。其實不只小雞會有這樣的動作，小孩子也會學習大人的一舉一動，所以大人一定要做好榜樣，小孩子才不會學壞。

字詞加油站

雞母／ke¹ bo²：母雞。
跳牆／thiau³ tshiunn⁵：跳躍翻過牆。
雞仔囝／ke¹ a² kiann²：小雞。
看樣／khuann³ iunn⁷：照著樣本做。

309 雞是討食焦的，鴨是討食澹的

ke¹ si⁷ tho² tsiah⁸ ta¹ e⁰ ah⁴ si⁷ tho² tsiah⁸ tam⁵ e⁰

涵義 說明「行行出狀元」，不要看別行好做就跟著轉業。

說明 依照自然習性，雞的活動範圍都在陸地上，食物也來自陸地，故云「雞是討食焦的」；鴨大多都待在水面上，覓食也以水中的魚、蝦為主，故云「鴨是討食澹的」。這句話主要強調各行各業都有人做，只要肯努力「討食」，行行都可以出狀元，千萬不要看別人賺錢就想轉業反而自尋死路。

字詞加油站

澹的／tam⁵ e⁰：溼的。

台語每日一句

310

ke¹ khuann³ phah⁴ kok⁸ ke¹　　kau² khuann³ tshue¹ kau² le⁵
雞看拍咯雞，狗看吹狗螺

涵義 說明人的形貌醜陋或妝扮怪異，讓人看了受到驚嚇。

說明 雞受到驚嚇的時候會四處逃竄，並且發出「咯～咯～雞」的聲音；相傳狗在夜間看到不乾淨的東西會發出「嘔鳴～」的聲音。「雞看拍咯雞，狗看吹狗螺」是說雞看到後會發出「咯～咯～雞」的叫聲，狗看了也會發出「嘔鳴～」的聲音；比喻人的相貌奇醜或妝扮怪異，讓人看了很震驚。

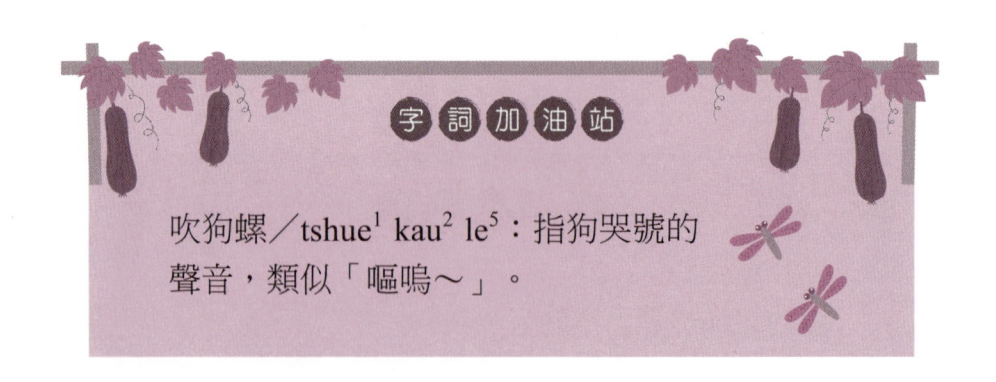

字詞加油站

吹狗螺／tshue¹ kau² le⁵：指狗哭號的聲音，類似「嘔鳴～」。

ke¹ bue⁷ thi⁵　　kau² bue⁷ pui⁷

311 雞未啼，狗未吠

涵義 ㈠表示天還沒亮。㈡比喻時機未到，還不是時候。

說明 只有天亮之時雞才會啼、狗才會叫。「雞未啼，狗未吠」是說雞尚未啼叫，狗也尚未吠叫；表示天色尚暗，還沒天亮；也比喻做某事的時機未到，還不是時候。

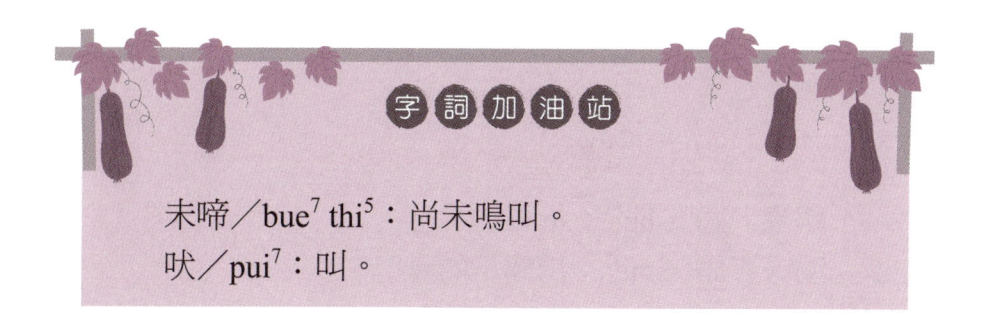

字詞加油站

未啼／bue⁷ thi⁵：尚未鳴叫。
吠／pui⁷：叫。

台語每日一句

312 雞喙變鴨喙
ke¹ tshui³ pinn³ ah⁴ tshui³

涵義 表示一開始與人爭鋒相對，真相大白後，自覺理屈詞窮，頓時變得啞口無聲。

說明 雞嘴的外型尖利，常被比喻為「能說善道」之嘴；鴨嘴扁平，常被比喻為「無言以對」之嘴。「雞喙變鴨喙」是說雞嘴後來變成了鴨嘴；比喻人本來能言善辯，一直反駁別人的話，等到真相被揭穿了，頓時啞口無言，再也說不出話來。

對應華語 啞口無言、無話可說、理屈詞窮。

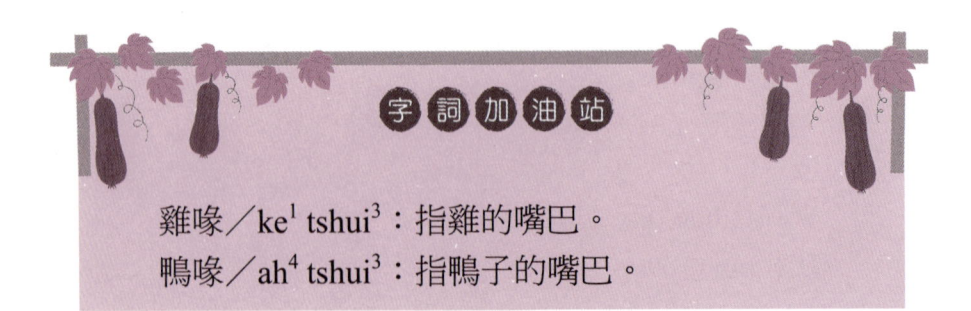

字詞加油站

雞喙／ke¹ tshui³：指雞的嘴巴。
鴨喙／ah⁴ tshui³：指鴨子的嘴巴。

313

siang¹ tshiu² pho⁷ siang¹ sun¹　bo⁵ tshiu² thang¹ lang² kun⁵

雙手抱雙孫，無手通攏裙

涵義 描述老人家含飴弄孫，搞得手忙腳亂的模樣。

說明 這是一句嫁娶的好話。祖母雙手各抱著一個孫子，當她的裙子下墜時，當然就沒有辦法去拉高裙子，整句話是形容老人家撫育孫兒，手足無措、手忙腳亂的情形。

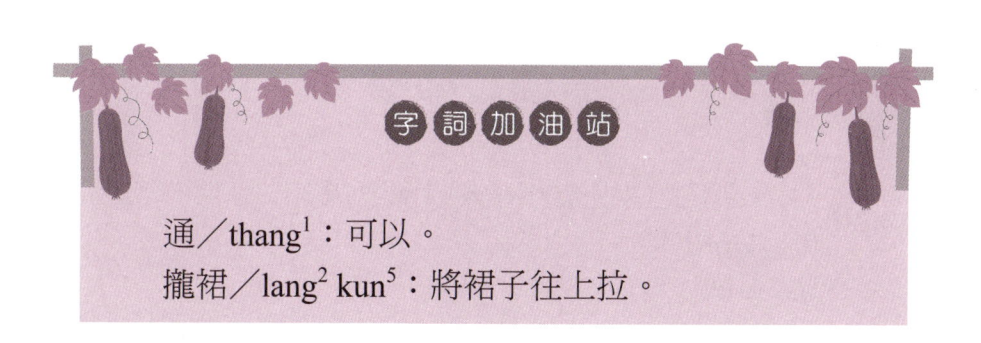

字詞加油站

通／thang¹：可以。
攏裙／lang² kun⁵：將裙子往上拉。

314 siang¹ bin⁷ to¹ kui²
雙面刀鬼

涵義 形容一個人玩兩面手法,在甲方說乙方的壞話,在乙方說甲方的壞話。

說明 甲和乙是敵對的仇人,丙為了兩方面都討好,在甲方說盡乙方的壞話,在乙方也責罵甲方的不是,耍兩面的手法,像丙這樣的人我們就稱為「雙面刀鬼」。

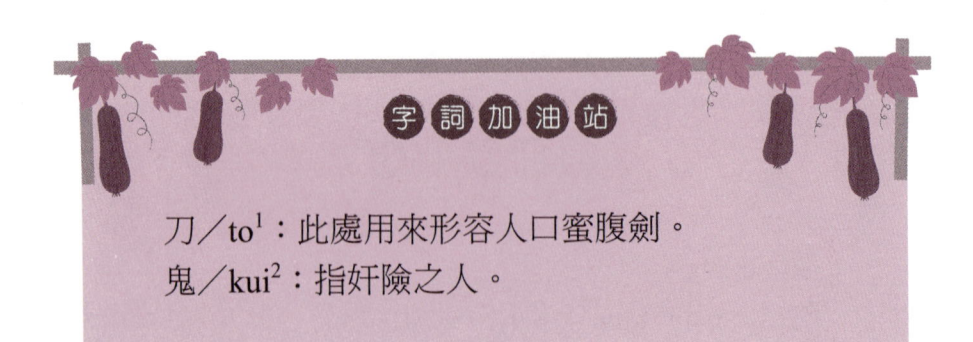

字詞加油站

刀/to¹:此處用來形容人口蜜腹劍。
鬼/kui²:指奸險之人。

315
siang¹ kha¹ tah⁸ siang¹ tsun⁵　sim¹ thau⁵ luan⁷ hun¹ hun¹
雙跤踏雙船，心頭亂紛紛

涵義 形容某人同時喜歡上兩人或兩物，一時間不知如何取捨的心情。

說明 當某人同時喜歡上兩個異性朋友，或同時喜歡上兩種物品，在只能從中選擇一人或一物時，一時間不知如何抉擇，就會產生紛亂的心情，這就是「雙跤踏雙船，心頭亂紛紛」。

對應華語 三心二意、心猿意馬、一心兩屬。

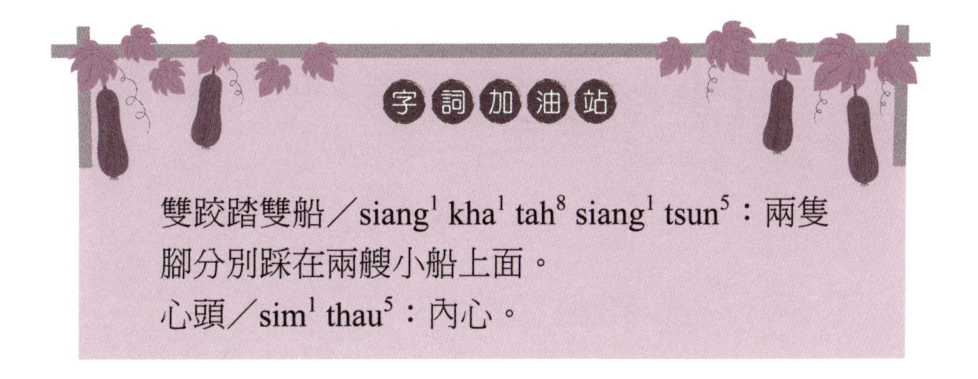

字詞加油站

雙跤踏雙船／siang¹ kha¹ tah⁸ siang¹ tsun⁵：兩隻腳分別踩在兩艘小船上面。
心頭／sim¹ thau⁵：內心。

台語每日一句

316 懶屍人，穿長線
lan² si¹ lang⁵　tshng¹ tng⁵ suann³

涵義 說明懶惰者本欲取巧，結果卻適得其反。

說明 懶惰的人認為穿線縫衣，只要一次穿長一點的線，就可以減少穿線的次數，卻沒有想到線長了，每縫一針就要拉很長的線，這樣不但沒有偷到懶，反而要花費更多的時間去縫製衣服。

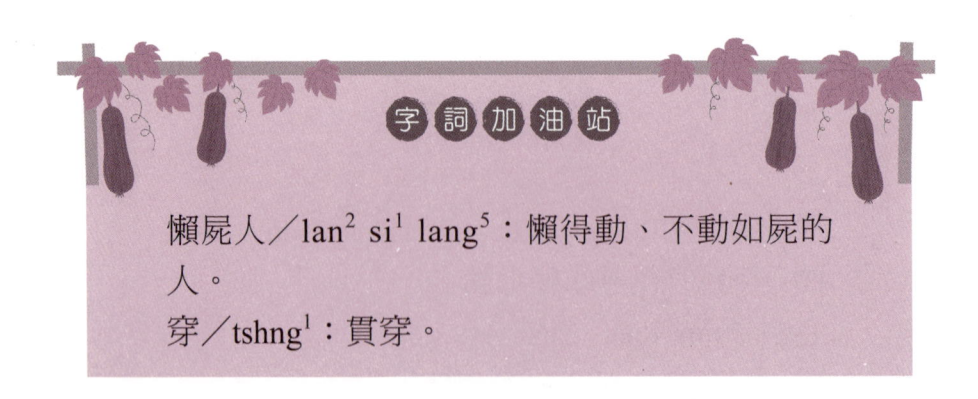

字詞加油站

懶屍人／lan² si¹ lang⁵：懶得動、不動如屍的人。
穿／tshng¹：貫穿。

317 khing⁵ hue¹ bo⁵ tsit⁸ me⁵
瓊花無一暝

涵義 形容事物出現的時間很短暫,很快就消失於無形。

說明 曇花通常在夜間開花,但在天亮之前就會凋謝。「瓊花無一暝」是說曇花開花的時間不會超過一個晚上;比喻事物出現的時間很短暫,不久便消失了。

對應華語 浮雲朝露、空中浮雲、曇花一現、過眼雲煙、過耳之風。

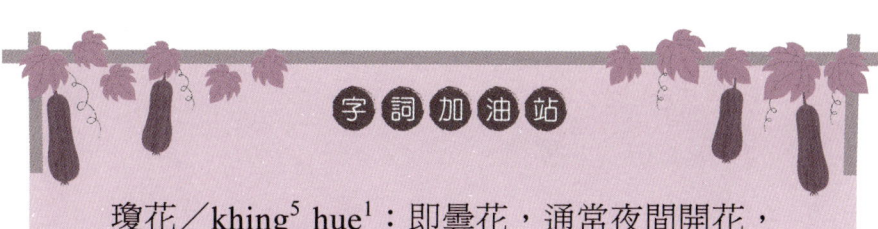

字詞加油站

瓊花／khing⁵ hue¹:即曇花,通常夜間開花,黎明前就凋謝了。
一暝／tsit⁸ me⁵:一個晚上。

lo⁵ han³ tshiann² kuan¹ im¹
羅漢請觀音

涵義 形容在宴會場合，主人的人數多過於賓客。

說明 相傳羅漢有十八位，而觀音菩薩只有一位。「羅漢請觀音」是說十八位羅漢作東請觀世音一個人；比喻主人多而賓客少。

對應華語 主多客少、賓少主多。

字詞加油站

羅漢／lo⁵ han³：神佛名，相傳有十八個，故稱「十八羅漢」。
請／tshiann²：邀請。
觀音／kuan¹ im¹：為佛教菩薩之一，原稱觀世音，唐代因避太宗李世民諱，改稱為觀音。

ioh⁸ e⁷ i¹ ke² penn⁷　tsiu² be⁷ kai² tsin¹ tshiu⁵
藥會醫假病，酒袂解真愁

涵義 說明酒只能讓人忘記短暫的痛苦，只有面對現實才能真正解決問題。

說明 既然人是裝病，就表示他沒有病，人沒病吃藥，只要吃的不是對身體有傷害的藥，感覺好像可以醫得好，故云「藥會醫假病」；人面對憂愁而藉酒解愁，雖然酒醉之後什麼事都不知道，能夠短暫忘記憂愁，但酒醒之後還是要面對，而且「愁」依然存在，沒有解開，所以喝酒是解決不了問題的。

字詞加油站

袂／be⁷：不能。
解／kai²：消除。

台語每日一句

320 khiau¹ kha¹ lian² tshui³ tshiu¹
蹺跤撚喙鬚

涵義 ㈠形容老人家退休後，每天含飴弄孫、拈花惹草的悠閒模樣。㈡表示人可以輕鬆、自在或逍遙了。

說明 老年人坐在椅子上，翹著二郎腿，手拂著長長的鬍鬚，這是何等的悠閒，何等的怡然自得。這句話本是形容老年人退休後過著含飴弄孫、拈花惹草的悠閒生活，如今非老年人也可以使用，多被用來表示人可以輕鬆、自在一下。

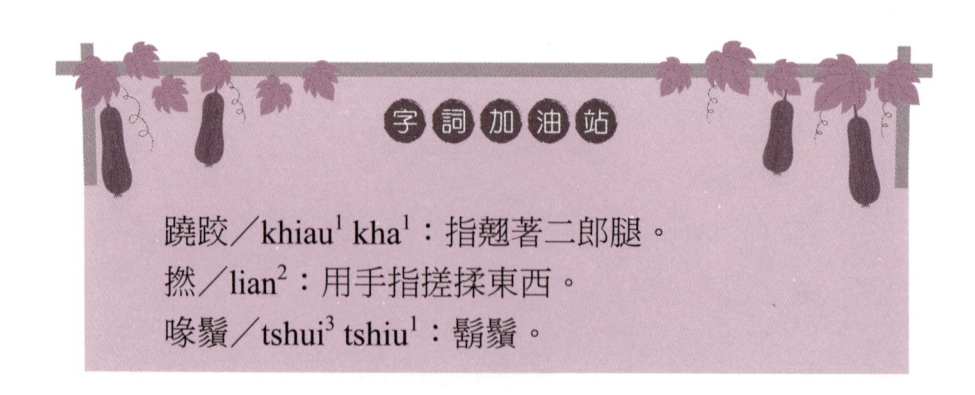

字詞加油站

蹺跤／khiau¹ kha¹：指翹著二郎腿。
撚／lian²：用手指搓揉東西。
喙鬚／tshui³ tshiu¹：鬍鬚。

321 kuan¹ lo² ia⁵ bin⁷ tsing⁵ lang⁷ kuan¹ to¹
關老爺面前弄關刀

涵義 喻在行家的面前賣弄本事，簡直是丟人現眼。

說明 關公手上持的大刀名為「青龍偃月刀」，只要拿著它舞弄，敵人沒有不嚇破膽的。「關老爺面前弄關刀」是說某人在關公的面前舞弄關刀，那豈不是在行家的面前獻醜，做了丟人現眼的事？

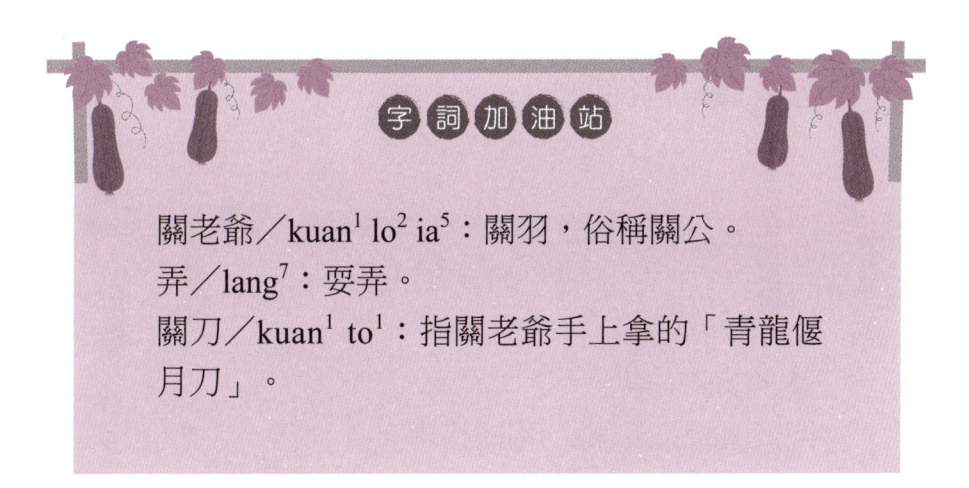

字詞加油站

關老爺／kuan¹ lo² ia⁵：關羽，俗稱關公。
弄／lang⁷：耍弄。
關刀／kuan¹ to¹：指關老爺手上拿的「青龍偃月刀」。

台語每日一句

322 kuainn¹ mng⁵ tioh⁸ tshuann³　kong² ue⁷ tioh⁸ khuann³
關門著閂，講話著看

涵義 告誡人說話要看場合，而且要事先想清楚，才不會說出不得體的言論。

說明 以前的人關門都用閂的，如果只是拉上雙邊的木門，沒有插上門閂，人一推、風一吹就打開了，這就不叫「關門」了；講話的時候如果不看情況與場合，而且不經過大腦思考就脫口說出，很容易得罪別人，引來禍端，所以前人勸我們「講話著看」。

對應華語 禍從口出。

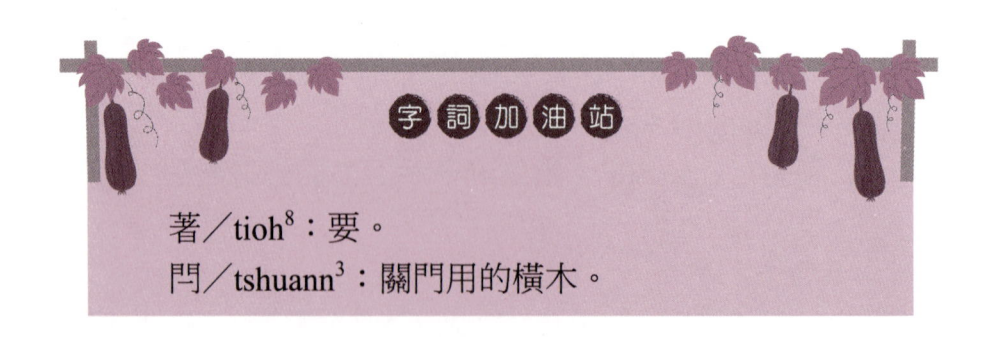

字詞加油站

著／tioh⁸：要。
閂／tshuann³：關門用的橫木。

323 guan⁷ tso³ thai³ ping⁵ kau²　m⁷ tso³ luan⁷ se³ bin⁵
願做太平狗，毋做亂世民

涵義 亂世會為人們帶來痛苦和不幸，大家皆討厭之。

說明 在太平盛世當一條狗，有得吃又有得喝，日子過得舒適自在；在亂世中當人，有一餐沒一餐，而且為了避免被戰火波及，還得四處逃難，當然不如太平狗過得好，因此前人才說：「願做太平狗，毋做亂世民」。

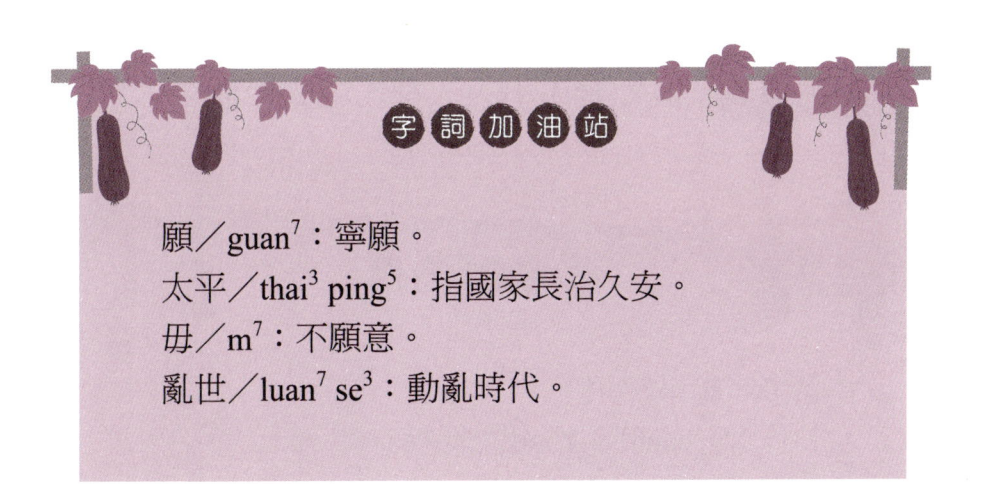

字詞加油站

願／guan⁷：寧願。
太平／thai³ ping⁵：指國家長治久安。
毋／m⁷：不願意。
亂世／luan⁷ se³：動亂時代。

騙人去洗浴，衫仔褲搶咧走

phian³ lang⁵ khi³ se² ik⁸ sann¹ a² khoo³ tshiunn² teh⁴ tsau²

涵義　喻設下圈套來陷害人，使人吃虧上當。

說明　某人拐騙別人去沐浴，等對方把身上的衣服都脫下後，卻把人家的衣物取走，讓人家出來也不是，不出來也不是，整句話用來比喻人挖陷阱讓人家跳，設計去害人，讓人家吃虧上當。

對應華語　設圈套、引人入甕、陷人於危。

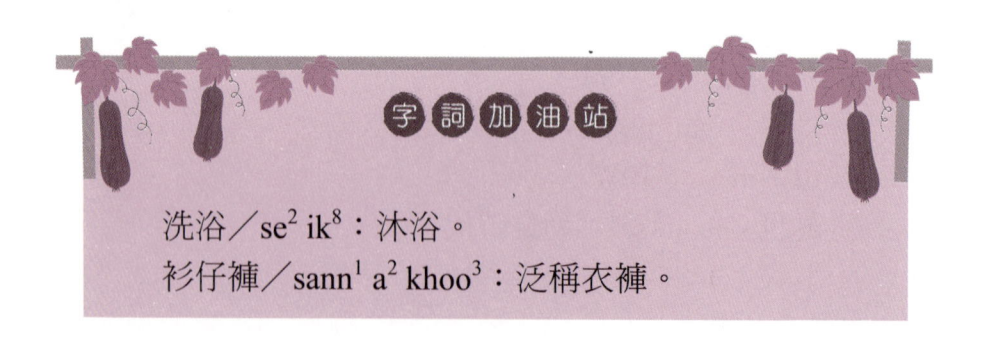

字詞加油站

洗浴／se² ik⁸：沐浴。
衫仔褲／sann¹ a² khoo³：泛稱衣褲。

325 騙乞食過後厝

phian³ khit⁴ tsiah⁸ kue³ au⁷ tshu³

涵義 同樣的謊話只能瞞過一時，經常使用就無效了。

說明 乞丐到某戶人家行乞，因為主人討厭他，就騙說：「後面幾戶人家可以討到東西吃」乞丐走過去，發現事實不是這樣，以後再到同一家行乞時，就不會再相信主人說的話，所以說謊言只能騙得了一時，經常說就沒有人相信了。

字詞加油站

乞食／khit⁴ tsiah⁸：乞丐。
過／kue³：往、到。
後厝／au⁷ tshu³：後面的住家。

326 khng³ lang⁵ tso³ ho² tai⁷　khah⁴ iann⁵ tsiah⁸ tsa² tsai¹
勸人做好代，較贏食早齋

涵義 形容多行善事，勝過於自己修行。

說明 有些人認為吃齋就是不殺生，一旦不殺生就可以積功德。其實不一定如此，因為有些吃齋的人，一邊吃齋，一邊造口業或幹壞事，這樣怎能積功德；當然也有心懷慈悲而吃齋者，但這樣的人也只是關門自修，即使修得好果也只能獨善其身，比起幫助別人，兼善天下，吃齋所積的功德當然比不上勸人做好事所積的功德大。

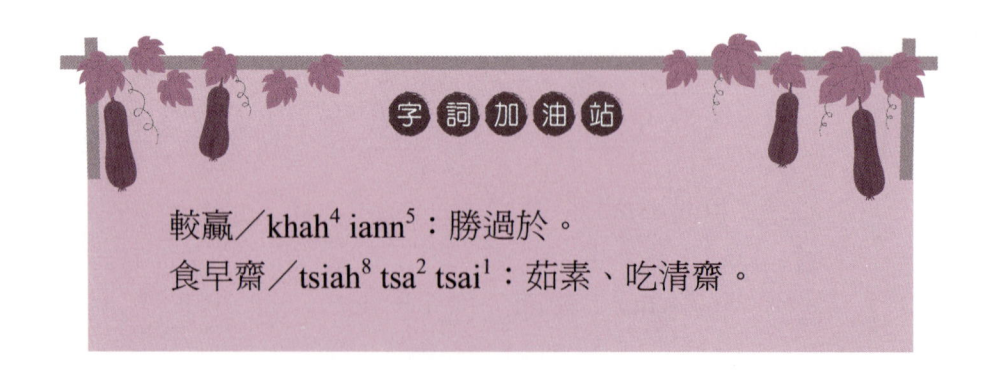

字詞加油站

較贏／khah⁴ iann⁵：勝過於。
食早齋／tsiah⁸ tsa² tsai¹：茹素、吃清齋。

327

giam⁵ kuann¹ hu² tshut⁴ kau⁷ tshat⁸　giam⁵ pe² bu² tshut⁴
嚴官府出厚賊，嚴爸母出
a¹ li² put⁴ tat⁸
阿里不達

涵義　管教與執法必須合理，過與不及都不好。

說明　任何事都必須管理才會有秩序，但若管理過當，執法過嚴，就會得到反效果，就像法律可以用來規範人民的行為，但若立法過嚴，侵犯人民自由，造成人民不便，人民反而群起反抗，再重的懲罰也沒用；父母管教子女如果動輒打罵，子女感受不到溫暖，便會反其道而行，變得不三不四。

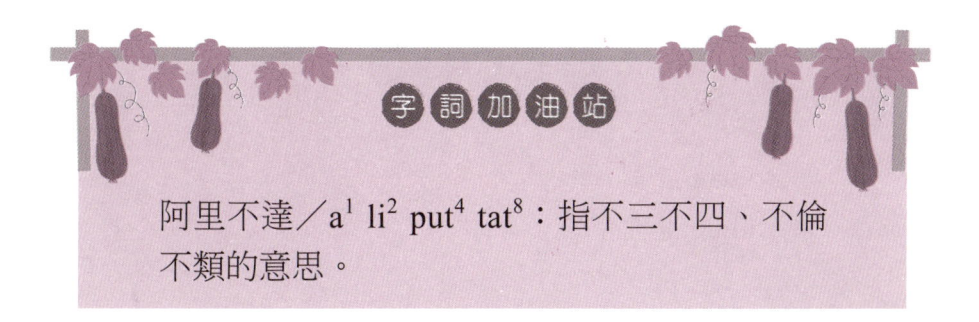

字詞加油站

阿里不達／a¹ li² put⁴ tat⁸：指不三不四、不倫不類的意思。

台語每日一句

328

kuan⁵ i² tse⁷　ke⁷ i² khue³ kha¹　tsiah⁸ png⁷
懸 椅 坐，低 椅 架 跤，食 飯
phue³ ti¹ kha¹
配 豬 跤

涵義　形容人日子過得十分舒適、享受。

說明　人坐在高椅上面，腳無法著地，下面還要放矮凳來墊腳，同時每一餐都有豬腳可以吃，這是以前富有人家才有的生活；比起有錢人，一般人每餐吃的不是地瓜就是菜脯，家裡如果有椅子坐，也是一般的矮凳，生活水平實在差太多了。

字詞加油站

懸／kuan⁵：高。
架／khue³：墊著。

329 giah⁸ kut⁴ thau⁵ sio¹ kong³
攑骨頭相摃

涵義 骨肉相殘之意。

說明 人之所以有骨頭可以打架,一定是從自家祖先的骨甕中拿出來的;拿自家祖先的白骨來打架,你拿一支,我拿一支,那就表示骨肉或兄弟間起了爭執,演變成自相殘殺的局面。

對應華語 尺布斗粟、手足相殘、自相殘殺、兄弟鬩牆、骨肉相殘。

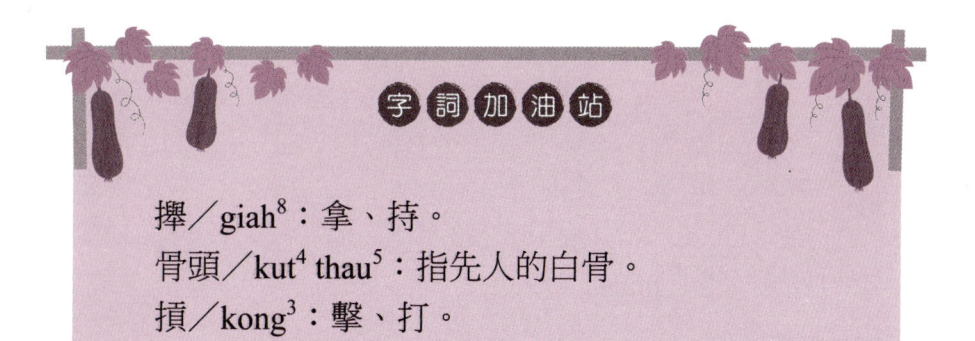

字詞加油站

攑/giah⁸:拿、持。
骨頭/kut⁴ thau⁵:指先人的白骨。
摃/kong³:擊、打。

台語每日一句

330 tsiunn⁷ e⁰ m⁷ pe⁵ thiann³ e⁰ khang³ kah⁴ liu³ phue⁵
癢 的 毋 扒，痛 的 控 甲 遛 皮

涵義 嘲諷人做事沒有抓到重點，一直在無關緊要的地方蠻幹。

說明 「癢的毋扒，痛的控甲遛皮」是說癢的地方不抓，卻抓痛的地方，以致皮破血流。抓癢應該要抓覺得癢的部位，現在卻抓到痛的部位去，表示某人沒有抓到重點；比喻人做事沒有抓到重點，一直在無關緊要的地方蠻幹，浪費時間、精力與金錢。

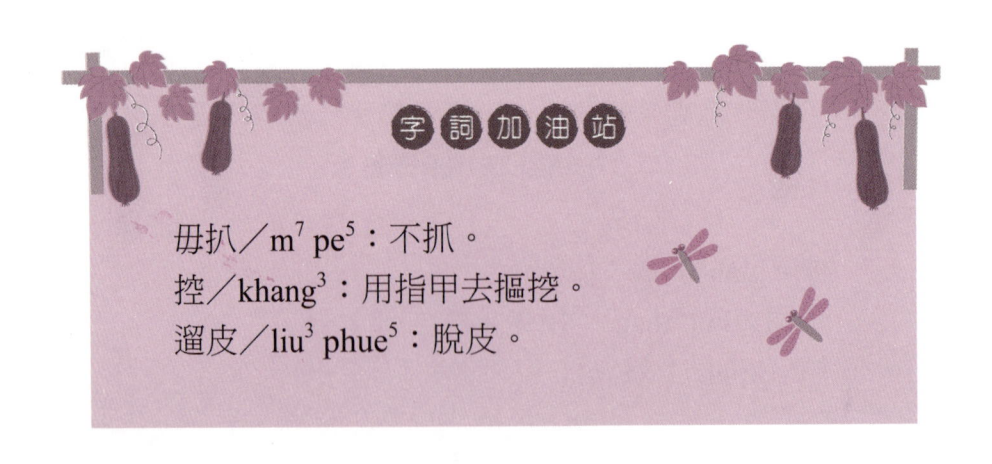

字詞加油站

毋扒／m⁷ pe⁵：不抓。
控／khang³：用指甲去摳挖。
遛皮／liu³ phue⁵：脫皮。

331 bang² a² ting³ gu⁵ kak⁴
蠓仔叮牛角

涵義 形容人白費力氣，明知達不到目的還執意去做一件事。

說明 牛角是硬的，而蚊子的嘴是軟的，蚊子叮牛角，牛不但不痛不癢，蚊子也吸不到一滴血，故「蠓仔叮牛角」根本是徒勞無功，白費力氣。

對應華語 白費力氣、枉費心血、徒勞無功、徒勞無益。

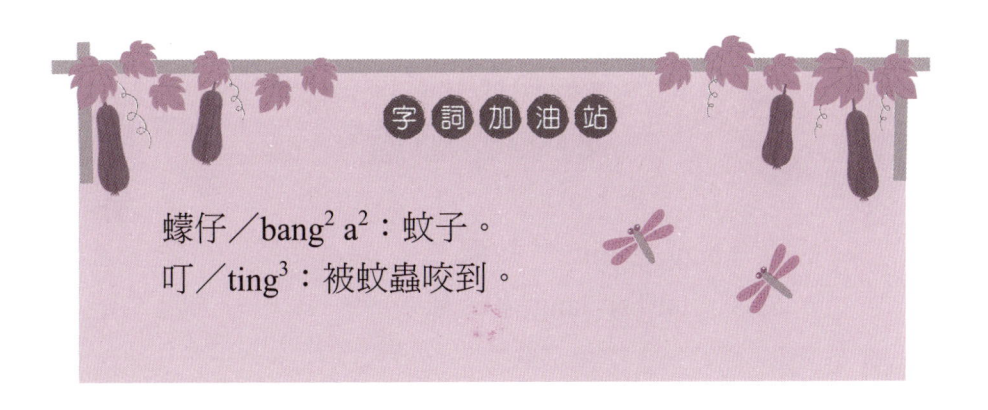

字詞加油站

蠓仔／bang² a²：蚊子。
叮／ting³：被蚊蟲咬到。

台語每日一句

332 蠓蟲也過一世人
bang² thang⁵ ia⁷ kue³ tsit⁸ si³ lang⁵

涵義 形容既然要過一輩子，就要過得有意義、有理想。

說明 蚊蟲不管生命長短，只要時間到了，自然就會死去；人也是一樣，不論貧、富、貴、賤，都要經歷生、老、病、死四個階段，大家同樣都只有一輩子，如果渾渾噩噩過一生，那就跟蚊蟲沒什麼兩樣了，因此，同樣過一輩子，就要讓自己的生活過得更有理想、更有意義些，才不枉到世間走這一遭。

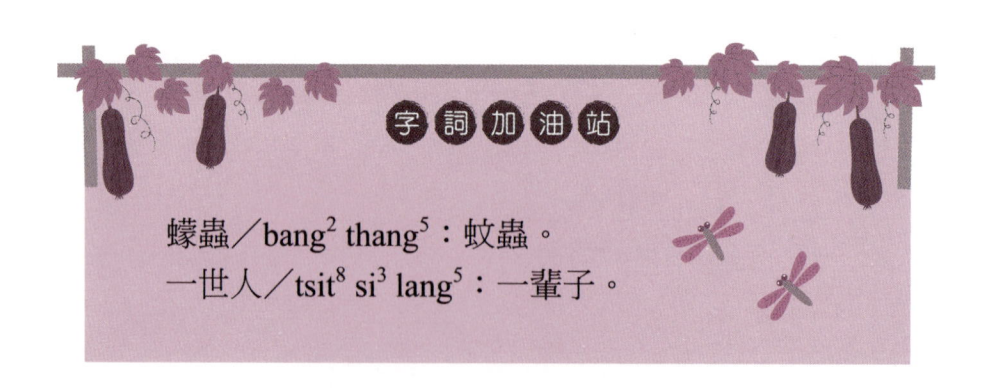

字詞加油站

蠓蟲／bang² thang⁵：蚊蟲。
一世人／tsit⁸ si³ lang⁵：一輩子。

333 kiam⁵ hi⁵ senn¹ kha¹ khi³ hoo⁷ tsau² khi⁰
鹹魚生跤去予走去

涵義 快要到手的好處或東西就這麼不見了。

說明 鹹魚是醃漬過的魚，早就沒有生命現象，只等醃漬的主人選個時間去食用它；沒想到已經快吃進肚子的美食，還會自己長腳跑掉，這不是和華語「煮熟的鴨子飛了」是同樣的道理嗎？

對應華語 煮熟的鴨子飛了。

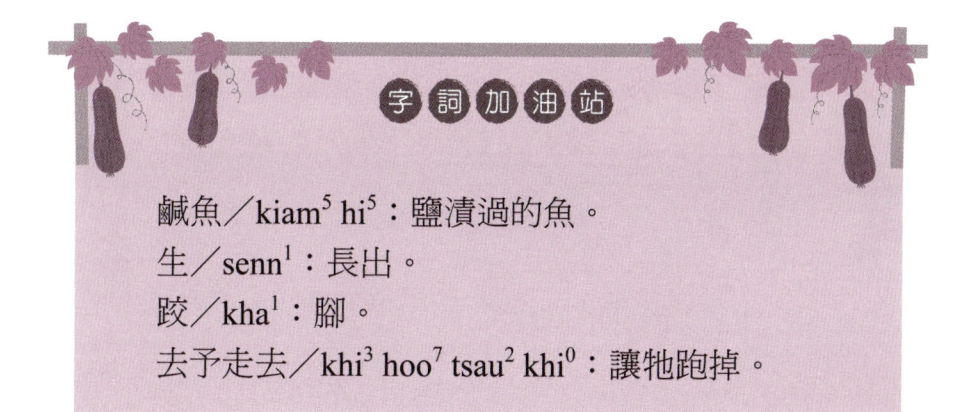

字詞加油站

鹹魚／kiam⁵ hi⁵：鹽漬過的魚。
生／senn¹：長出。
跤／kha¹：腳。
去予走去／khi³ hoo⁷ tsau² khi⁰：讓牠跑掉。

台語每日一句

334 mi⁷ suann³ khi³ liu³ ah⁴
麵線去絡鴨

涵義 形容人做事的方向或方法錯誤，以致無法達到預期的目的。

說明 麵線是細小且容易折斷的東西，用它去套鴨的脖子，鴨子一受驚嚇就會亂竄，怎麼可能套得住呢？真正要套住鴨子應該用堅固的繩子才是，因此，用麵線去套鴨子，根本是用錯了方法。

對應華語 水中撈月、炊沙作飯、緣木求魚、鏡中拈花。

字詞加油站

絡／liu³：用繩子套住。

335 thai² ko¹ tau³ nua⁷ lo⁵
癩疴鬥爛癆

涵義 形容人臭氣相投。

說明 癩疴是一種痲瘋病,而爛癆是一種全身潰爛的病症,兩者都是人見人怕的傳染病。「癩疴鬥爛癆」是說患「癩疴病」的人與患「爛癆病」的人湊在一塊,那豈不是「臭氣相投」了嗎?

對應華語 氣味相投、臭氣相投。

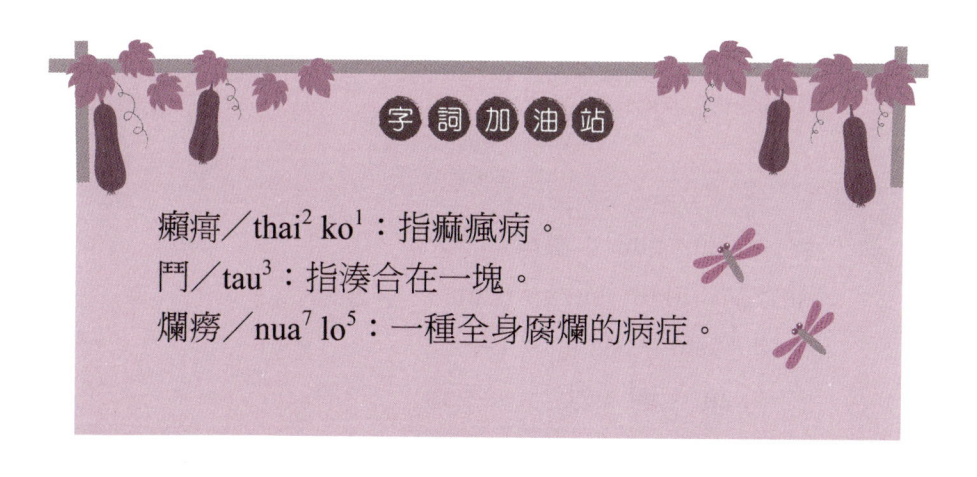

字詞加油站

癩疴／thai² ko¹:指痲瘋病。
鬥／tau³:指湊合在一塊。
爛癆／nua⁷ lo⁵:一種全身腐爛的病症。

336

籐條攑上手，無分親情佮朋友
tin⁵ tiau⁵ giah⁸ tsiunn⁷ tshiu²，bo⁵ hun¹ tshin¹ tsiann⁵ kap⁴ ping⁵ iu²

涵義　不管犯錯者是誰，執法一定公正而不偏私。

說明　「籐條」是以前的人拿來鞭打小孩的利器，所以「籐條攑上手」有「執法」的意思。整句話解釋成：執法時不分親戚與朋友，只要犯了錯，都要接受懲罰；比喻不管犯錯者是誰，執法者都要公正處理，不可偏頗。

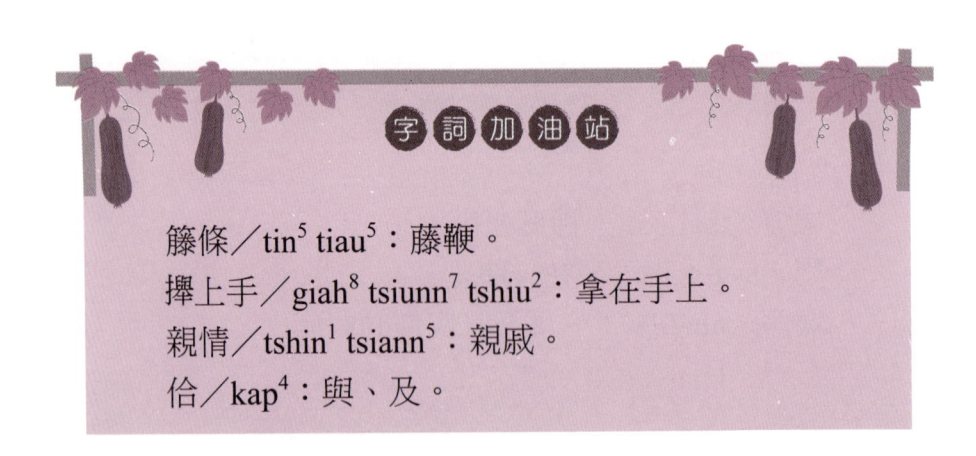

字詞加油站

籐條／tin⁵ tiau⁵：藤鞭。
攑上手／giah⁸ tsiunn⁷ tshiu²：拿在手上。
親情／tshin¹ tsiann⁵：親戚。
佮／kap⁴：與、及。

337 hoo⁷ ling⁵ khah⁴ kuan⁵ tsiann³ sin¹
護龍較懸正身

涵義 喻主、客的關係顛倒,反客為主。

說明 福佬人的房屋,以正身為核心,依序往左右兩邊發展出護龍,中間圍出埕,形成三面合圍的院落空間。由於正身是供奉祖先牌位的地方,所以高度會比兩邊的護龍來得高。而現在護龍比正身來得高,主、客的順序顛倒了,有反客為主或喧賓奪主的意思。

字詞加油站

護龍／hoo⁷ ling⁵:三合院或四合院兩旁與正身垂直的廂房。

正身／tsiann³ sin¹:三合院或四合院中間包含大廳的建築。

較懸／khah⁴ kuan⁵:高過於。

台語每日一句

338 鐵拍的也無雙條命

thih⁴ phah⁴ e⁰　ia⁷　bo⁵ siang¹ tiau⁵ mia⁷

涵義 形容再強健的身體，也無法承受過度的勞累。有勸人要以身體為重的意思。

說明 有的人為了生活，白天工作，晚上又兼差，旁人看了不捨，便對著他說：「鐵拍的也無雙條命」意思是說再強健的身體也只有一條命，死了就沒了，不會因為你是「鐵拍的」就比人家多一條命，所以這句話是要勸人以身體為重，不可過度勞累，畢竟每個人只有一條命，不愛惜不行。

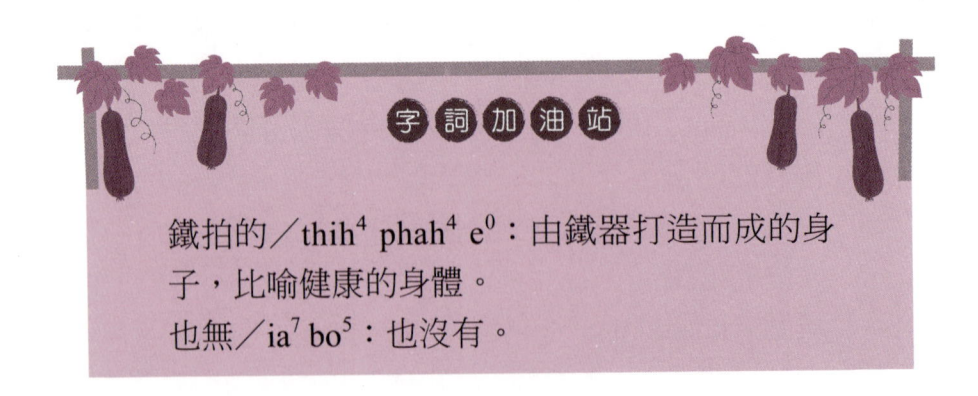

字詞加油站

鐵拍的／thih⁴ phah⁴ e⁰：由鐵器打造而成的身子，比喻健康的身體。
也無／ia⁷ bo⁵：也沒有。

339 鐵釘仔三日無拍就會生銑

thih⁴ ting¹ a² sann¹ jit⁸ bo⁵ phah⁴ to⁷ e⁷ senn¹ sian¹

涵義 小孩子要時時鞭策、調教，才不會學壞。

說明 鐵（釘）暴露在空氣中，特別是台灣這種海島型的潮溼氣候，只要三天不打鐵（釘），就會開始生鏽；這就好比頑皮的小孩，要經常在旁邊調教與鞭策，否則他會學壞或變得更頑皮。

對應華語 日久生頑。

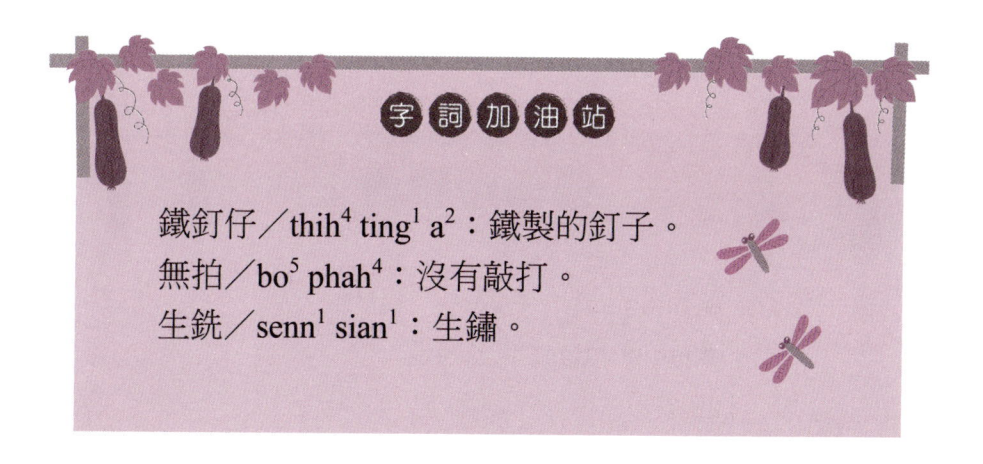

字詞加油站

鐵釘仔／thih⁴ ting¹ a²：鐵製的釘子。
無拍／bo⁵ phah⁴：沒有敲打。
生銑／senn¹ sian¹：生鏽。

340 鐵管生銼，歹講

thih⁴ kong² senn¹ sian¹ phainn² kong²

涵義 形容事情很難預料。

說明 這是一句歇後語。鐵管既然生鏽了，當然就不是好的管子了，是「歹管」了。由於「歹管」與「歹講」的台語諧音，故云「鐵管生銼，歹講」形容事情很難說，不好預料。

字詞加油站

生銼／senn¹ sian¹：生鏽。
歹講／phainn² kong²：很難講。

341 露螺趖到竹篙尾

loo⁷ le⁵ peh⁴ kau³ tik⁴ ko¹ bue²

涵義 人遇到兩難之事，不知如何是好？

說明 蝸牛只會前進，不會倒退著走，當牠爬到竹桿的盡頭，此時就會遇上難題，前進會掉下去，但蝸牛又不會倒退走，簡直是進退兩難，不知如何是好？

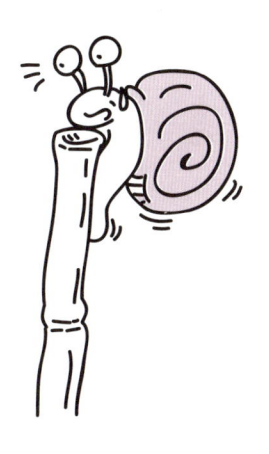

對應華語 進退兩難、騎虎難下。

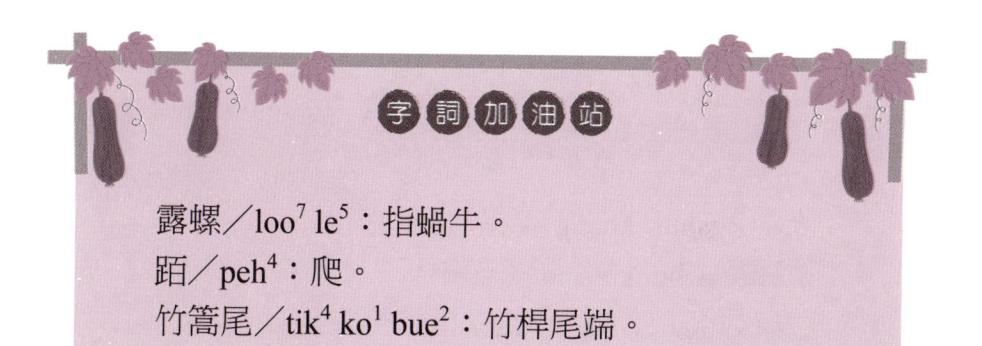

字詞加油站

露螺／loo⁷ le⁵：指蝸牛。
趖／peh⁴：爬。
竹篙尾／tik⁴ ko¹ bue²：竹桿尾端。

台語每日一句

342

koo³ tit⁴ tshui³ khang¹　be⁷ koo³ tit⁴ thau⁵ tsang¹

顧得喙空，袂顧得頭鬃

涵義　形容資源有限，大小事情無法全部照顧到。

說明　當一個人身上帶的錢有限，就必須做選擇性的花用，顧得了吃，就顧不了頭髮的修整，所以前人用整句話來形容資源有限的時候，顧此就會失彼，無法全部兼顧。

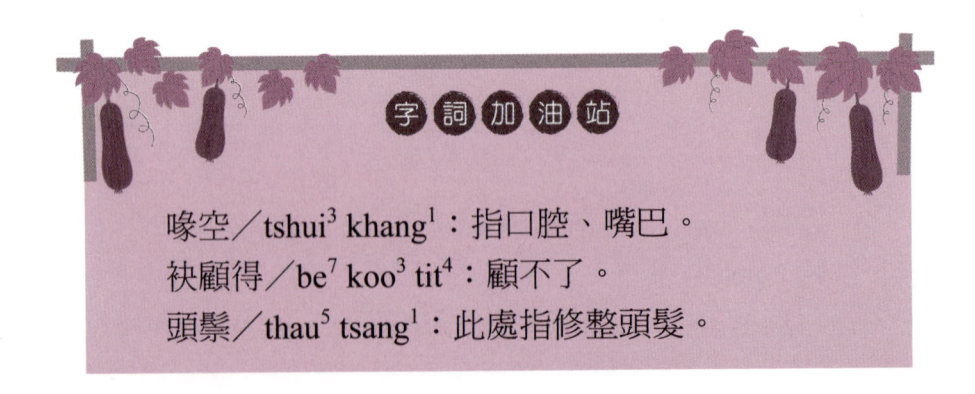

字詞加油站

喙空／tshui³ khang¹：指口腔、嘴巴。
袂顧得／be⁷ koo³ tit⁴：顧不了。
頭鬃／thau⁵ tsang¹：此處指修整頭髮。

343　thiann¹　kah⁴　hinn⁷　khang¹　khia⁷　khi⁰　lai⁰
聽甲耳空徛起來

涵義　形容人專心傾聽他人說話的模樣。

說明　「聽甲耳空徛起來」是說豎起耳朵傾聽人家說話；比喻洗耳恭聽，專心地聽人家說話。

字詞加油站

甲／kah⁴：到……程度。
耳空／hinn⁷ khang¹：耳朵。
徛起來／khia⁷ khi⁰ lai⁰：豎起來。

台語每日一句

344 thiann¹ boo² tshui³　tua⁷ hu³ kui³
聽某喙，大富貴

涵義 勸人要多聽從太太講的話。

說明 這是夫妻吵架勸和的用語。俗語說：「家和萬事興」做丈夫的如果聽從太太的話，家庭就會和諧，夫妻就可以齊心努力，衝刺事業，富貴的生活將指日可待；另外，女人對事情的觀察力比男人敏銳，如果做丈夫的能接受太太的意見，在事業上就能減少犯錯的機會，降低成本的損失，這就是所謂的「聽某喙，大富貴」。

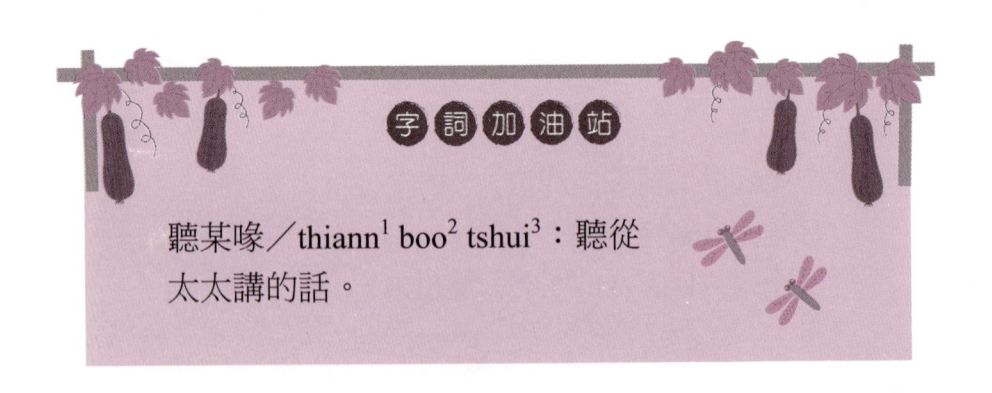

字詞加油站

聽某喙／thiann¹ boo² tshui³：聽從太太講的話。

345 thak⁸ tsheh⁴ thak⁸ ti⁷ kha¹ tsiah⁴ phiann¹
讀冊讀佇尻脊骿

涵義 嘲諷人的言行舉止好像沒有受過教育一樣。

說明 讀書應該要記在腦袋瓜裡面，這樣才算吸收知識，如果所學都讀到背脊上，根本沒有吸收知識，那書就是白讀了。當某個讀書人做出來的事或講出來的話不得體，一點也不像受過教育，旁人就會說他：「讀冊讀佇尻脊骿」。

對應華語 書讀到背上。

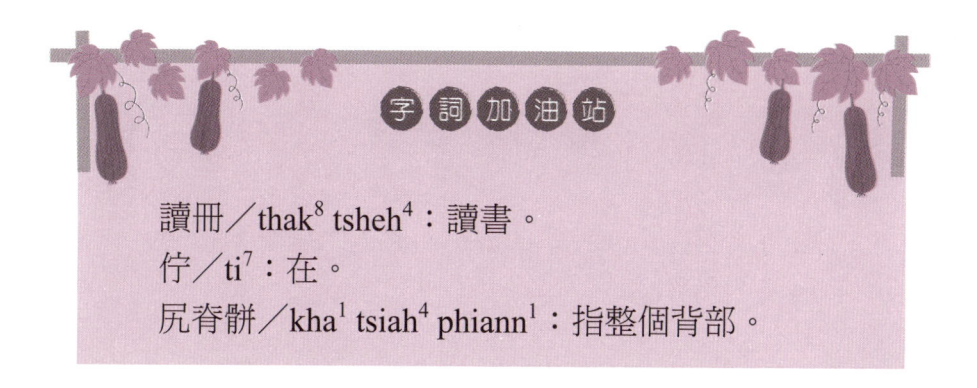

字詞加油站

讀冊／thak⁸ tsheh⁴：讀書。
佇／ti⁷：在。
尻脊骿／kha¹ tsiah⁴ phiann¹：指整個背部。

346. 讀詩千首，免做自有

thok⁸ si¹ tshian¹ siu² bian² tso³ tsu⁷ iu²

涵義 勸人多讀多記，學問就會有所得。

說明 「讀詩千首，免做自有」是說讀過數以千計的詩作，不必自己作詩就有得用。創作一首詩並不容易，有時想要作一首詩來應景，想了半天也想不出好的字句來，此時若曾經讀過很多詩人的作品，不必自己作詩，就可以信手挑出適情適景的詩句來應景。前人說這句話是要我們勤讀多記，這樣學問才會有所得。

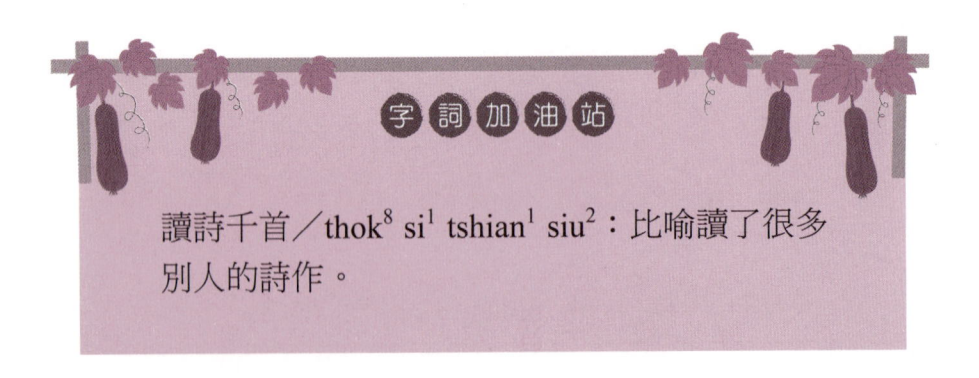

字詞加油站

讀詩千首／thok⁸ si¹ tshian¹ siu²：比喻讀了很多別人的詩作。

347 鑄銃拍家己
tsu³ tshing³ phah⁴ ka¹ ki⁷

涵義 形容自己做的事，自己自食其果。

說明 鑄造槍械的人，一般都是拿來販售圖利，不然就是隨身攜帶以防身，沒有人會鑄造它來傷害自己；但如果自己製造的槍械被別人拿來對付自己，那豈不是「自作自受」、「作法自斃」了嗎？

對應華語 自作自受、自食其果、作法自斃、搬石頭砸自己的腳。

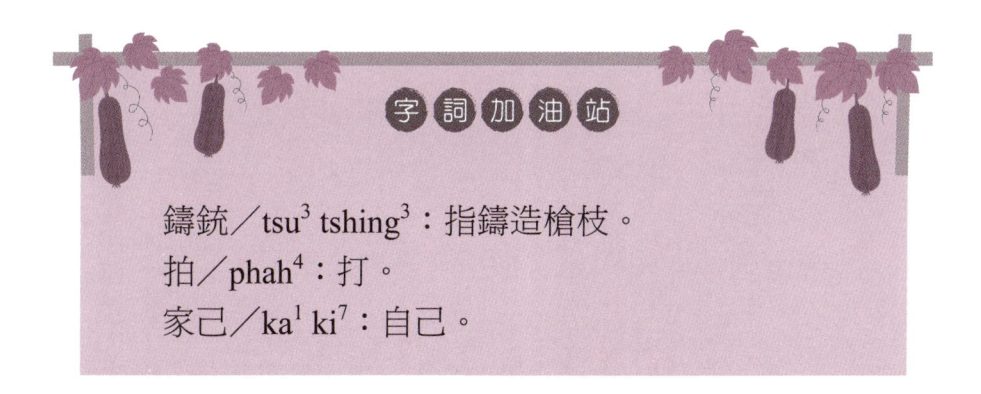

字詞加油站

鑄銃／tsu³ tshing³：指鑄造槍枝。
拍／phah⁴：打。
家己／ka¹ ki⁷：自己。

348. 鱉殼糊塗毋是龜

pih⁴ khak⁴ koo⁵ thoo⁵ m⁷ si⁷ ku¹

涵義　比喻真的假不了，假的真不了。

說明　鱉與烏龜的外形極相似，儘管如此，在鱉殼塗上泥巴還是一隻鱉，不會因為喬裝就讓本質改變，變成一隻烏龜，所以說真的假不了，假的真不了。

對應華語　真的假不了，假的真不了。

字詞加油站

鱉／pih⁴：俗稱「甲魚」，外形極像烏龜。
糊／koo⁵：塗上。
塗／thoo⁵：指泥土。
毋是龜／m⁷ si⁷ ku¹：指不會變成烏龜。

349 kiann¹ si² koh⁴ beh⁴ khuann³ bok⁸ lian⁵
驚死閣欲看目蓮

涵義 形容人對於某件事，既愛又怕。

説明 「目蓮救母」是描述目蓮的母親死後被打入阿鼻地獄，受盡各種酷刑，而目蓮下地獄去拯救她的故事。內容有許多上刀山、下油鍋等慘不忍睹的畫面，整體而言，是一齣恐怖的戲。「驚死閣欲看目蓮」是說怕死的人又特別喜歡看「目蓮救母」的戲；比喻人對某件事，又愛又怕。

字詞加油站

驚死／kiann¹ si²：怕死。
閣欲／koh⁴ beh⁴：又想要。
目蓮／bok⁸ lian⁵：神話中的人物，相傳是一位孝子，曾經為了救母而入地獄。

350 kiann¹ boo² tai⁷ tiong⁷ hu¹, phah⁴ boo² ti¹ kau² gu⁵
驚某大丈夫，拍某豬狗牛

涵義 勸人要疼惜老婆，否則比禽獸還不如。

說明 這句話並不是說怕太太就是大丈夫，而是基於家庭和諧，做先生的要忍讓太太，凡事多讓她一點，這樣夫妻就不會起爭執；若做先生的有這樣的情操，他當然就是真正的大丈夫；反之，如果只是為了展示男人的尊嚴而動手打太太，就真的比豬狗還不如了。

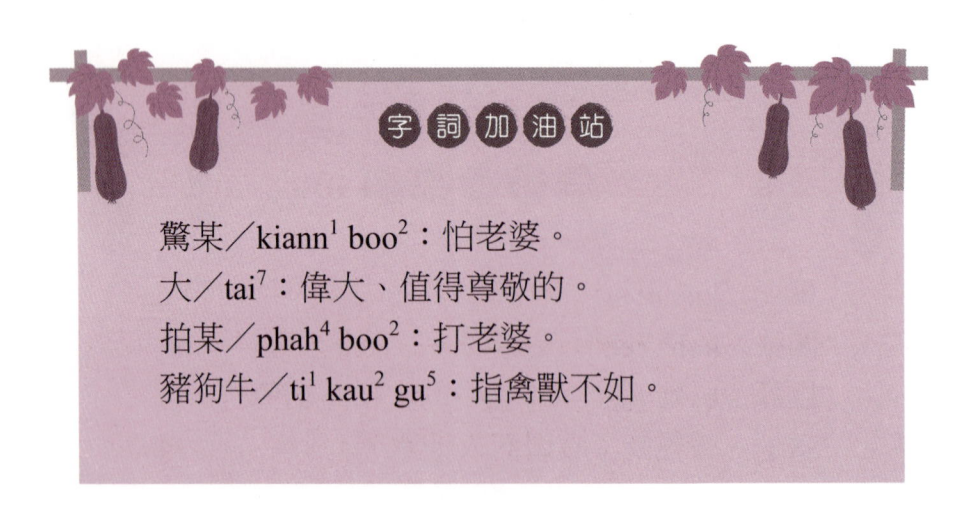

字詞加油站

驚某／kiann¹ boo²：怕老婆。
大／tai⁷：偉大、值得尊敬的。
拍某／phah⁴ boo²：打老婆。
豬狗牛／ti¹ kau² gu⁵：指禽獸不如。

351. kiann¹ puah⁸ loh⁸ sai² hak⁸　m⁷ kiann¹ hue² sio¹ tshu³
驚跋落屎礐，毋驚火燒厝

涵義　形容人生活窮困，卻注重穿著與打扮，所有值錢的東西都穿戴在身上。

說明　當一個人「家徒四壁」，卻將所有值錢的東西都穿在身上，他當然害怕不小心掉落糞坑，因為如此一來，他的衣冠就毀掉了；至於家裡，因為沒有值錢的物品，即使發生火災也不怕。

字詞加油站

跋落／puah⁸ loh⁸：跌落。
屎礐／sai² hak⁸：指茅坑、糞坑。
毋驚／m⁷ kiann¹：不怕。
火燒厝／hue² sio¹ tshu³：指家裡起火燃燒。

台語每日一句

352 iam⁵ ang³ senn¹ thang⁵　khi² iu² tshu² li²
鹽甕生蟲，豈有此理

涵義　意謂沒有這樣的道理。

說明　這是一句歇後語。鹽巴本身具有防腐的功能，而鹽甕裡面都是鹽巴，把蔬菜與新鮮的海產放入裡面醃漬，不管醃漬的時間有多久，都不可能長出蟲來。如果有人說鹽甕會長蟲，根本是豈有此理的話，所以「鹽甕生蟲，豈有此理」是用來嘲諷人說些不可能發生的事情。

對應華語　豈有此理。

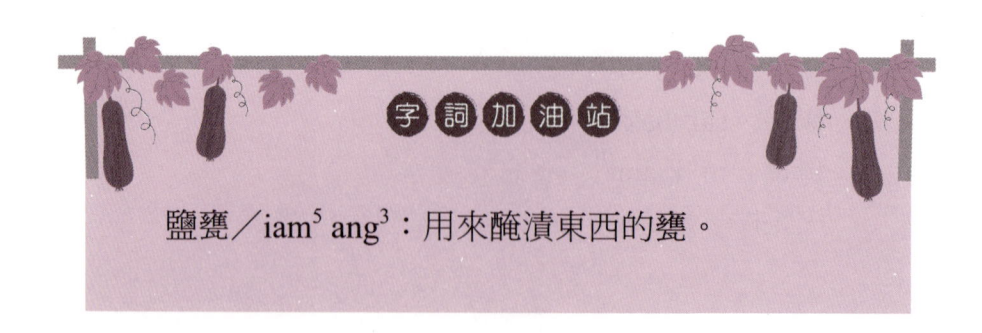

字詞加油站

鹽甕／iam⁵ ang³：用來醃漬東西的甕。

353 thiann¹ thau⁵ kau¹ i² lun⁵ liu⁵ tse⁷
廳頭交椅輪流坐

涵義 形容人不可能一輩子都有錢有勢，風水是會輪流轉的。

說明「廳頭交椅輪流坐」是說廳堂的戶長專用椅輪流坐。在台灣，戶長是一家之主，舉凡家中大大小小的事情都要由他來決定，因此，他是家裡最具有實權的人；然而戶長也會年老，總有一天也會死去，當他過世後，戶長的大位就要換別人來坐了。

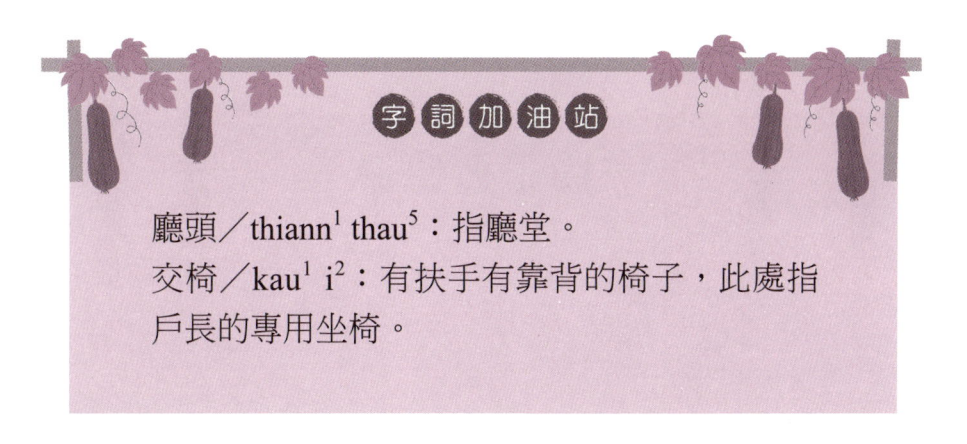

字詞加油站

廳頭／thiann¹ thau⁵：指廳堂。
交椅／kau¹ i²：有扶手有靠背的椅子，此處指戶長的專用坐椅。

台語每日一句

354 li⁵ png⁷ piah⁴   piah⁴ png⁷ li⁵
籬傍壁，壁傍籬

涵義　說明人與人之間相互依偎，互相依靠。

說明　這句諺語非常淺顯，從字面就可以猜出大略意思。「籬傍壁，壁傍籬」是說籬笆緊靠著牆壁，牆壁緊靠著籬笆；比喻人與人之間相互依偎，互相依靠。

字詞加油站

籬／li⁵：指籬笆。
傍／png⁷：依靠。

355 kuan¹ bak⁸ sik⁴　thiann¹ ue⁷ i³
觀目色，聽話意

涵義 說明聽其言語，觀其臉色，可以概略揣摩出一個人的心意。

說明 一個人的臉色在不同的心情下，會呈現各種不同的變化；說話的內容也是一樣，會隨著心情而說出好聽或不好聽的話來。一個人若懂得「觀目色，聽話意」，就可以概略知道對方在想什麼、心情好不好、是好人或壞人？如此一來，在為人處事上也比較不會吃虧。

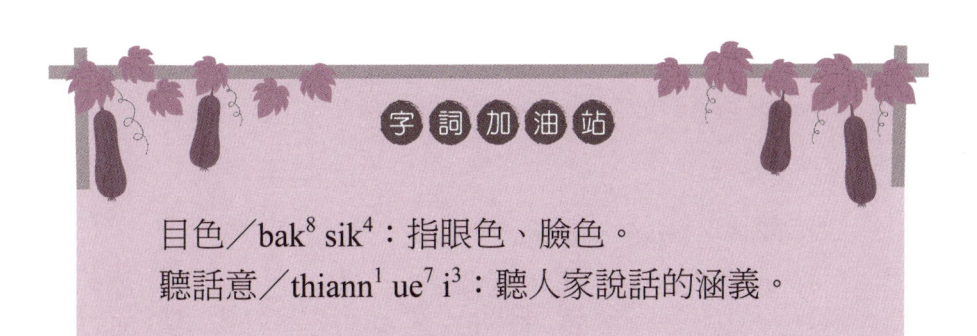

字詞加油站

目色／bak⁸ sik⁴：指眼色、臉色。
聽話意／thiann¹ ue⁷ i³：聽人家說話的涵義。

356

kuan¹ im¹ ma² bin⁷ tsing⁵ bo⁵ ho² gin² a²
觀音媽面前無好囡仔

涵義 形容全都是一丘之貉。

說明 傳說觀音媽專收為非作歹的人，然後以慈悲的心腸去感化他們，讓他們因教化而學好，日後成為社會上有用的人，故云「觀音媽面前無好囡仔」。

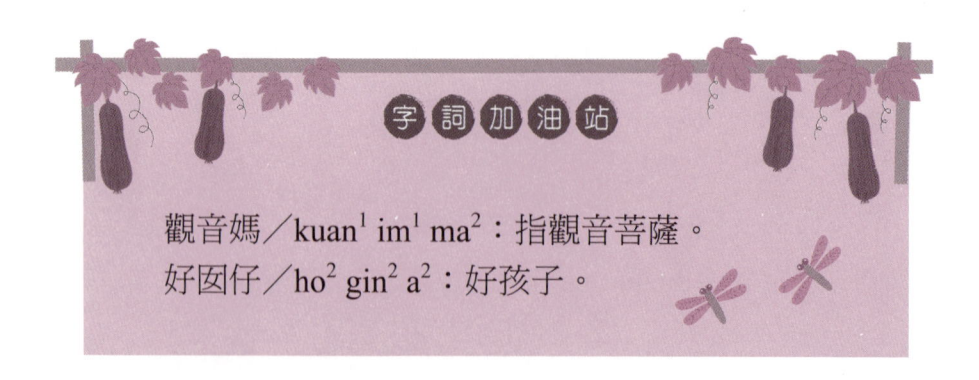

字詞加油站

觀音媽／kuan¹ im¹ ma²：指觀音菩薩。
好囡仔／ho² gin² a²：好孩子。

357 kuan¹ im¹ suann¹ khah⁴ kuan⁵ kue³ tua⁷ tun⁵ suann¹
觀音山較懸過大屯山

涵義 諷刺人顛倒是非，還「強以為是」，自認為很行。

說明 這是台北地區流行的諺語。就實際情況而論，大屯山（海拔一千多公尺）的高度高過觀音山（海拔六百多公尺），而前人之所以說：「觀音山較懸過大屯山」主要在諷刺人顛倒是非，還強以為是，不肯認錯。

對應華語 強以為是。

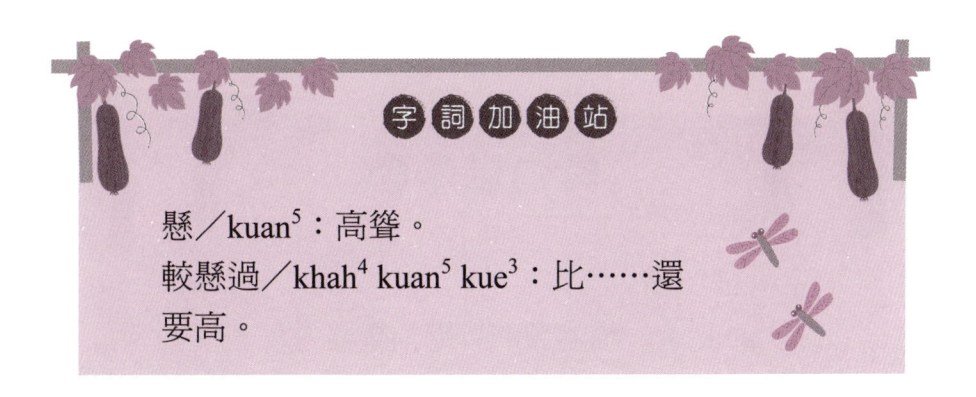

字詞加油站

懸／kuan⁵：高聳。
較懸過／khah⁴ kuan⁵ kue³：比……還要高。

台語每日一句

358 鑼未霆,拍先霆
lo⁵ bue⁷ tan⁵ phik⁴ sing¹ tan⁵

涵義:比喻人「強出頭」。

說明:以前野台戲開演時,都要先開鑼,然後演員才會出場表演,接著才會因表演內容而有節拍的出現。「鑼未霆,拍先霆」是說鑼都還沒響,就先打起拍來了,這個「拍」豈不是「強出頭」了嗎?

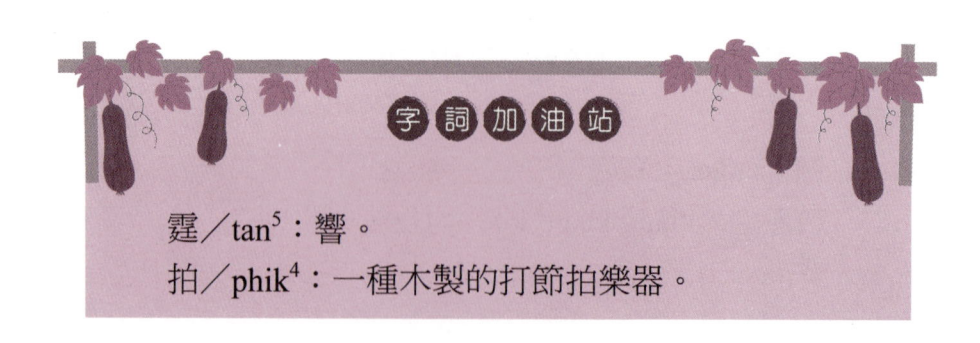

字詞加油站

霆/tan⁵:響。
拍/phik⁴:一種木製的打節拍樂器。

359. 戇人拜公媽，愈看愈無偷食

gong⁷ lang⁵ pai³ kong¹ ma² ， lu² khuann³ lu² bo⁵ thau¹ tsiah⁸

涵義 說明傻子對某些事情的錯誤見解。

說明 這是一句歇後語。傻子祭拜祖先的時候，以為祖先真的會跑出來吃祭品，所以眼睛直盯著食物看，結果食物都沒有被吃過的痕跡，看越久就越覺得不是人家說的那一回事。

對應華語 越看越不是這麼回事。

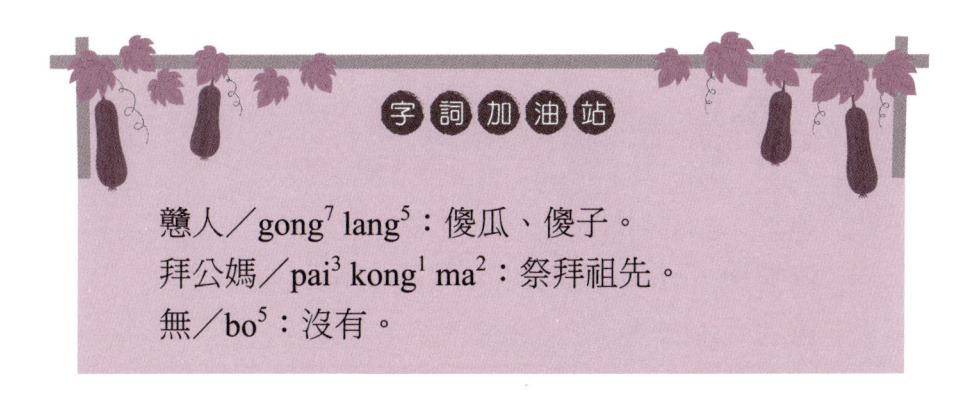

字詞加油站

戇人／gong⁷ lang⁵：傻瓜、傻子。
拜公媽／pai³ kong¹ ma²：祭拜祖先。
無／bo⁵：沒有。

360 戇入無戇出 gong⁷ jip⁸ bo⁵ gong⁷ tshut⁴

涵義 形容人表面裝傻，但其實是個精明的人。

說明 「戇入無戇出」是說裝傻地收進來，卻不會傻傻地支出。有的人表面裝笨，但錢多拿了，卻不會還給對方，只會裝作不知道，並大大方方地收起來，但等到要花錢時，就開始變得很精明，一分一毛都不會讓人家佔便宜。

對應華語 知進不知出。

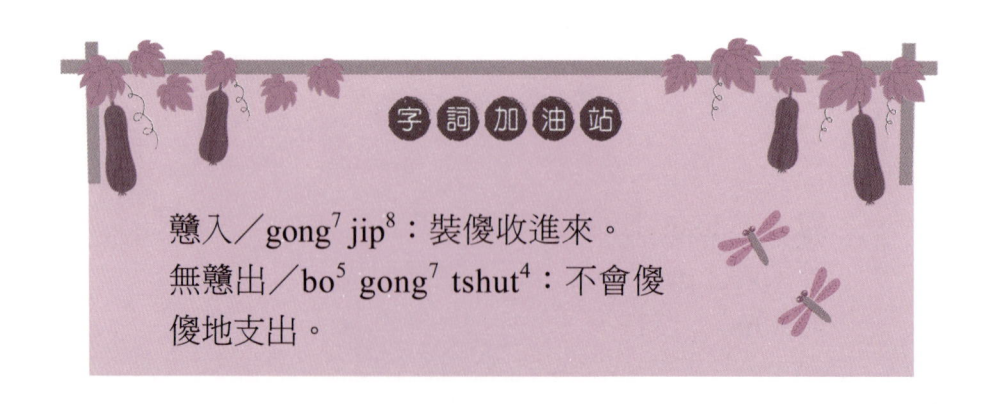

字詞加油站

戇入／gong⁷ jip⁸：裝傻收進來。
無戇出／bo⁵ gong⁷ tshut⁴：不會傻傻地支出。

361 gong⁷ kau² siau³ siunn⁷ ti¹ kuann¹ kut⁴
戇狗數想豬肝骨

涵義 形容人心裡老想著不可能實現的事。

說明 笨狗看見人家吃豬肝，以為等一下可以吃剩下的「豬肝骨」，殊不知豬肝根本沒有骨頭，因此，「戇狗數想豬肝骨」比喻人癡心妄想，心裡老想著不可能實現的事。

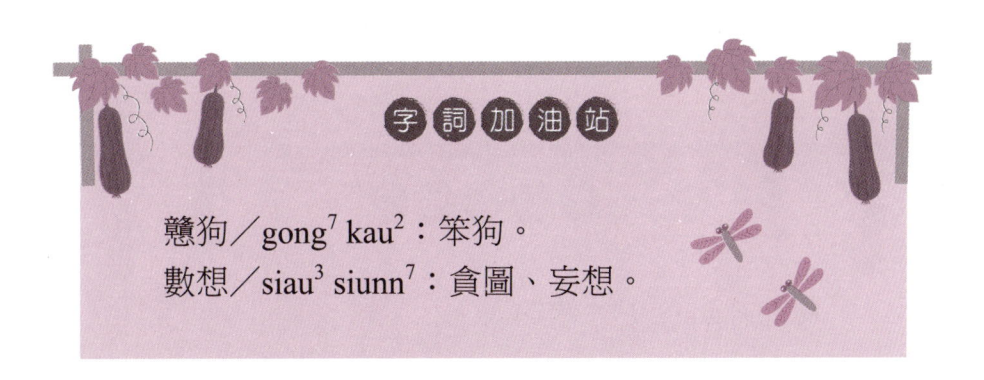

字詞加油站

戇狗／gong⁷ kau²：笨狗。
數想／siau³ siunn⁷：貪圖、妄想。

台語每日一句

362 gong⁷ e⁰　　ia⁷　u⁷　tsit⁸　hang⁷　e⁷
戇 的 ， 也 有 一 項 會

涵義 (一)形容「天生我材必有用」。(二)用來責罵「不笨」的人不知上進，比笨人更沒有存在的價值。

說明 這句諺語有兩種解釋，第一種是再笨的人也有一項事情是他會做的，例如幫父母做家事、幫農家放牛等，總之，天生我材必有用；第二種解釋是笨人都會做一兩件事了，而不笨的人卻連一件事也做不出來。通常做第二種解釋時，雖然表面講的是「笨人」的事，但卻是藉此責罵「非笨人」，訓斥他們不知上進，比笨人更沒有存在價值。

字詞加油站

戇的／gong⁷ e⁰：笨的人。

363 戇的，教巧的

gong⁷ e⁰　　ka³ khiau² e⁰

涵義 說明智者反被愚者教導的情形。

說明 本句諺語所說的「戇」並不是真的笨，而是與「巧」者相比，不如他們聰明之意。在社會上，一般都是聰明的人教導不聰明的人；但學無止境，人不可能樣樣都懂，或許聰明的人在理論方面比較行，但在實際經驗方面比較缺乏，有些問題還是得向「戇的」請教，所以才有「戇的，教巧的」這句諺語的產生。

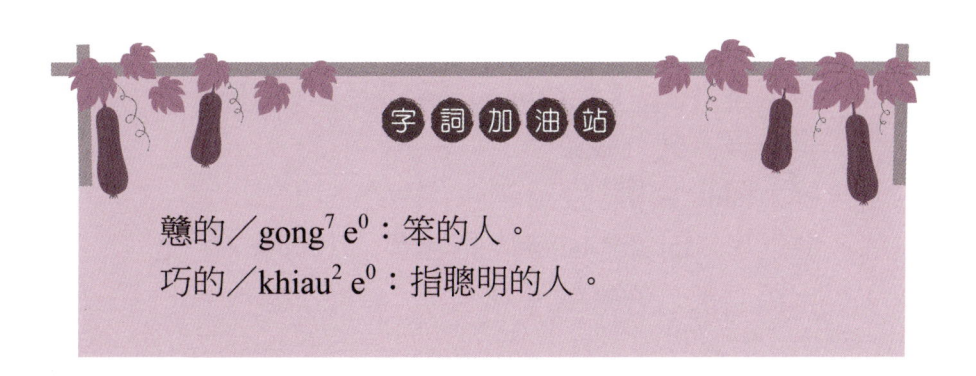

字詞加油站

戇的／gong⁷ e⁰：笨的人。
巧的／khiau² e⁰：指聰明的人。

台語每日一句

364 ing¹ ko¹ phinn⁷　tai⁷ hi⁵ tshui³
鸚哥鼻，鮘魚喙

涵義　用來誇讚美麗女子的用語。

說明　這是一句形容五官的諺語。女孩子的鼻子如果長得像鸚哥，又尖又挺，嘴巴像鮘魚，圓圓小小的，五官一定勻稱、漂亮，所以現在多用這句諺語來形容女人的美麗。

對應華語　美人胚子。

字詞加油站

鸚哥鼻／ing¹ ko¹ phinn⁷：指又尖又挺的鼻子，是一種「美」的象徵。
喙／tshui³：嘴巴。
鮘魚喙／tai⁷ hi⁵ tshui³：指圓圓小小的嘴，也是一種「美」的象徵。

ut⁴　ut⁴　tsai⁷　sim¹　te²　　tshio³　tshio³　pue⁵　lang⁵　le²

365 鬱鬱在心底，笑笑陪人禮

涵義　形容心中憂愁、不樂，卻要勉強裝出歡笑來迎人。

說明　明明心裡面是「鬱卒」、「不快樂」的，但迎人時還要陪著歡笑。現今生活中有很多類似的情形，例如某公司的總經理昨晚剛和太太吵架，今天心情很「鬱卒」，但面對到訪的外國客戶，依然要擠出笑容去迎接與款待，他雖然笑在口裡，卻是苦在心裡，這就是「鬱鬱在心底，笑笑陪人禮」。

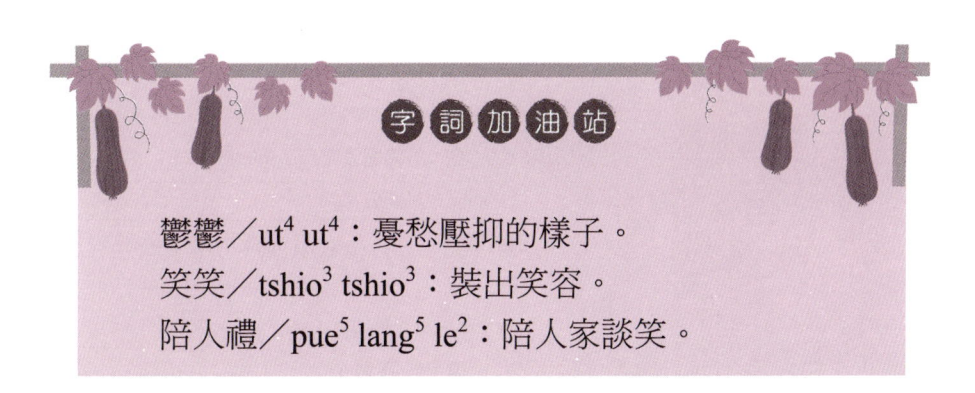

字詞加油站

鬱鬱／ut⁴ ut⁴：憂愁壓抑的樣子。
笑笑／tshio³ tshio³：裝出笑容。
陪人禮／pue⁵ lang⁵ le²：陪人家談笑。

國家圖書館出版品預行編目資料

台語每日一句──落台語俗諺很簡單／許晉彰,
盧玉雯編著. --三版.--臺北市：五南圖書
出版股份有限公司, 2025.08
面；　公分
ISBN 978-626-423-609-6(平裝)

1.CST：俗語　2.CST：諺語　3.CST：臺語

539.6　　　　　　　　114009145

YX0S

台語每日一句──落台語俗諺很簡單

編 著 者 ──	許晉彰、盧玉雯
編輯主編 ──	黃文瓊
責任編輯 ──	吳雨潔
封面設計 ──	張明真
美術設計 ──	周盈汝
內文插圖 ──	黑箱作業工作室
台語錄音 ──	鄭安住
出 版 者 ──	五南圖書出版股份有限公司
發 行 人 ──	楊榮川
總 經 理 ──	楊士清
總 編 輯 ──	楊秀麗
地　　　址：	106臺北市大安區和平東路二段339號4樓
電　　　話：	(02)2705-5066　傳　真：(02)2706-6100
網　　　址：	https://www.wunan.com.tw
電子郵件：	wunan@wunan.com.tw
劃撥帳號：	01068953
戶　　　名：	五南圖書出版股份有限公司
法律顧問	林勝安律師
出版日期	2011年11月初版一刷（共三刷）
	2022年 4 月二版一刷（共三刷）
	2025年 8 月三版一刷
定　　　價	新臺幣580元

※版權所有‧欲利用本書內容,必須徵求本公司同意※

五南
WU-NAN

全新官方臉書
五南讀書趣

WUNAN Books since1966

Facebook 按讚
👍 1秒變文青

五南讀書趣 Wunan Books

★ 專業實用有趣
★ 搶先書籍開箱
★ 獨家優惠好康

不定期舉辦抽
贈書活動喔！！

經典永恆・名著常在

五十週年的獻禮 —— 經典名著文庫

五南,五十年了,半個世紀,人生旅程的一大半,走過來了。
思索著,邁向百年的未來歷程,能為知識界、文化學術界作些什麼?
在速食文化的生態下,有什麼值得讓人雋永品味的?

歷代經典・當今名著,經過時間的洗禮,千錘百鍊,流傳至今,光芒耀人;
不僅使我們能領悟前人的智慧,同時也增深加廣我們思考的深度與視野。
我們決心投入巨資,有計畫的系統梳選,成立「經典名著文庫」,
希望收入古今中外思想性的、充滿睿智與獨見的經典、名著。
這是一項理想性的、永續性的巨大出版工程。
不在意讀者的眾寡,只考慮它的學術價值,力求完整展現先哲思想的軌跡;
為知識界開啟一片智慧之窗,營造一座百花綻放的世界文明公園,
任君遨遊、取菁吸蜜、嘉惠學子!